백발백중

추천도서
전국컴퓨터
교육협의회

자동채점 프로그램과 무료 동영상 강의 제공

iTQ마스터종합서
엑셀 2021

박윤정, IT연구회 지음

IT연구회

해당 분야의 IT 전문 컴퓨터학원과 전문가 선생님들이 최선의 책을 출간하고자 만든 집필/감수 전문연구회로서, 수년간의 강의 경험과 노하우를 수험생 여러분에게 전달하고자 최선을 다하고 있습니다. IT연구회에 참여를 원하시는 선생님이나 교육기관은 ccd770@hanmail.net으로 언제든지 연락주십시오. 좋은 교재를 만들기 위해 많은 선생님들의 참여를 부탁드립니다.

권경철_IT 전문강사	김경화_IT 전문강사	김선숙_IT 전문강사
김수현_IT 전문강사	김 숙_IT 전문강사	김시령_IT 전문강사
김현숙_IT 전문강사	남궁명주_IT 전문강사	노란주_IT 전문강사
류은순_IT 전문강사	민지희_IT 전문강사	문경순_IT 전문강사
박봉기_IT 전문강사	박상휘_IT 전문강사	박은주_IT 전문강사
문현철_IT 전문강사	백천식_IT 전문강사	변진숙_IT 전문강사
송기웅_IT 및 SW전문강사	송희원_IT 전문강사	신동수_IT 전문강사
신영진_신영진컴퓨터학원장	윤정아_IT 전문강사	이강용_IT 전문강사
이은미_IT 및 SW전문강사	이천직_IT 전문강사	임선자_IT 전문강사
장명희_IT 전문강사	장은경_ITQ 전문강사	장은주_IT 전문강사
전미정_IT 전문강사	조영식_IT 전문강사	조완희_IT 전문강사
조정례_IT 전문강사	차영란_IT 전문강사	최갑인_IT 전문강사
최은영_IT 전문강사	황선애_IT 전문강사	김건석_교육공학박사
김미애_강릉컴퓨터교육학원장	은일신_충주열린학교 IT 전문강사	양은숙_경남도립남해대학 IT 전문강사
엄영숙_권선구청 IT 전문강사	옥향미_인천여성의광장 IT 전문강사	이은직_인천대학교 IT 전문강사
조은숙_동안여성회관 IT 전문강사	최윤석_용인직업전문교육원장	홍효미_다산직업전문학교

BM (주)도서출판 성안당

■ 도서 A/S 안내

성안당에서 발행하는 모든 도서는 저자와 출판사, 그리고 독자가 함께 만들어 나갑니다.

좋은 책을 펴내기 위해 많은 노력을 기울이고 있습니다. 혹시라도 내용상의 오류나 오탈자 등이 발견되면 **"좋은 책은 나라의 보배"**로서 우리 모두가 함께 만들어 간다는 마음으로 연락주시기 바랍니다. 수정 보완하여 더 나은 책이 되도록 최선을 다하겠습니다.

성안당은 늘 독자 여러분들의 소중한 의견을 기다리고 있습니다. 좋은 의견을 보내주시는 분께는 성안당 쇼핑몰의 포인트(3,000포인트)를 적립해 드립니다.

잘못 만들어진 책이나 부록 등이 파손된 경우에는 교환해 드립니다.

저자 문의 e-mail : fivejung05@hanmail.net(박윤정)

본서 기획자 e-mail : coh@cyber.co.kr(최옥현)

홈페이지 : http://www.cyber.co.kr   전화 : 031) 950-6300

다운로드 | 학습 자료 내려받기

1. 성안당 사이트(www.cyber.co.kr)에서 로그인한 후 [자료실]을 클릭합니다.

2. 『ITQ』를 입력하고, 『백발백중 ITQ 엑셀 2021』을 클릭합니다.

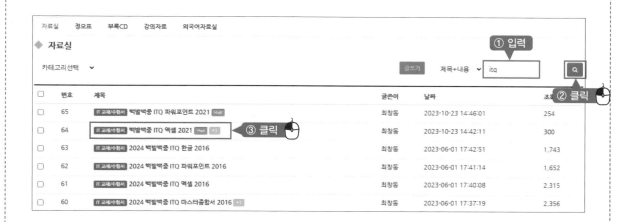

3. 『315-2846.zip』을 클릭하여 자료를 다운로드한 후 반드시 압축 파일을 해제하고 사용합니다.

4. 자료파일 구조

① 소스/정답 파일 : Part1~3까지의 소스/정답 파일을 제공합니다.

② [답안작성프로그램] 폴더 : 답안작성 프로그램 설치 파일이 있습니다.

③ [동영상강의] 폴더 : 무료 동영상 강의 파일(유튜브 URL)을 제공합니다.

④ [자동채점프로그램] 폴더 : 자동채점 프로그램 설치 파일이 있습니다.

※ ②번과 ④번 프로그램은 마우스 오른쪽 단추를 클릭하신 후 [관리자 권한 실행]을 클릭하여 설치하시기 바랍니다.

1 웹사이트 채점

1 'http://www.comlicense.kr/' 사이트에 접속한 후 ITQ 엑셀 2021 표지 아래의 [채점하기] 버튼을 클릭합니다.

인터넷 채점은 PC의 설치 환경이나 엑셀 프로그램의 정품 여부에 상관없이 채점이 가능하며, 다양한 학습 서비스가 제공됩니다.

※ PC 설치 버전에서는 운영체제나 다른 프로그램 및 엑셀 프로그램의 정품 여부에 따라 설치 및 실행 시 에러가 발생할 수 있습니다.

2 '회차선택'에서 문제를 선택한 후 [채점할 파일 선택]에서 작성한 정답 파일을 찾아 선택하고, [열기]를 선택한 후 [채점시작] 버튼을 클릭합니다.

3 왼쪽의 '작업별 채점결과 점수'에서 문제별 점수를 확인할 수 있고, 오른쪽의 '채점결과 감점내역'에서 문제별 세부 오류 내용을 확인할 수 있습니다.

4 화면 하단의 [해당 회차의 점수별통계 보기]에서는 해당 문제를 채점한 전국의 독자들의 점수별 통계를 확인할 수 있고, [해당 회차의 동영상강좌보기]에서는 문제별 저자 직강 무료 동영상 강의를 학습할 수 있습니다. 특히, 화면 상단의 [도움말]에서는 학생들의 단체시험 점수 확인 방법 등 인터넷 채점의 모든 기능을 자세히 확인할수 있습니다.

2 자동채점 프로그램 설치(PC 버전, 사용 방법은 웹사이트 채점 참고)

1 ITQ_엑셀-파워포인트(2021).exe 파일을 마우스 오른쪽 단추를 클릭한 후 [관리자 권한으로 실행]을 클릭하여 설치합니다.

Check **P**oint

실행 파일을 더블클릭하여 설치할 경우 에러가 발생할 수 있으므로, 반드시 [관리자 권한으로 실행]을 클릭하여 설치해야 합니다.

2 [성안당 ITQ 채점프로그램 설치] 대화상자에서 [다음]을 클릭합니다.

3 [성안당 ITQ 채점프로그램 설치] 대화상자에서 프로그램을 설치할 폴더를 확인한 후 [설치 시작]을 클릭합니다.

4 설치가 완료되면 컴퓨터를 재시작하여 설치를 완료합니다.

자동채점프로그램의 설치 및 실행 시 에러가 발생할 경우 [4.자동채점프로그램] 폴더에서 '자동채점 프로그램 에러 해결 참고사항' 파일을 참고하여 해결해 주시기 바랍니다.

단계 1 답안작성 프로그램 설치

1 [자료실]에서 다운로드한 'KOAS수험자용(성안당)'을 더블클릭한 후 그림과 같이 설치화면이 나오면 [다음] 단추를 클릭합니다.

2 프로그램 설치 폴더를 확인한 후 [설치시작] 단추를 클릭합니다.

3 설치가 끝나면 [확인] 단추를 클릭합니다.

4 바탕화면에 'ITQ 수험자용' 바로 가기 아이콘 이 생성됩니다.

※ 기존 답안작성 프로그램을 삭제하지 않고 ITQ의 다른 과목(엑셀, 파워포인트)에 수록된 답안 작성 프로그램을 중복 설치해 사용해도 됩니다.

| 무료 동영상 |

단계 2 답안작성 프로그램 사용

1 바탕화면의 'KOAS 수험자용' 바로 가기 아이콘 █을 더블클릭하여 실행합니다.

2 [수험자 등록] 대화상자에 수험번호를 입력하고 [확인] 단추를 클릭합니다(문제지의 수험번호를 입력합니다).

3 시험 버전을 선택하고 [확인] 단추를 클릭합니다.

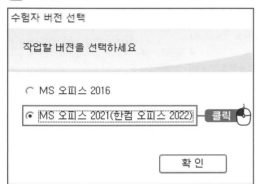

4 [수험자 정보] 창에서 수험번호, 성명, 수험과목, 좌석번호, 답안폴더를 확인하고 [확인] 단추를 클릭합니다.

5 감독관의 지시하에 시험이 시작되면 키보드의 아무 키나 클릭하여 시험을 시작합니다. 바탕화면의 오른쪽 상단에 답안작성 프로그램이 나타납니다.

Check Point

답안작성 프로그램의 각 단추 설명

❷ 답안파일을 감독 PC로 전송합니다.

고사실 PC로 답안 파일 보내기

고사실 PC로 답안 파일을 전송합니다.
답안파일명은 수험번호-수험자명으로 지정해야 합니다.
인터넷 시험인 경우는 수험번호-수험자명-인터넷으로 지정하세요.

답안파일	파일 목록	존재	상태
	12342001-홍길동.xlsx	있음	

답안 전송   닫 기

❸ 답안파일을 재전송해야 할 경우 기존에 작성한 답안 파일을 불러옵니다.

고사실 PC로부터 답안 파일 가져오기

고사실 PC로부터 답안 파일을 가져옵니다.
답안파일명은 수험번호-수험자명으로 지정됩니다.

답안파일	파일 목록	상태
	12342001-홍길동.xlsx	

답안파일 가져오기   닫 기

❶ 수험자 정보를 확인합니다.

수험자 정보

현재 수험중인 수험자 정보입니다.

수험번호	12342001
성 명	홍길동
수험과목	엑셀2021
좌석번호	02
답안폴더	내 문서₩ITQ

확 인

Check **P**oint

❹시험에 사용될 그림 파일을 확인합니다.
❺[수험자 시험 종료] 단추 : 답안 전송을 하고 시험을 종료하려면 수험자가 클릭합니다.

❻[프로그램 종료(감독위원 작동)] 단추 : 실제 시험장에서 감독 위원이 사용하는 단추이므로 수험자는 사용하지않습니다.

※ 답안작성 프로그램은 수험자의 이해를 돕기 위한 프로그램으로 네트워크 기능이 없습니다.

6 답안 작성은 한글을 실행한 후 답안을 작성하며, '내문서WITQ' 폴더에 저장합니다(수험번호 −성명.확장자).

7 답안 작성이 끝났으면 답안작성 프로그램의 [답안 전송] 단추를 클릭한 후 파일을 확인하고 [답안 전송] 단추를 클릭합니다.

8 정답 파일이 정상적으로 감독 PC로 전송되면 상태에 '성공'이라고 표시됩니다. [닫기] 단추를 클릭합니다.

9 답안 전송이 끝났으면 [수험자 수험 종료] 단추를 클릭한 후 [ITQ 종료]와 [예]를 클릭하여 시험을 종료합니다.

[감점되기 쉬운 부분 정리]

제1작업

· 하나의 셀에 두줄을 입력해야 할 경우 [Alt]+[Enter] 키를 이용

· 날짜를 입력할 경우에는 반드시 '-' 또는 '/'로 구분기호를 넣어서 입력(예 2024-01-01 또는 2024/01/01)한 후 [홈] 탭의 [표시 형식] 그룹의 [자세히]를 클릭하여 날짜 형식을 출력 형태와 같이 지정

· 정의된 이름을 수정할 경우 [수식] 탭의 [정의된 이름] 그룹에서 [이름 관리자]를 클릭하여 편집

제3작업

· 피벗 테이블에서 출력 자료를 확인하여 불필요한 [Alt]+[Enter] 키 기호 삭제해야 함. [옵션]탭의 [활성 필드] 그룹에서 [필드 설정]을 클릭하여 [필드 설정] 대화상자에서 사용자 지정 이름 항목에서 수정

· 필드명이 순서가 다른 경우 [옵션] 탭의 [정렬 및 필터] 그룹에서 [정렬] 클릭

제4작업

· 보조 축 지정 : 해당 계열을 선택한 후 [레이아웃] 탭의 [현재 선택 영역] 그룹에서 [선택 영역 서식] 클릭 후 지정

· 눈금 단위, 눈금 서식을 《출력 형태》와 같이 지정

· 새로 생성한 제4작업 차트 시트는 제3작업 다음으로 이동

[공통사항]

1. KOAS 전송시 주의사항

※ 온라인 답안 작성 절차

수험자 등록 ▶ 시험 시작 ▶ 수시로 답안 파일 저장 ▶ 답안 전송 ▶ 시험 종료

2. 모든 작업을 완성했는데 0점 처리되는 경우

대부분 최종 작업에서 저장하지 않고 KOAS로 전송했을 경우에 해당됩니다. 반드시 저장한 후 전송하세요.

[ITQ 엑셀 Q&A]

Q1 제1작업 작성 시 숫자 및 회계 서식 문구 관련

A1 이 조건사항은 문제지 처음의 출력형태가 나와 있는 부분의 작성방법입니다. 하지만 출력형태로 판단이 어려울 경우(셀의 열이 좁으면 가운데 정렬인지 오른쪽 정렬인지 불분명 할 수 있어) 숫자, 회계서식은 엑셀 문서 작성 시 오른쪽 정렬이 기본이기에 문구를 추가한 것입니다. 이 조건사항으로 숫자서식, 회계서식을 채점하지는 않으며, 단순히 출력형태 정렬의 참고사항입니다. 조건의 셀 서식 문제는 출력형태에 그대로 사용자 지정 셀 서식만 적용하시면 됩니다.

Q2 함수 문제의 정렬 및 셀 서식

A2 함수 문제는 정렬 및 셀 서식 채점을 하지 않으며 "예"가 있는 함수 문제의 경우만 예와 같은 형태로 작성하시면 됩니다.

Q3 제1작업에 함수를 못하면 실격인가요?

A3 아닙니다. 풀지 못한 해당 문제에 대해서만 감점이 되며 제2작업, 제3작업, 제4작업에 점수에도 영향을 미치지 않습니다.

Q4 VLOOKUP 함수 사용시 절대참조, 상대참조 중 어떤 것을 사용해야 하나요?

A4 경우에 따라 반드시 절대참조를 사용하여야만 결과값이 정확하게 나오는 경우가 있습니다. 이럴 경우는 반드시 절대참조를 해야 합니다. 그러나 결과값의 셀이 한 셀에 고정되어 있을 경우나 절대참조와 상대참조의 처리 결과값이 서로 일치하는 경우 절대참조, 상대참조 둘 중 어느 것을 사용하여도 정답 처리됩니다.

> 예) =VLOOKUP($I$14,$B$5:$H$12,7,FALSE)
> =VLOOKUP(I14,B5:H12,7,FALSE)

※ 주의 – VLOOKUP, HLOOKUP 함수의 마지막 인수는 정확히 일치하는 결과가 답으로 나와야 할 경우 FALSE 또는 '0'으로 처리하며, 구간의 값이거나 근접한 값이 답일 경우에는 TRUE 또는 '1'로 처리합니다.

Q5 모든 작업을 굴림, 11pt로 맞춰줘야 하나요?

A5 제1작업에서 굴림, 11pt로 맞추면 됩니다. 2작업, 3작업은 제1작업을 기초하여 사용하므로 글꼴, 폰트 크기가 동일하며 4작업 차트에서는 영역별 지시사항에 따라서 처리하면 됩니다.

※ 주의 : 피벗 테이블, 고급 필터의 조건 등은 디폴트 값 그대로 두셔도 감점되지 않습니다.

Q6 분명 지시사항대로 작성하였는데 차트에서 감점은 어디서 되나요?

A6 차트는 지시사항대로 작성한 후에 반드시 출력형태와 비교하여 세부항목을 맞춰줘야 감점되지 않습니다. 즉 지시사항에 없는 부분까지 출력형태를 꼼꼼히 비교하여 작성해야 합니다.

Q7 차트 삽입 도형 작성

A7 차트에 삽입되는 도형의 텍스트 글꼴 및 크기, 도형 선 색상은 채점대상이 아닙니다. 지시사항의 도형 삽입과 출력형태와 같이 오타 없이 작성하시면 됩니다.

[ITQ 엑셀2021 문제별 사용하는 메뉴 정리]

[제1작업]

도형 삽입	[삽입] 탭-[일러스트레이션] 그룹의 [도형]
그림자 스타일	[도형 서식] 탭-[도형 스타일] 그룹의 [도형 효과]-[그림자]
그림 복사(방법1)	복사할 영역을 범위 지정한 후 [홈] 탭-[클립 보드] 그룹의 [복사]-[그림으로 복사]를 클릭한 후 모양과 형식을 설정하고, 붙여 넣을 위치에서 Ctrl + V 키를 눌러 붙여넣기
그림 복사(방법2)	복사할 영역을 범위 지정한 후 Ctrl + C 키를 눌러 복사한 후 [홈] 탭-[클립 보드] 그룹의 [붙여넣기]-[기타 붙여넣기 옵션]에서 '그림'을 클릭하여 붙여넣기
유효성 검사	[데이터] 탭-[데이터 도구] 그룹의 [데이터 유효성 검사]
셀 서식	Ctrl + 1 키를 눌러 [표시 형식] 그룹의 '사용자 지정'
이름 정의	이름을 정의할 영역을 범위 지정한 후 '이름 상자'에 입력한 후 Enter 키 ※ 이름을 삭제할 때에는 [수식] 탭-[정의된 이름] 그룹의 [이름 관리자]를 클릭하여 이름을 선택한 후 [삭제]를 클릭

[제2작업]

고급 필터	[데이터] 탭-[정렬 및 필터] 그룹의 [고급]
표 서식	[홈] 탭-[스타일] 그룹의 [표 서식]
목표값 찾기	[데이터] 탭-[예측] 그룹의 [가상 분석]-[목표값 찾기]

[제3작업]

피벗 테이블	[삽입] 탭-[표] 그룹의 [피벗 테이블]
셀 병합 및 가운데 맞춤, 총합계 표시 여부, 빈 셀	[피벗 테이블 분석] 탭-[피벗 테이블] 그룹의 [옵션]
그룹화	[피벗 테이블 분석] 탭-[그룹] 그룹의 [필드 그룹화] 또는 마우스 오른쪽 버튼을 클릭하여 [그룹]
정렬	[데이터] 탭-[정렬 및 필터] 그룹의 [정렬] 또는 [텍스트 오름차순 정렬], [텍스트 내림차순 정렬]
부분합	[데이터] 탭-[개요] 그룹의 [부분합]
부분합(개요)	[데이터] 탭-[개요] 그룹의 [그룹 해제]-[개요 지우기]

[제4작업]

차트 삽입(차트 종류)	[삽입] 탭-[차트] 그룹을 이용하여 차트 종류 선택
위치 변경	[차트 디자인] 탭-[위치] 그룹의 [차트 이동] 또는 마우스 오른쪽 버튼을 클릭하여 [차트 이동]
레이아웃	[차트 디자인] 탭-[차트 레이아웃] 그룹의 [빠른 레이아웃]
스타일	[차트 디자인] 탭-[차트 스타일] 그룹
레이블	[차트 디자인] 탭-[차트 레이아웃] 그룹의 [차트 요소 추가]-[데이터 레이블]
눈금선	[차트 디자인] 탭-[차트 레이아웃] 그룹의 [차트 요소 추가]-[눈금선] 또는 마우스 오른쪽 버튼을 클릭하여 [눈금선 서식]
범례명 변경	[차트 디자인] 탭-[데이터] 그룹의 [데이터 선택] 또는 마우스 오른쪽 버튼을 클릭하여 [데이터 선택]
도형	[서식] 탭-[도형 삽입] 그룹의 [도형]

1. 시험 과목 및 검정 기준

시험과목	선택 프로그램	시험시간
한글엑셀/한셀	MS오피스 2021/2016, 한컴오피스 2020/2016(네오)	60분
※A등급 : 500점 ~ 400점, B등급 : 399점 ~ 300점, C등급 : 299점 ~ 200점		

2. 시험 출제기준

검정과목	문항	배점	출제기준
한글엑셀 /한셀	1. 표 작성	100점	※출력형태의 표를 작성하고 조건에 따른 서식 변환 및 함수 사용 능력 평가 • 데이터 입력 및 셀 편집　　　• 도형을 이용한 제목 작성 및 편집 • 카메라, 이름 정의, 유효성 검사 등
		140점	• 함수(*함수 출제 범위 참조)를 이용한 수식 작성 • 조건부 서식
	2. 필터, 목표값찾기, 자동서식	80점	[유형1] 필터 및 서식 ※기본 데이터를 이용한 데이터 필터 능력과 서식 작성 능력 평가 • 고급 필터 : 정확한 조건과 추출 위치 지정 • 자동 서식(표스타일) : 서식 적용 [유형2] 목표값 찾기 및 필터 ※원하는 결과값을 구하기 위해 변경되는 값을 구하는 능력과 서식 작성 능력 평가 • 목표값 찾기 : 정확한 목표값 산출　• 자동 서식(표 스타일) : 서식 적용
	3. 부분합 / 피벗 테이블	80점	※부분합 : 기본 데이터를 이용하여 특정 필드에 대한 합계, 평균 등을 구하는 능력을 평가 • 항목의 종류별 정렬/부분합 조건과 추출 결과
			※피벗 테이블 : 데이터 자료 중에서 필요한 필드를 추출하여 보기 쉬운 결과물을 만드는 능력을 평가 • 항목의 종류별 정렬/부분합 조건과 추출 결과
	4. 차트	100점	※기본 데이터를 이용하여 보기 쉽게 차트로 표현하는 능력을 평가 • 차트 종류　　　• 차트 위치 및 서식　　　• 차트 옵션 변경

※괄호( ) 내용은 한셀에서 사용하는 명칭임

함수 구분	함수 출제 범위
날짜/시간 함수	DATE, HOUR, MONTH, TODAY, WEEKDAY, YEAR, DAY, MINUTE, NOW, SECOND, TIME
수학/삼각 함수	INT, MOD, PRODUCT, ROUND, ROUNDDOWN, ROUNDUP, SUM, SUMPRODUCT, SUMIF, TRUNC, ABS, CEILNG, ODD, PI, POWER, SUBTOTAL, TRIMMEAN
통계 함수	AVERAGE, COUNT, COUNTA, COUNTIF, LARGE, MAX, MEDIAN, MIN, RANK.EQ, COUNTBLANK, MODE, SMALL
찾기/참조 함수	CHOOSE, HLOOKUP, VLOOKUP, INDEX, MATCH, ADDRESS, OFFSET, TRANSPOSE
데이터베이스 함수	DAVERAGE, DCOUNT, DGET, DMAX, DMIN, DSUM, DCOUNTA, DVAR, DPRODUCT, DSTDEV
텍스트 함수	CONCAT, LEFT, MID, REPLACE, RIGHT, LEN, LOWER, PROPER, VALUE, WON, REPT
정보 함수	ISERROR
논리값 함수	AND, IF, OR, NOT, TRUE, FALSE

목 차

Part 01 (무료 동영상) 따라하면서 배우는 엑셀

Part 02 (무료 동영상) 기출유형 모의고사

Part 03 (무료 동영상) 기출문제

[자료 파일]
· 예제 및 정답 파일
· 무료 동영상 강의
· 자동채점 프로그램 및 답안작성 프로그램
※[자료실]에서 다운로드하여 사용하세요(1-3쪽 참조).

PART 1

따라하면서 배우는
엑셀

기출문제를 따라해 보면서 시험의 시작부터 마무리까지
진행 절차와 필요 기능을 학습합니다.
※정답 파일과 동영상 강의는 [자료실]에서 다운로드하세요.

수험자 유의사항 및 답안 작성 요령

무료 동영상

실격에 유의하여 수험자 유의사항 및 답안 작성 요령 사항을 꼼꼼히 확인해야 합니다.

수험자 유의사항

● 파일명은 본인의 "수험번호-성명"으로 입력하여 답안폴더(내 PC₩문서₩ITQ)에 하나의 파일로 저장해야 하며, 답안문서 파일명이 "수험번호-성명"과 일치하지 않거나, 답안파일을 전송하지 않아 미제출로 처리될 경우 실격입니다(예 : 12345678-홍길동.xlsx).

● 답안 작성을 마치면 파일을 저장하고, '답안 전송' 버튼을 선택하여 감독위원 PC로 답안을 전송하십시오. 수험생 정보와 저장한 파일명이 다를 경우 전송되지 않으므로 주의하시기 바랍니다.

● 답안 작성 중에도 주기적으로 저장하고, '답안 전송' 하여야 문제 발생을 줄일 수 있습니다. 작업한 내용을 저장하지 않고 전송할 경우 이전에 저장된 내용이 전송되오니 이점 유의하시기 바랍니다.

● 답안문서는 지정된 경로 외의 다른 보조기억장치에 저장하는 경우, 지정된 시험 시간 외에 작성된 파일을 활용할 경우, 기타 통신수단(이메일, 메신저, 네트워크 등)을 이용하여 타인에게 전달 또는 외부 반출하는 경우는 부정 처리합니다.

답안 작성 요령

● 온라인 답안 작성 절차

　수험자 등록 ⇒ 시험 시작 ⇒ 답안파일 저장 ⇒ 답안 전송 ⇒ 시험 종료

● 문제는 총 4단계, 즉 제1작업부터 제4작업까지 구성되어 있으며 반드시 제1작업부터 순서대로 작성하고 조건대로 작업하시오.

● 모든 작업시트의 A열은 열 너비 '1'로, 나머지 열은 적당하게 조절하시오.

● 모든 작업시트의 테두리는《출력형태》와 같이 작업하시오.

● 답안 시트 이름은 "제1작업", "제2작업", "제3작업", "제4작업"이어야 하며 답안 시트 이외의 것은 감점 처리됩니다.

● 각 시트를 파일로 나누어 작업해서 저장할 경우 실격 처리됩니다.

핵심 체크

① 저장 단축키인 Ctrl + S 키를 이용하여 지정한 위치에 '수험번호-성명.xlsx' 파일을 저장합니다.
② 열 머리글에서 바로 가기 메뉴를 이용하여 열 너비를 조절합니다.
③ 시트 탭 위에서 더블클릭을 이용하여 시트 이름 바꾸기를 실행합니다.

※ 제4작업 시트의 경우는 차트의 생성으로 주어지는 새로운 시트이므로 제1작업, 제2작업, 제3작업의 시트 이름만 변경해 놓습니다.

1 [시작]-[E]-[Excel 2021]을 클릭합니다.

2 [새 통합 문서]를 클릭합니다.

3 바로 가기 키 [Ctrl]+[S] 키 또는 빠른 실행 도구 모음의 [저장 💾]을 클릭합니다.

4 [다른 이름으로 저장] 대화상자에서 [찾아보기]를 클릭하여 저장 위치를 '내 PCW문서WITQW'로 지정합니다.

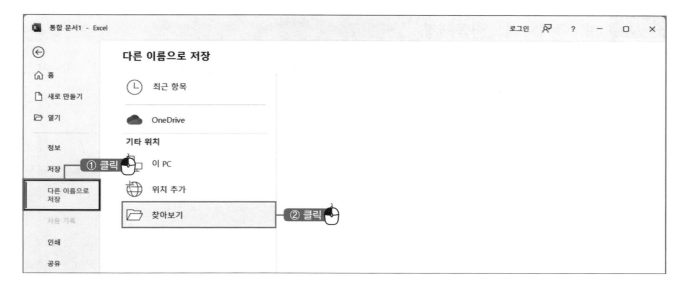

⑤ [다른 이름으로 저장] 대화상자에서 파일 이름을 '수험번호−성명'으로 입력한 후 [저장] 단추를 클릭합니다.

⑥ 제목 표시줄에 '수험번호−성명'으로 표시됩니다. 시험을 볼 때는 수시로(10분 단위) Ctrl + S 또는 [저장 💾]을 클릭하여 저장합니다. 파일명 입력은 처음에만 입력하고 수시로 저장하면 처음 지정한 파일명에 저장됩니다.

단계 2 **시트 추가와 시트 이름 변경**

① 시트 탭에서 [+ 새 시트]를 클릭하여 시트를 추가합니다. 총 2개를 추가하여 'Sheet1', 'Sheet2', 'Sheet3'으로 시트를 준비합니다.

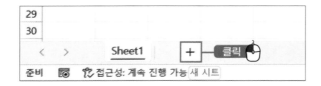

2 'Sheet1' 시트 탭을 더블클릭합니다.

3 시트명이 역상으로 바뀌면 「제1작업」을 입력한 후 Enter 키를 누릅니다.

4 '제2작업', '제3작업'도 위와 같은 방법으로 시트 이름을 변경합니다.

단계 3 | **열 너비 조절**

1 시트 탭 위에서 마우스 오른쪽 버튼을 클릭하여 [모든 시트 선택] 메뉴를 클릭합니다. 또는 '제1작업'을 선택한 후 Shift 키를 누른 채 '제3작업'을 클릭하여 세 개의 시트를 모두 선택할 수 있습니다.

2 [A] 열 머리글에서 마우스 오른쪽 버튼을 클릭하여 [열 너비] 메뉴를 클릭합니다.

3 [열 너비] 대화상자에서 「1」을 입력한 후 [확인] 단추를 클릭합니다.

실력 향상을 위한 실전 연습문제

● 예제/정답 파일은 [자료실]에서 다운로드하세요.

● 정답파일 : 12345678-김사랑.xlsx

01 다음 조건에 따라 엑셀 파일을 작성하시오.

(1) 모든 시트의 'A' 열 너비를 '1'로 조절하시오.

(2) 시트 이름을 '제1작업', '제2작업', '제3작업'으로 변경하시오.

(3) '내 PC₩문서₩ITQ' 폴더에 '12345678-김사랑'으로 저장하시오.

출력형태

실력 향상을 위한 실전 연습문제

● 정답 파일은 [자료실]에서 다운로드 받으세요.

●소스파일 : 정답파일 : 12345678-김행복.xlsx

02 다음 조건에 따라 엑셀 파일을 작성하시오.

(1) 모든 시트의 'A' 열 너비를 '1'로 조절하시오.

(2) 시트 이름을 '제1작업', '제2작업', '제3작업'으로 변경하시오.

(3) '내 PC₩문서₩ITQ' 폴더에 '12345678-김행복'으로 저장하시오.

출력형태

[제1작업] 표 서식 작성 및 값 계산 – 데이터 입력 및 제목 작성

무료 동영상

주어진 데이터를 데이터 형식에 맞게 정확히 입력한 후 테두리 서식과 열 너비를 조절하고 도형을 이용하여 제목을 작성하고 서식을 지정합니다.

[제 1 작업] 표 서식 작성 및 값 계산 (240점 중 100점)

☞ 다음은 '성안여행 마일리지 투어 상품'에 대한 자료이다. 자료를 입력하고 조건에 맞도록 작업하시오.

≪조건≫

○ **모든 데이터의 서식에는 글꼴(굴림, 11pt), 정렬은 숫자 및 회계 서식은 오른쪽 정렬, 나머지 서식은 가운데 정렬로 작성하며 예외적인 것은 ≪출력형태≫를 참조하시오.**

○ **제 목 ⇒ 도형(사각형: 잘린 한쪽 모서리)과 그림자(오프셋: 오른쪽)를 이용하여 작성하고 "성안여행 마일리지 투어 상품"을 입력한 후 다음 서식을 적용하시오(글꼴–굴림, 24pt, 검정, 굵게, 채우기–노랑).**

○ 임의의 셀에 결재란을 작성하여 그림으로 복사 기능을 이용하여 붙이기 하시오(단, 원본 삭제).

○ 「B4:J4, G14, I14」 영역은 '주황'으로 채우기 하시오.

○ 유효성 검사를 이용하여 「H14」 셀에 여행지(「D5:D12」 영역)가 선택 표시되도록 하시오.

○ 셀 서식 ⇒ 「G5:G12」 영역에 셀 서식을 이용하여 숫자 뒤에 '명'을 표시하시오(예 : 17명).

○ 「E5:E12」 영역에 대해 '항공사'로 이름정의를 하시오.

≪출력형태≫

상품코드	지역	여행지	항공사	일정 (일)	출발인원	공제 마일리지	순위	비고
K-85074	유럽	이탈리아	하나항공	7	17	169,000		
H-35035	동남아	보라카이	블루항공	5	26	80,000		
F-51166	미주	뉴욕	하나항공	8	32	155,000		
H-34122	동남아	방콕	그린항공	6	12	70,000		
P-76117	동남아	보홀	하나항공	4	9	115,000		
F-06048	미주	보스턴	그린항공	5	27	125,000		
H-94122	유럽	파리	블루항공	7	10	190,000		
L-62021	동남아	빈탄	블루항공	3	21	90,000		
그린항공의 공제 마일리지 합계				╳		최대 공제 마일리지		
유럽 지역의 출발인원 평균				╳	여행지		출발인원	

핵심 체크

① 데이터 입력 : 글꼴 서식을 지정하고 내용 입력, 테두리 서식
② 제목 작성 : 도형 삽입과 글꼴 서식, 도형 서식 지정

> **조건** 모든 데이터의 서식에는 글꼴(굴림, 11pt), 정렬은 숫자 및 회계 서식은 오른쪽 정렬, 나머지 서식은 가운데 정렬로 작성하며 예외적인 것은 《출력형태》를 참조하시오.

1 '제1작업', '제2작업', '제3작업'이 모두 선택된 상태에서 바로 가기 키 Ctrl+A 또는 전체 셀 선택 ◢ 을 클릭합니다.

2 [홈] 탭의 [글꼴] 그룹에서 '글꼴 – 굴림', '글꼴 크기 – 11'을 지정합니다.

3 '제2작업' 또는 '제3작업'을 선택하여 시트 그룹을 해제합니다.

4 '제1작업' 시트를 선택하고 [홈] 탭의 [맞춤] 그룹에서 [가운데 맞춤 ≡] 도구를 클릭합니다.

① 한 개의 셀 선택 : 한 개의 셀을 마우스로 클릭하거나 키보드 방향키(→, ←, ↑, ↓)를 이용하여 셀 선택

② 연속적인 여러 셀 선택 : 마우스로 드래그, Shift+방향키(→, ←, ↑, ↓), 첫 셀을 클릭한 후 마지막 셀을 Shift 키를 누른 상태에서 클릭하여 선택

③ 비연속적인 여러 셀 선택 : 첫 번째 영역을 선택한 후 두 번째 영역부터는 Ctrl 키를 누른 상태에서 선택

④ 행/열 단위로 범위 지정 : 행 머리글 또는 열 머리글을 클릭하여 선택

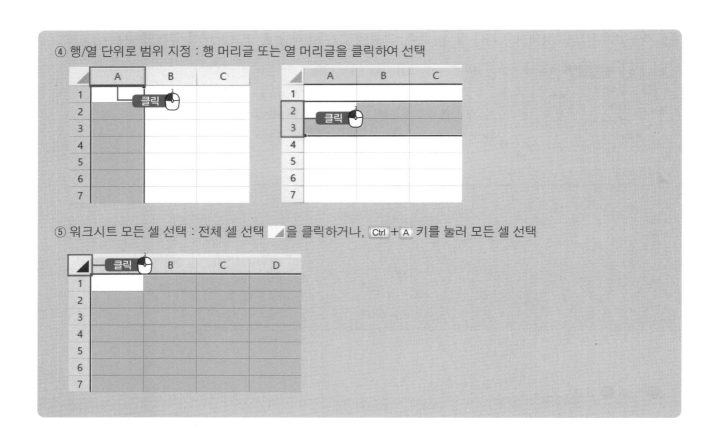

⑤ 워크시트 모든 셀 선택 : 전체 셀 선택 ◢을 클릭하거나, Ctrl + A 키를 눌러 모든 셀 선택

단계 2 **내용 입력**

1 출력형태를 보면서 정확한 셀 주소에 주어진 데이터를 입력합니다. 단, 함수를 이용하여 답을 작성하는 문제 번호((1)~(6))는 입력하지 않습니다.

A	B	C	D	E	F	G	H	I	J	K
1										
2										
3										
4	상품코드	지역	여행지	항공사		출발인원		순위	비고	
5	K-85074	유럽	이탈리아	하나항공	7	17	169000			
6	H-35035	동남아	보라카이	블루항공	5	26	80000			
7	F-51166	미주	뉴욕	하나항공	8	32	155000			
8	H-34122	동남아	방콕	그린항공	6	12	70000			
9	P-76117	동남아	보홀	하나항공	4	9	115000			
10	F-06048	미주	보스턴	그린항공	5	27	125000			
11	H-94122	유럽	파리	블루항공	7	10	190000			
12	L-62021	동남아	빈탄	블루항공	3	21	90000			
13										

- 날짜 입력 : 하이픈(−)을 이용하여 입력합니다. 예) 5−15 → 5월 15일, 2024−10−10 → 2024−10−10
- 시간 입력 : 콜론(:)을 이용하여 입력합니다. 예) 3:30 → 3:30, 3:30 a → 3:30 AM
- 백분율(10%, 15.3%,…) : 키보드의 '%'를 직접 입력하며, 소수 자릿점은 [홈] 탭의 [표시 형식] 그룹에서 [자릿수 늘림 🔢]과 [자릿수 줄임 🔢]을 이용합니다.
- 소수점(5.8, 10.12,…) : 키보드의 점(.)을 이용하여 입력합니다.

	A	B	C	D
1	날짜	05월 10일	2024-10-10	
2	시간	3:30	3:30 AM	
3	백분율	10%	15.30%	
4	소수점	5.8	10.12	
5				

2 [F4] 셀은 한 셀에 두 줄 이상 입력하기 위해서 「일정」을 입력한 후 Alt + Enter 키를 누른 후에 「(일)」을 입력하고 Enter 로 확정합니다. (같은 방법으로 [H4] 셀의 '공제마일리지'를 입력합니다.)

3 [B13:D13], [B14:D14], [F13:F14], [G13:I13] 영역을 Ctrl 키를 이용하여 범위 지정한 후 [홈] 탭의 [맞춤] 그룹에서 [병합하고 가운데 맞춤 🔳] 도구를 클릭한 후 데이터를 입력합니다. 단, [H14] 셀은 데이터 유효성 검사를 통해 작성하는 셀은 입력하지 않습니다.

4 [F5:H12] 영역을 범위 지정한 후 [홈] 탭의 [표시 형식] 그룹에서 [옵션 ⬎]을 클릭합니다.

5 [셀 서식] 대화상자의 [표시 형식] 탭에서 '숫자'를 선택하고 '1000 단위 구분 기호(,) 사용'을 체크한 후 [확인] 단추를 클릭합니다.

6 [F5:H12] 영역이 범위 지정된 상태에서 [홈] 탭의 [맞춤] 그룹에서 [오른쪽 맞춤 ≡] 도구를 클릭합니다.

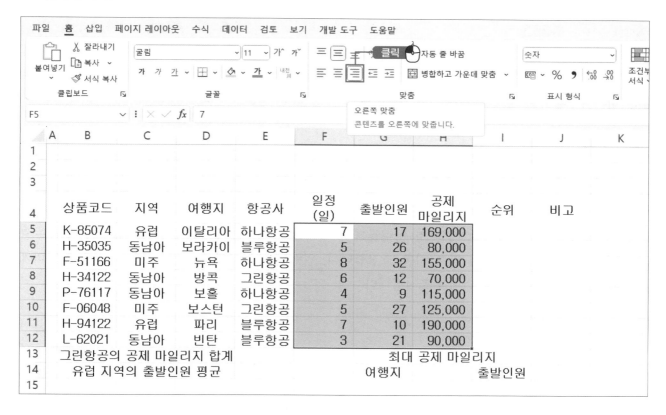

행 높이와 열 너비 조절

1 행 머리글(1행~3행)을 범위 지정한 후 마우스 오른쪽 버튼을 클릭하여 [행 높이] 메뉴를 클릭합니다.

2 행 높이에 「24」를 입력하고 [확인] 단추를 클릭합니다.

3 행 머리글 4행의 행 높이를 「30」, 행 머리글(5행 ~ 14행)의 행 높이를 「22」로 지정합니다.

Check **P**oint

행 높이 값은 문제에서 제시된 값은 아닙니다. 사용자가 임의로 지정해도 됩니다.

4 [B] 열의 열 너비를 조절할 때는 열 머리글 [B] 열과 [C] 열 머리글 사이에 마우스 포인터를 두고 더블클릭하거나 드래그하여 열 너비를 조절합니다. 입력된 데이터가 다 보이지 않는 경우 적당하게 제시된 그림을 참조하여 열 너비를 조절합니다.

	A	B	C	D	E	F	G	H	I	J	K
1											
2											
3											
4		상품코드	지역	여행지	항공사	일정 (일)	출발인원	공제 마일리지	순위	비고	
5		K-85074	유럽	이탈리아	하나항공	7	17	169,000			
6		H-35035	동남아	보라카이	블루항공	5	26	80,000			
7		F-51166	미주	뉴욕	하나항공	8	32	155,000			
8		H-34122	동남아	방콕	그린항공	6	12	70,000			
9		P-76117	동남아	보홀	하나항공	4	9	115,000			
10		F-06048	미주	보스턴	그린항공	5	27	125,000			
11		H-94122	유럽	파리	블루항공	7	10	190,000			
12		L-62021	동남아	빈탄	블루항공	3	21	90,000			
13		그린항공의 공제 마일리지 합계					최대 공제 마일리지				
14		유럽 지역의 출발인원 평균					여행지		출발인원		
15											

단계 4 **테두리 지정**

1 [B4:J14] 영역을 범위 지정한 후 [홈] 탭의 [글꼴] 그룹에서 [테두리 ⊞] 도구를 클릭하여 [모든 테두리]를 클릭합니다.

2 [B4:J14] 영역이 범위 지정된 상태에서 다시 [홈] 탭의 [글꼴] 그룹에서 [테두리 ⊞] 도구를 클릭하여 [굵은 바깥쪽 테두리]를 클릭합니다.

3 새롭게 [B5:J12] 영역을 범위 지정한 후 [홈] 탭의 [글꼴] 그룹에서 [테두리 ⊞] 도구를 클릭하여 [굵은 바깥쪽 테두리]를 클릭합니다.

4 [F13] 셀을 선택한 후 [홈] 탭의 [글꼴] 그룹에서 [테두리 ⊞] 도구를 클릭하고 [다른 테두리]를 클릭하여 [셀 서식] 대화상자의 [테두리] 탭에서 선 스타일은 실선, 테두리는 대각선(◸.◹)을 각각 클릭한 후 [확인] 단추를 클릭합니다. ([F13] 셀에서 마우스 오른쪽 버튼을 클릭하여 [셀 서식] 메뉴 또는 Ctrl + 1 키를 눌러 [셀 서식] 대화상자를 표시할 수 있습니다)

조건 제 목 ⇒ 도형(사각형: 잘린 한쪽 모서리)과 그림자(오프셋: 오른쪽)를 이용하여 작성하고 "성안여행 마일리지 투어 상품"을 입력한 후 다음 서식을 적용하시오(글꼴-굴림, 24pt, 검정, 굵게, 채우기-노랑).

1 [삽입] 탭의 [일러스트레이션] 그룹에서 [도형 ⃝]을 클릭하여 [사각형]의 '사각형: 잘린 한쪽 모서리'를 클릭합니다.

2 [B1:G3] 영역에 드래그하여 그린 후에「성안여행 마일리지 투어 상품」을 입력합니다.

3 도형의 경계라인을 클릭한 후 [도형 서식] 탭의 [도형 스타일] 그룹에서 [도형 효과]-[그림자]에 '바깥쪽 – 오프셋: 오른쪽'을 선택합니다.

4 [홈] 탭의 [글꼴] 그룹에서 '글꼴 – 굴림', '글꼴 크기 – 24', '굵게' 지정하고, [맞춤] 그룹에서 세로 [가운데 맞춤 ≡] 도구, 가로 [가운데 맞춤 ≡] 도구를 클릭합니다.

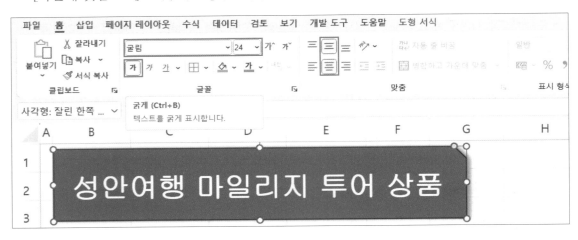

5 [홈] 탭의 [글꼴] 그룹에서 [채우기 색 ♦] 도구를 클릭하여 '노랑'을 선택합니다.

6 [홈] 탭의 [글꼴] 그룹에서 [글꼴 색 가·] 도구를 클릭하여 '검정, 텍스트1'을 선택합니다.

7 [파일] – [저장] 또는 빠른 실행 도구 모음의 [저장 💾] 도구를 클릭하여 저장합니다.

실력 향상을 위한 실전 연습문제

● 예제/정답 파일은 [자료실]에서 다운로드하세요.

● 정답파일 : 실전3(정답).xlsx

03 다음 조건에 따라 엑셀 파일을 작성하시오.

○ 시트 이름은 "제1작업", "제2작업", "제3작업"으로 하고, 모든 작업 시트의 A열은 열 너비 '1'로, 나머지 열은 적당하게 조절하시오.

○ 모든 데이터의 서식에는 글꼴(굴림, 11pt), 정렬은 숫자 및 회계 서식은 오른쪽 정렬, 나머지 서식은 가운데 정렬로 작성하며 예외적인 것은 ≪출력형태≫를 참조하시오.

○ 제 목 ⇒ 도형(화살표: 오각형)과 그림자(오프셋: 오른쪽)를 이용하여 작성하고 "일반의약품 판매가격 현황"을 입력한 후 다음 서식을 적용하시오(글꼴-굴림, 24pt, 검정, 굵게, 채우기-노랑).

출력형태

일반의약품 판매가격 현황

코드	제품명	제조사	구분	규격 (ml/캅셀/g)	평균가격 (원)	최저가격	순위	제품이력
DH1897	위생천	광동제약	소화제	75	580	500		
HY1955	챔프	동아제약	해열진통제	10	2,000	1,600		
DA1956	판피린큐	동아제약	해열진통제	20	400	350		
DG1985	애시논액	동아제약	소화제	10	4,800	4,150		
GY1958	포타디연고	삼일제약	외용연고제	75	500	400		
SE1987	부루펜시럽	삼일제약	해열진통제	90	4,300	3,900		
HD1957	생록천	광동제약	소화제	75	500	420		
DH1980	후시딘	동화약품	외용연고제	10	5,200	4,500		
광동제약 제품 평균가격(원)의 평균				╳	최저가격의 중간값			
소화제 최저가격의 평균				제품명		최저가격		

● 예제/정답 파일은 [자료실]에서 다운로드하세요.

● 정답파일 : 실전4(정답).xlsx

04 다음 조건에 따라 엑셀 파일을 작성하시오.

○ 시트 이름은 "제1작업", "제2작업", "제3작업"으로 하고, 모든 작업 시트의 A열은 열 너비 '1'로, 나머지 열은 적당하게 조절하시오.

○ 모든 데이터의 서식에는 글꼴(굴림, 11pt), 정렬은 숫자 및 회계 서식은 오른쪽 정렬, 나머지 서식은 가운데 정렬로 작성하며 예외적인 것은 ≪출력형태≫를 참조하시오.

○ 제목 ⇒ 도형(육각형)과 그림자(오프셋: 오른쪽)를 이용하여 작성하고 "장난감 대여 관리 현황"을 입력한 후 다음 서식을 적용하시오(글꼴 – 굴림, 24pt, 검정, 굵게, 채우기 – 노랑).

출력형태

장난감 대여 관리 현황

대여코드	제품명	분류	대여기간	판매가격 (단위:원)	4주 대여가격 (단위:원)	대여수량	배송지	비고
GW-03	페달트랙터	자동차	15	125,000	33,000	17		
CE-13	레이싱카	자동차	5	65,000	28,000	19		
DC-12	워크어라운드	쏘서	6	95,000	33,000	6		
PK-01	물놀이세트	놀이세트	12	17,000	33,000	15		
DW-01	디보쏘서	쏘서	10	105,000	26,000	12		
CQ-02	미니카	자동차	6	78,000	28,000	20		
WB-12	구름빵 놀이터	놀이세트	8	42,000	23,000	14		
PX-02	스포츠센터	놀이세트	10	56,000	30,000	7		
놀이세트 제품 대여수량 합계					4주 대여가격(단위:원)의 최저값			
자동차 제품 평균 대여기간					제품명		대여수량	

[제1작업] 표 서식 작성 및 값 계산
– 결재란 및 셀 서식

무료 동영상

그림 복사를 이용하여 결재란을 작성하고, 셀 서식을 이용하여 서식 지정, 이름 정의, 유효성 검사 규칙을 작성합니다.

[제 1 작업] 표 서식 작성 및 값 계산 (240점 중 100점)   ● 예제 파일 : 서식.xlsx   정답 파일 : 서식(정답).xlsx

☞ 다음은 '성안여행 마일리지 투어 상품' 에 대한 자료이다. 자료를 입력하고 조건에 맞도록 작업하시오.

≪출력형태≫

상품코드	지역	여행지	항공사	일정(일)	출발인원	공제마일리지	순위	비고
							사원	팀장	센터장

성안여행 마일리지 투어 상품

				사원	팀장	센터장
확인						

상품코드	지역	여행지	항공사	일정(일)	출발인원	공제마일리지	순위	비고
K-85074	유럽	이탈리아	하나항공	7	17명	169,000	(1)	(2)
H-35035	동남아	보라카이	블루항공	5	26명	80,000	(1)	(2)
F-51166	미주	뉴욕	하나항공	8	32명	155,000	(1)	(2)
H-34122	동남아	방콕	그린항공	6	12명	70,000	(1)	(2)
P-76117	동남아	보홀	하나항공	4	9명	115,000	(1)	(2)
F-06048	미주	보스턴	그린항공	5	27명	125,000	(1)	(2)
H-94122	유럽	파리	블루항공	7	10명	190,000	(1)	(2)
L-62021	동남아	빈탄	블루항공	3	21명	90,000	(1)	(2)
그린항공의 공제 마일리지 합계			(3)		최대 공제 마일리지			(5)
유럽 지역의 출발인원 평균			(4)		여행지	이탈리아	출발인원	(6)

≪조건≫

○ 모든 데이터의 서식에는 글꼴(굴림, 11pt), 정렬은 숫자 및 회계 서식은 오른쪽 정렬, 나머지 서식은 가운데 정렬로 작성하며 예외적인 것은 ≪출력형태≫를 참조하시오.

○ 제 목 ⇒ 도형(사각형: 잘린 한쪽 모서리)과 그림자(오프셋: 오른쪽)를 이용하여 작성하고 "성안여행 마일리지 투어 상품"을 입력한 후 다음 서식을 적용하시오(글꼴–굴림, 24pt, 검정, 굵게, 채우기–노랑).

○ 임의의 셀에 결재란을 작성하여 그림으로 복사 기능을 이용하여 붙이기 하시오(단, 원본 삭제).

○ 「B4:J4, G14, I14」 영역은 '주황'으로 채우기 하시오.

○ 유효성 검사를 이용하여 「H14」 셀에 여행지(「D5:D12」 영역)가 선택 표시되도록 하시오.

○ 셀 서식 ⇒ 「G5:G12」 영역에 셀 서식을 이용하여 숫자 뒤에 '명'을 표시하시오(예 : 17명).

○ 「E5:E12」 영역에 대해 '항공사'로 이름정의를 하시오.

핵심 체크

① 유효성 검사 : [데이터] 탭에서 [데이터 도구]의 [데이터 유효성 검사]
② 이름정의 : 범위 지정 후 '이름상자'를 이용하여 정의

> **조건** 임의의 셀에 결재란을 작성하여 그림으로 복사 기능을 이용하여 붙이기 하시오(단, 원본 삭제).

1 '서식.xlsx' 파일 '제1작업' 시트에서 본문[B4:J14] 내용에 영향을 주지 않은 임의의 셀[L16:O16]에 결재란 내용을 입력합니다.

2 [L16:L17] 영역을 범위 지정한 후 [홈] 탭의 [맞춤] 그룹에서 [병합하고 가운데 맞춤 ⊞] 도구를 클릭합니다.

3 세로 방향의 '확인'은 '확' 글자 뒤에서 더블클릭하여 Alt + Enter 키를 눌러 두 줄로 표시한 후 Enter 키를 누릅니다. 또는 [홈] 탭의 [맞춤] 그룹에서 [방향]의 '세로 쓰기'를 클릭합니다.

4 [L16:O17] 영역을 범위 지정한 후 [홈] 탭의 [글꼴] 그룹에서 [테두리 ⊞]의 [모든 테두리]를 클릭합니다.

5 열 머리글[L], [M:O]와 행 머리글[16], [17]을 이용하여 너비와 높이를 조절합니다. (예로 L열은 4, M:O는 8, 16행은 20, 17행은 40 정도로 문제에 제시된 그림을 참고하여 조절합니다.)

	확인	사원	팀장	센터장

6 [L16:O17] 영역을 범위 지정한 후 Ctrl + C 키를 눌러 복사하거나 [홈] 탭의 [클립보드] 그룹에서 [복사 🗐] 도구를 클릭합니다.

7 [H1] 셀을 클릭한 후 [홈] 탭의 [클립보드] 그룹에서 [붙여넣기]-[기타 붙여넣기 옵션]의 '그림'을 클릭합니다.

8 문제의 <출력형태>를 참고하여 결재란을 적당한 위치로 이동합니다.

	확인	사원	팀장	센터장
성안여행 마일리지 투어 상품				
상품코드	지역	여행지	항공사	일정(일)	출발인원	공제마일리지	순위	비고

9 원본 결재란을 삭제하기 위해서 열머리글[L:O]을 범위 지정한 후 열머리글에서 마우스 오른쪽 버튼을 클릭하여 [삭제] 메뉴를 클릭합니다.

단계 2 색 채우기

> **조건** 「B4:J4, G14, I14」 영역은 '주황'으로 채우기 하시오.

1 [B4:J4], [G14], [I14] 영역을 Ctrl 키를 이용하여 범위 지정한 후 [홈] 탭에서 [글꼴] 그룹의 [채우기 색 ◇] 도구에서 '주황'을 선택합니다.

조건 유효성 검사를 이용하여 「H14」 셀에 여행지(「D5:D12」 영역)가 선택 표시되도록 하시오.

1 [H14] 셀을 선택한 후 [데이터] 탭의 [데이터 도구] 그룹에서 [데이터 유효성 검사 ☷]를 클릭합니다.

2 [설정] 탭에서 '제한 대상'을 '목록'으로 선택하고, 원본에 커서를 두고 본문의 [D5:D12] 영역을 드래그하여 추가한 후 [확인] 단추를 클릭합니다.

3 [H14] 셀의 '목록 단추'를 클릭하여 '이탈리아'를 선택합니다.

Check Point

유효성 검사를 지울 때는

① 유효성 검사를 적용한 영역 또는 [H14] 셀을 선택한 후 [데이터] 탭의 [데이터 도구] 그룹에서 [데이터 유효성 검사]를 클릭합니다.

② [데이터 유효성] 대화상자의 [설정] 탭에서 왼쪽 하단의 [모두 지우기]를 클릭한 후 [확인] 단추를 클릭합니다. 또는 '제한 대상'에서 '모든 값'을 선택해도 가능합니다.

단계 4 **사용자 지정 서식**

> **조건** 셀 서식 ⇒ 「G5:G12」 영역에 셀 서식을 이용하여 숫자 뒤에 '명'을 표시하시오(예 : 17명).

1 [G5:G12] 영역을 범위 지정한 후 마우스 오른쪽 버튼을 클릭하여 [셀 서식] 메뉴를 클릭합니다. 또는 `Ctrl`+`1` 키를 눌러 [셀 서식]을 실행합니다.

2 [표시 형식] 탭에서 '일반'을 먼저 선택하고 '사용자 지정'을 클릭하여 '형식'에서 G/표준 뒤에 "명"을 입력하고 [확인] 단추를 클릭합니다. (또는 #,##0"명" 도 가능합니다.)

Check Point

자주 출제되는 사용자 지정 형식
① 수치 자료 뒤에 단위 붙이기(100→100점)
   사용자 지정 서식 : G/표준"점" 또는 0"점"
② 문자 단위 붙이기(홍길동 → 홍길동 님)
   사용자 지정 서식 : @ "님"
③ 천 단위 구분기호와 문자(1000 → 1,000원)
   사용자 지정 서식 : #,##0"원"
④ 백만 단위로 표시하기(15,500,000 → 16)
   사용자 지정 서식 : #,##0,,

단계 5 **이름 정의**

조건 「E5:E12」 영역에 대해 '항공사'로 이름정의를 하시오.

1 [E5:E12] 영역을 범위 지정한 후 '이름 상자'에 「항공사」를 입력하고 Enter 키를 누릅니다.

이름 정의 삭제

① [수식] 탭의 [정의된 이름] 그룹에서 [이름 관리자]를 클릭합니다.

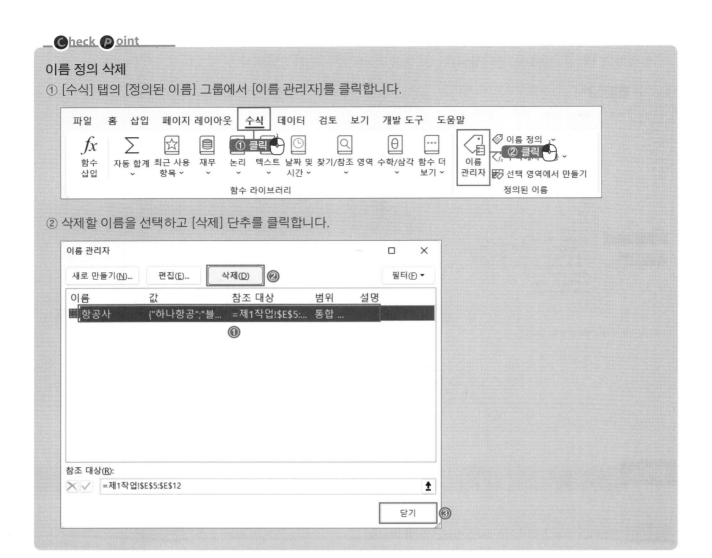

② 삭제할 이름을 선택하고 [삭제] 단추를 클릭합니다.

● 예제/정답 파일은 [자료실]에서 다운로드하세요.

●예제 파일 : 실전5.xlsx 정답 파일 : 실전5(정답).xlsx

O5 다음 조건에 따라 엑셀 파일을 작성하시오.

○ 임의의 셀에 결재란을 작성하여 그림복사 기능을 이용하여 붙이기 하시오(단, 원본 삭제).

○ 「B4:J4, G14, I14」 영역은 '주황'으로 채우기 하시오.

○ 유효성 검사를 이용하여 「H14」 셀에 제품명(「C5:C12」 영역)이 선택 표시되도록 하시오.

○ 셀 서식 ⇒ 「H5:H12」 영역에 셀 서식을 이용하여 숫자 뒤에 '원'을 표시하시오(예 : 1,600원).

○ 「H5:H12」 영역에 대해 '최저가격'으로 이름정의를 하시오.

출력형태

코드	제품명	제조사	구분	규격 (ml/캅셀/g)	평균가격 (원)	최저가격	순위	제품이력
							담당	대리	팀장
DH1897	위생천	광동제약	소화제	75	580	500원		
HY1955	챔프	동아제약	해열진통제	10	2,000	1,600원		
DA1956	판피린큐	동아제약	해열진통제	20	400	350원		
DG1985	애시논액	동아제약	소화제	10	4,800	4,150원		
GY1958	포타디연고	삼일제약	외용연고제	75	500	400원		
SE1987	부루펜시럽	삼일제약	해열진통제	90	4,300	3,900원		
HD1957	생록천	광동제약	소화제	75	500	420원		
DH1980	후시딘	동화약품	외용연고제	10	5,200	4,500원		
광동제약 제품 평균가격(원)의 평균					최저가격의 중간값			
소화제 최저가격의 평균					제품명	위생천	최저가격	

● 예제/정답 파일은 [자료실]에서 다운로드하세요.

●예제 파일 : 실전6.xlsx 정답 파일 : 실전6(정답).xlsx

O6 다음 조건에 따라 엑셀 파일을 작성하시오.

○ 임의의 셀에 결재란을 작성하여 그림복사 기능을 이용하여 붙이기 하시오(단, 원본 삭제).

○ 「B4:J4, G14, I14」 영역은 '주황'으로 채우기 하시오.

○ 유효성 검사를 이용하여 「H14」 셀에 제품명(「C5:C12」 영역)이 선택 표시되도록 하시오.

○ 셀 서식 ⇒ 「E5:E12」 영역에 셀 서식을 이용하여 숫자 뒤에 '주'를 표시하시오(예: 15주).

○ 「G5:G12」 영역에 대해 '대여가격'으로 이름정의를 하시오.

출력형태

	장난감 대여 관리 현황					결재	담당	대리	과장
대여코드	제품명	분류	대여기간	판매가격 (단위:원)	4주 대여가격 (단위:원)	대여수량	배송지	비고
GW-03	페달트랙터	자동차	15주	125,000	33,000	17		
CE-13	레이싱카	자동차	5주	65,000	28,000	19		
DC-12	워크어라운드	쏘서	6주	95,000	33,000	6		
PK-01	물놀이세트	놀이세트	12주	17,000	33,000	15		
DW-01	디보쏘서	쏘서	10주	105,000	26,000	12		
CQ-02	미니카	자동차	6주	78,000	28,000	20		
WB-12	구름빵 놀이터	놀이세트	8주	42,000	23,000	14		
PX-02	스포츠센터	놀이세트	10주	56,000	30,000	7		
놀이세트 제품 대여수량 합계					4주 대여가격(단위:원)의 최저값			
자동차 제품 평균 대여기간					제품명	페달트랙터	대여수량	

[제1작업] 표 서식 작성 및 값 계산 – 함수

반드시 문제에 주어진 함수를 이용하여 값을 구해야 하며, 시험에 자주 나오는 함수 유형은 숙지해야 합니다. 함수의 중첩 등 응용능력을 키우기 위해 충분한 학습이 필요합니다.

[제 1 작업] 표 서식 작성 및 값 계산 (240점 중 120점)

☞ 다음은 '성안여행 마일리지 투어 상품'에 대한 자료이다. 자료를 입력하고 조건에 맞도록 작업하시오.

≪조건≫

(1)~(6) 셀은 반드시 <u>주어진 함수를 이용</u>하여 값을 구하시오(결과값을 직접 입력하면 해당 셀은 0점 처리됨).

(1) 순위 ⇒ 출발인원의 내림차순 순위를 구한 결과값에 '위'를 붙이시오(RANK.EQ 함수, & 연산자)(예 : 1위).

(2) 비고 ⇒ 상품코드의 첫 글자가 F이면 '자유여행', 그 외에는 공백으로 구하시오(IF, LEFT 함수).

(3) 그린항공의 공제 마일리지 합계 ⇒ 정의된 이름(항공사)을 이용하여 그린항공의 공제 마일리지 합계를 구하시오(SUMIF 함수).

(4) 유럽 지역의 출발인원 평균 ⇒ 반올림하여 정수로 구하시오. 단, 조건은 입력 데이터를 이용하시오(ROUND, DAVERAGE 함수)(예 : 24.3 → 24).

(5) 최대 공제 마일리지 ⇒ (MAX 함수)

(6) 출발인원 ⇒ 「H14」 셀에서 선택한 여행지에 대한 출발인원을 표시하시오(VLOOKUP 함수).

≪출력형태≫

상품코드	지역	여행지	항공사	일정 (일)	출발인원	공제 마일리지	순위	비고
						확인	사원	팀장	센터장

성안여행 마일리지 투어 상품

상품코드	지역	여행지	항공사	일정 (일)	출발인원	공제 마일리지	순위	비고
K-85074	유럽	이탈리아	하나항공	7	17명	169,000	(1)	(2)
H-35035	동남아	보라카이	블루항공	5	26명	80,000	(1)	(2)
F-51166	미주	뉴욕	하나항공	8	32명	155,000	(1)	(2)
H-34122	동남아	방콕	그린항공	6	12명	70,000	(1)	(2)
P-76117	동남아	보홀	하나항공	4	9명	115,000	(1)	(2)
F-06048	미주	보스턴	그린항공	5	27명	125,000	(1)	(2)
H-94122	유럽	파리	블루항공	7	10명	190,000	(1)	(2)
L-62021	동남아	빈탄	블루항공	3	21명	90,000	(1)	(2)
그린항공의 공제 마일리지 합계			(3)			최대 공제 마일리지		(5)
유럽 지역의 출발인원 평균			(4)		여행지	이탈리아	출발인원	(6)

수식은 등호로 시작하여 숫자 또는 셀 주소와 연산자로 이루어진 계산식입니다.

1. 수식의 구성

=E4 − F4 * 5000

① 등호(=) : 엑셀에서는 수식을 입력할 때 등호를 먼저 입력해야 합니다. 등호 다음에 오는 내용이 수식이라는 것을 나타냅니다.

② 참조(E4, F4) : 직접 값을 입력하여 수식을 작성할 수 있고, 또는 값이 입력된 주소를 입력하여 수식을 작성할 수 있습니다. 셀 주소를 이용하여 값을 계산하는 것을 '참조'라고 합니다.

③ 연산자(−, *) : 계산의 종류를 나타냅니다.

④ 상수(5000) : 수식에 직접 입력하는 숫자나 문자입니다.

2. 연산자와 연산

연산자를 이용하여 사칙 연산을 비롯하여, 문자열의 연결, 수치 비교, 계산 처리 등을 실행할 수 있습니다.

1 산술 연산자 : 수치 데이터에 대한 사칙 연산을 수행합니다.

연산자	기능	연산자	기능	연산자	기능
+	더하기	*	곱하기	^	거듭제곱
−	빼기	/	나누기	%	백분율

2 비교 연산자 : 데이터의 크기를 비교하여 식이 맞으면 TRUE(참), 그렇지 않으면 FALSE(거짓)로 결과를 표시합니다.

연산자	기능	연산자	기능	연산자	기능
>	크다(초과)	<	작다(미만)	=	같다
>=	크거나 같다(이상)	<=	작거나 같다(이하)	<>	같지 않다.

3 데이터 연결 연산자(&) : 두 개의 데이터를 하나로 연결하여 표시합니다.

수식	결과	수식	결과
="상수리"&"나무"	상수리나무	=100&"점"	100점

4 참조 연산자 : 함수 명령어가 참조해야 할 범위를 지정할 때 사용하는 연산자입니다.

연산자	사용 예	기능
콜론(:)	(A1:E1)	왼쪽 셀에서 오른쪽 셀까지의 모든 범위를 참조하는 연산자
쉼표(,)	(A1,C1)	쉼표(,)로 구분된 셀을 모든 셀(또는 범위)을 참조하는 연산자
공백	(A1:C3 C2:P3)	왼쪽 범위와 오른쪽 범위의 공통 범위 (결과 : [C2:C3])

3. 셀 참조

수식을 입력할 때 직접 숫자를 입력하지 않고, 숫자가 입력된 셀 주소를 사용하는 것을 셀 참조라고 합니다. 수식을 복사할 때 셀 주소가 바뀌는 상대참조, 고정된 셀을 참조하는 절대참조, 열이나 행만을 고정하는 혼합참조에 대해 학습하겠습니다.

1 상대참조

가장 일반적인 셀 주소 유형입니다. 수식이 입력된 셀을 다른 위치로 이동하거나 복사하면 참조하는 셀 주소가 상대적 위치에 따라 자동으로 변경됩니다.

2 절대참조

행 번호, 열 문자 앞에 $ 기호를 붙입니다. 절대참조는 다른 곳으로 이동하거나 복사해도 변하지 않고 항상 같은 셀을 참조합니다.

3 혼합참조

행 문자, 열 번호 중 한쪽에만 $가 붙습니다. $ 기호가 붙은 부분만 변하지 않습니다. 한 방향으로만 수식을 복사할 때는 절대참조를 쓰지만, 양쪽 방향으로 수식을 복사해야 하는 경우에는 혼합참조를 사용합니다.

4 F4 를 이용하여 참조 바꾸기

주소를 입력하고 F4 키를 누를 때마다 다음 순서대로 '$' 기호가 자동으로 붙습니다.

H3 ▶ F4 키 ▶ $H$3 ▶ F4 키 ▶ H$3 ▶ F4 키 ▶ $H3 ▶ F4 키 ▶ H3
상대참조   절대참조   혼합참조   혼합참조   상대참조

단계 2 함수

함수는 복잡하고 반복적인 계산 작업을 쉽고 간단하게 처리할 수 있도록 미리 프로그램으로 정의한 수식입니다. 우리가 알고 있는 간단한 계산식도 함수를 사용하면 많은 양의 데이터도 손쉽게 계산할 수 있습니다.

1. 함수 구조

> =함수명(인수 1, 인수 2,…… , 인수 n)

① 등호(=) : 함수식 앞에 쓰입니다.

② 함수명 : 수식을 함축하고 있는 함수 이름입니다.

③ 괄호 : 인수가 들어가는 공간입니다.

④ 인수 : 계산을 하기 위해 사용하는 값입니다.

⑤ 쉼표(,) : 인수를 구분하기 위해 사용합니다.

2. 함수 마법사

간단한 함수는 직접 입력하는 것이 편리하지만, 어렵고 자주 사용하지 않는 함수는 마법사를 이용하면 인수의 입력 방법을 알려주기 때문에 쉽게 사용할 수 있습니다.

Check Point

함수 마법사를 사용하는 방법
- 수식 입력줄의 [함수 삽입 f_x]을 클릭
- [수식] 탭에서 [함수 라이브러리] 그룹의 [함수 삽입 f_x] 클릭
- 바로 가기 키 : Shift + F3

| 무료 동영상 |

함수 1 데이터베이스 함수

함수	설명	중요도
DSUM	조건과 일치하는 데이터의 합을 구함	★★★★★
DAVERAGE	조건과 일치하는 데이터의 평균을 구함	★★★★★
DMAX	조건과 일치하는 데이터의 가장 큰 수를 구함	★★
DMIN	조건과 일치하는 데이터의 가장 작은 수를 구함	★
DCOUNTA	조건과 일치하는 데이터에서 공백이 아닌 데이터의 개수를 구함	★
DCOUNT	조건과 일치하는 데이터의 숫자가 들어 있는 셀의 개수를 구함	
DGET	조건에 맞는 고유한 데이터를 추출함	

Check Point

데이터베이스 함수의 형식

[형식] =DSUM(데이터베이스 범위,필드,조건 범위)

	A	B	C	D	E	F
1		DSUM 함수 ❸조건 범위 ❷필드				
2		관리코드	관리자	유종	구매가	
3		M597K	김지현	하이브리드	3,555	
4		R374G	안규정	디젤	9,738	
5		G839R	이수연	가솔린	10,129	❶ 데이터베이스 범위
6		Z329F	장동욱	하이브리드	8,650	
7		Z325J	정인경	디젤	9,894	
8		O356L	최민석	가솔린	7,402	
9		C385B	정유진	하이브리드	14,615	
10		U594L	박두일	가솔린	7,339	
11		하이브리드 구매가 합계				

❶ 데이터베이스 범위 : 필드 제목과 데이터로 구성된 범위
❷ 필드 : 계산을 수행하고자 하는 필드명
❸ 조건 범위 : 필드 제목과 조건으로 구성된 범위

[예제] =DSUM(B2:E10,E2,D2:D3)

[결과] 26,820

1. 다음 조건에 따라 엑셀 파일을 작업하시오.

◎예제/정답 파일 : 데이터베이스.xlsx

(1) 하이브리드 구매가 합계 ⇒ 조건은 입력 데이터를 이용하시오(DSUM 함수).

(2) 브라질 원산지 판매가(단위:원)의 평균 ⇒ 조건은 입력 데이터를 이용하시오(DAVERAGE 함수).

(3) 여행 분야 중 최고 회원 수 ⇒ 조건은 입력 데이터를 이용하여 구하시오(DMAX 함수).

(4) 핫도그 창업 개수 ⇒ 결과값에 '개'를 붙이시오. 단, 조건은 입력 데이터를 이용하시오(DCOUNTA 함수, & 연산자)(예 : 1개).

(1) 하이브리드 구매가 합계

1 [E11] 셀을 클릭한 후 수식 입력줄의 [함수 삽입 *fx*] 도구를 클릭합니다.

2 '범주 선택'에서 '데이터베이스'를 선택한 후 'DSUM'을 클릭한 후 [확인] 단추를 클릭합니다.

3 [함수 인수]에서 다음과 같이 지정하고 [확인] 단추를 클릭합니다.

- 데이터베이스 : [B2:E10]
- 필드 : [E2]
- 조건 : [D2:D3]

(2) 브라질 원산지 판매가(단위 : 원)의 평균

1 [J11] 셀을 클릭한 후 수식 입력줄의 [함수 삽입 *fx*] 도구를 클릭합니다.

2 '범주 선택'에서 '데이터베이스'를 선택한 후 'DAVERAGE'를 클릭한 후 [확인] 단추를 클릭합니다.

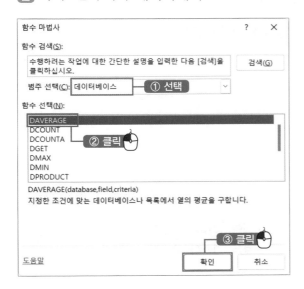

3 [함수 인수]에서 다음과 같이 지정하고 [확인] 단추를 클릭합니다.

- 데이터베이스 : [G2:J10]
- 필드 : [J2]
- 조건 : [H2:H3]

(3) 여행 분야 중 최고 회원 수

1 [E23] 셀을 클릭한 후 수식 입력줄의 [함수 삽입 *fx*] 도구를 클릭합니다.

2 '범주 선택'에서 '데이터베이스'를 선택한 후 'DMAX'를 클릭한 후 [확인] 단추를 클릭합니다.

3 [함수 인수]에서 다음과 같이 지정하고 [확인] 단추를 클릭합니다.

- 데이터베이스 : [B14:E22]
- 필드 : [D14]
- 조건 : [C14:C15]

(4) 핫도그 창업 개수

1 [J23] 셀을 클릭한 후 수식 입력줄의 [함수 삽입 *fx*] 도구를 클릭합니다.

2 '범주 선택'에서 '데이터베이스'를 선택하고 'DCOUNTA'를 클릭한 후 [확인] 단추를 클릭합니다.

3 [함수 인수]에서 다음과 같이 지정하고 [확인] 단추를 클릭합니다.

- 데이터베이스 : [G14:J22]
- 필드 : [H14]
- 조건 : [I14:I15]

4 [J23] 셀을 클릭한 후 수식 입력줄의 '=DCOUNTA(G14:J22,H14,I14:I15)' 뒤에 마우스를 클릭한 후 「&"개"」를 입력합니다.

		DCOUNTA	함수		
	DCOUNTA	✓ fx	=DCOUNTA(G14:J22,H14,I14:I15)&"개"	입력	

	A	B	C	D	E	F	G	H	I	J	K
13			DMAX 함수					DCOUNTA 함수			
14		카페명	분류	회원 수	게시글 수		코드	창업주	항목	창업비용(원)	
15		바이트레인	여행	370,240	550,012		K2661	한사랑	핫도그	45,000,000	
16		스윙댄스	취미	529,588	549,385		K3968	홍준표	떡갈비	50,000,000	
17		카이트	취미	164,056	410,904		T1092	한예지	핫도그	60,000,000	
18		유랑	여행	265,265	147,056		K2154	이소영	떡갈비	55,455,500	
19		요리쿡	요리	807,475	902,103		P1514	임용균	떡볶이	38,500,000	
20		여행홀릭	여행	405,395	785,678		P2603	임유나	떡볶이	45,500,000	
21		오늘요리	요리	220,186	268,612		T1536	조형준	떡갈비	62,550,000	
22		우드워커	취미	368,271	755,304		K3843	김유진	핫도그	40,000,000	
23		여행 분야 중 최고 회원 수			405,395		핫도그 창업 개수			I15)&"개"	
24											

DOUNTA 함수는 비어 있지 않으면, 셀 수 있는 함수입니다.
=DCOUNTA(G14:J22,G14,I14:I15)&"개"
=DCOUNTA(G14:J22,H14,I14:I15)&"개"
=DCOUNTA(G14:J22,I14,I14:I15)&"개"
=DCOUNTA(G14:J22,J14,I14:I15)&"개"
모두 가능합니다.

[정답]

	A	B	C	D	E	F	G	H	I	J	K
1			DSUM 함수					DAVERAGE 함수			
2		관리코드	관리자	유종	구매가		상품명	커피 원산지	판매수량	판매가 (단위:원)	
3		M597K	김지현	하이브리드	3,555		산토스 NY2	브라질	339	18,000	
4		R374G	안규정	디젤	9,738		산타로사	콜롬비아	1,035	15,200	
5		G839R	이수연	가솔린	10,129		후일라 수프리모	콜롬비아	326	11,000	
6		Z329F	장동욱	하이브리드	8,650		모모라 G1	에티오피아	864	33,900	
7		Z325J	정인경	디젤	9,894		모지아나 NY2	브라질	1,532	14,500	
8		O356L	최민석	가솔린	7,402		카우카 수프리모	콜롬비아	248	12,300	
9		C385B	정유진	하이브리드	14,615		씨에라 옐로우버본	브라질	567	15,000	
10		U594L	박두일	가솔린	7,339		아리차 예가체프G1	에티오피아	954	29,500	
11		하이브리드 구매가 합계			26,820		브라질 원산지 판매가(단위:원)의 평균			15,833	
12											
13			DMAX 함수					DCOUNTA 함수			
14		카페명	분류	회원 수	게시글 수		코드	창업주	항목	창업비용(원)	
15		바이트레인	여행	370,240	550,012		K2661	한사랑	핫도그	45,000,000	
16		스윙댄스	취미	529,588	549,385		K3968	홍준표	떡갈비	50,000,000	
17		카이트	취미	164,056	410,904		T1092	한예지	핫도그	60,000,000	
18		유랑	여행	265,265	147,056		K2154	이소영	떡갈비	55,455,500	
19		요리쿡	요리	807,475	902,103		P1514	임용균	떡볶이	38,500,000	
20		여행홀릭	여행	405,395	785,678		P2603	임유나	떡볶이	45,500,000	
21		오늘요리	요리	220,186	268,612		T1536	조형준	떡갈비	62,550,000	
22		우드워커	취미	368,271	755,304		K3843	김유진	핫도그	40,000,000	
23		여행 분야 중 최고 회원 수			405,395		핫도그 창업 개수			3개	
24											

- [E11] : =DSUM(B2:E10,E2,D2:D3)
- [J11] : =DAVERAGE(G2:J10,J2,H2:H3)
- [E23] : =DMAX(B14:E22,D14,C14:C15)
- [J23] : =DCOUNTA(G14:J22,H14,I14:I15)&"개"

함수 2 통계 함수

함수	설명	예	결과	중요도
MAX(범위)	최대값	=MAX(1,2,3)	3	★★★
MIN(범위)	최소값	=MIN(1,2,3)	1	★★★
AVERAGE(범위)	평균	=AVERAGE(90,60)	75	★
MEDIAN(범위)	인수들의 중간값을 구함	=MEDIAN(90,80,70)	80	★
COUNT(범위)	숫자의 개수	=COUNT(1,2,3)	3	★
COUNTA(범위)	공백을 제외한 셀의 개수	=COUNTA("가",2,"A")	3	★
COUNTIF(범위,"조건")	범위에서 조건에 맞은 개수			★★★★★
LARGE(범위,K)	범위에서 K 번째 큰 값			★★★
SMALL(범위,K)	범위에서 K 번째 작은 값			★★
RANK.EQ(기준,범위,순서)	=RANK.EQ(A1,$A$1:$A$10,0) : [A1:A10] 영역에서 [A1] 셀의 순위를 구함			★★★★★

RANK.EQ 함수 〈순서〉
0 또는 FALSE : 내림차순(가장 큰 값이 1등) – 생략하면 FALSE가 됨
1 또는 TRUE : 오름차순(가장 작은 값이 1등)
※ 범위는 고정된 영역을 참조해야 하므로 절대 주소 형식을 사용

○ 예제/정답 파일 : 통계.xlsx

1. 다음 조건에 따라 엑셀 파일을 작업하시오.

(1) 최대 판매가(단위:원) ⇒ 판매가를 이용하여 구하시오(MAX 함수).

(2) 최저 진행인원수 ⇒ 진행인원수를 이용하여 구하시오(MIN 함수).

(3) 어린이 도서 수 ⇒ 분류를 이용하여 구하시오(COUNTIF 함수).

(4) 두 번째로 큰 마리 당 평균 몸무게 ⇒ 몸무게를 이용하여 구하시오(LARGE 함수).

(5) 최저 신청인원(단위:명) ⇒ 신청인원을 이용하여 구하시오(SMALL 함수).

(6) 순위 ⇒ 판매수량을 이용하여 판매수량의 내림차순 순위를 구하시오(RANK.EQ 함수).

(7) 구분이 1++등급 비율 ⇒ 구분이 1++등급인 비율을 구한 후 백분율로 표시하시오(COUNTIF, COUNTA 함수)(예 : 0.15 → 15%).

(8) 주행거리가 평균 이상인 차량 수 ⇒ (COUNTIF, AVERAGE 함수)

(9) 대여가격(4주)이 중간값 이상인 장난감 수 ⇒ 결과값에 '개'를 붙이시오(COUNTIF, MEDIAN 함수, & 연산자)(예 : 1개).

MAX 함수

상품명	구분	판매가 (단위:원)
수국	꽃다발	67,000
진백	분재	200,000
생일축하	꽃바구니	50,000
소사	분재	150,000
프로포즈	꽃바구니	125,000
분홍장미	꽃다발	59,000
결혼기념일	꽃바구니	50,000
안개	꽃다발	61,000
최대 판매가(단위:원)		(1)

MIN 함수

사업명	관리팀	진행 인원수
홈네트워크	개발2팀	12
이러닝	교육관리	7
VR개발	개발2팀	7
환경개선	개발2팀	7
AR개발	개발1팀	11
연수원관리	교육관리	6
마케팅	개발1팀	4
네트워크보안	개발1팀	10
최저 진행인원수		(2)

COUNTIF 함수

도서명	저자	분류
오페라의 유령	가스통 르루	실버
내 심장은 작은 북	송현섭	어린이
여행의 이유	김영하	일반
내일도 야구	이석용	어린이
첫말잇기 동시집	박성우	어린이
신통방통 홈쇼핑	이분희	어린이
연필로 쓰기	김훈	일반
미국 단편 동화집	강민호	실버
어린이 도서 수		(3)

LARGE 함수

동물명	마리 수	마리 당 평균 몸무게
하마	2	1,105
호랑이	1	332
사슴	5	121
얼룩말	2	116
사자	2	278
기린	4	247
양	6	223
코끼리	2	2,528
두 번째로 큰 마리 당 평균 몸무게		(4)

SMALL 함수

봉사명	봉사시간	신청인원 (단위:명)
바자회 보조	8시간	1,450
미용서비스	6시간	568
멘토링 교육	24시간	954
시설 봉사	48시간	1,450
경로식당	8시간	1,650
생활지원	48시간	1,350
컴퓨터교육 보조	16시간	467
성장 멘토링	32시간	1,321
최저 신청인원(단위:명)		(5)

RANK 함수

상품명	판매수량	순위
블랙로즈오일	350	(6)
욕실세정제	850	(6)
수면팩	437	(6)
천연비타민C	950	(6)
고급의류세제	724	(6)
프리미엄세탁세제	800	(6)
스네일에센스	500	(6)
종합비타민미네랄	900	(6)

COUNTIF, COUNTA 함수

부위	구분	kg당 가격
안심	1++등급	98,000
등심	1등급	79,000
앞다리	1+등급	85,000
등심	2등급	66,000
앞다리	2등급	52,000
등심	1+등급	88,000
안심	1등급	94,000
앞다리	1++등급	70,000
구분이 1++등급 비율		(7)

COUNTIF, AVERAGE 함수

관리자	유종	주행거리 (Km)
김지현	하이브리드	171,833
안규정	디젤	119,912
이수연	가솔린	21,833
장동욱	하이브리드	47,158
정인경	디젤	58,075
최민석	가솔린	73,402
정유진	하이브리드	70,161
박두일	가솔린	102,863
주행거리가 평균 이상인 차량 수		(8)

COUNTIF, MEDIAN 함수

제품명	대여가격 (4주)
타요버스	33,000
맥퀸카	28,000
워크어라운드	33,000
물놀이세트	33,000
디보쏘서	26,000
미니카	28,000
병원놀이	23,000
폴리볼텐트	30,000
대여가격(4주)이 중간값 이상인 장난감 수	(9)

(1) 최대 판매가(단위:원)

1 [D11] 셀에 「=MA」까지 입력한 후 MAX를 더블클릭합니다.

	상품명	구분	판매가 (단위:원)		사업명	관리팀	진행 인원수

MAX 함수

상품명	구분	판매가 (단위:원)
수국	꽃다발	67,000
진백	분재	200,000
생일축하	꽃바구니	50,000
소사	분재	150,000
프로포즈	꽃바구니	125,000
분홍장미	꽃다발	59,000
결혼기념일	꽃바구니	50,000
안개	꽃다발	61,000
최대 판매가(단위:원)		=MA

MIN 함수

사업명	관리팀	진행 인원수
홈네트워크	개발2팀	12
이러닝	교육관리	7
VR개발	개발2팀	7
환경개선	개발2팀	7
AR개발	개발1팀	11
연수원관리	교육관리	6
마케팅	개발1팀	4
네트워크보안	개발1팀	10
최저 진행인원수		

① 입력
② 더블 클릭

*f*x MATCH
*f*x MAX   최대값을 구합니다. 논리값과 텍스트는 제외됩니다
*f*x MAXA
*f*x MAXIFS

2 범위를 [D3:D10] 영역을 드래그하여 '=MAX (D3:D10)'으로 입력되면 Enter 키를 누릅니다.

(2) 최저 진행인원수

[H11] 셀에 「=MIN(H3:H10)」을 입력합니다. (또는 (1)과 같은 방법을 사용합니다.)

(3) 어린이 도서 수

1 [L11] 셀에 「=COU」를 입력한 후 'COUNTIF'를 더블클릭합니다.

2 범위는 [L3:L10], 조건은 「"어린이"」를 입력하여 '=COUNTIF(L3:L10,"어린이")'로 입력되면 Enter 키를 누릅니다.

> 조건은 직접 입력하지 않고, '어린이'가 입력된 셀(예: [L4])을 지정해도 됩니다.
> =COUNTIF(L3:L10,L4)

L11		∨ : ✕ ✓ *fx*	=COUNTIF(L3:L10,"어린이")		
	I	J	K	L	M	N
1		COUNTIF 함수				
2		도서명	저자	분류		
3		오페라의 유령	가스통 르루	실버		
4		내 심장은 작은 북	송현섭	어린이		
5		여행의 이유	김영하	일반		
6		내일도 야구	이석용	어린이		
7		첫말잇기 동시집	박성우	어린이		
8		신통방통 홈쇼핑	이분희	어린이		
9		연필로 쓰기	김훈	일반		
10		미국 단편 동화집	강민호	실버		
11		어린이 도서 수		=COUNTIF(L3:L10,"어린이")		
12						

(4) 두 번째로 큰 마리 당 평균 몸무게

[D23] 셀에 「=LARGE(D15:D22,2)」를 입력합니다. [D15:D22] 영역에서 2번째로 큰 값을 구합니다.

(5) 최저 신청인원(단위:명)

[H23] 셀에 「=SMALL(H15:H22,1)」을 입력합니다. [H15:H22] 영역에서 1번째로 작은 값을 구합니다.

(6) 순위

[L15] 셀에 「=RANK.EQ(K15,$K$15:$K$22)」를 입력한 후 [L22] 셀까지 수식을 복사합니다.

> [K15] 셀의 값을 [K15:K22] 영역 안에서 순위를 구합니다. 비교되는 [K15:K22] 영역은 수식을 복사하더라도 고정된 위치라서 F4 키를 눌러 절대참조를 해야 합니다.

(7) 구분이 1++등급 비율

[D35] 셀에 「=COUNTIF(C27:C34,"1++등급")/COUNTA(C27:C34)」를 입력합니다.

> COUNTIF(C27:C34,"1++등급") : [C27:C34] 영역에서 '1++등급'의 개수를 구합니다.
> COUNTA(C27:C34) : [C27:C34] 영역의 개수를 구합니다.
> 조건은 ""로 묶어서 처리합니다.

(8) 주행거리가 평균 이상인 차량 수

[H35] 셀에 「=COUNTIF(H27:H34,">="&AVERAGE(H27:H34))」를 입력합니다.

> AVERAGE(H27:H34) : [H27:H34] 영역의 평균을 구합니다.
>
> COUNTIF(H27:H34,">="&평균값) : [H27:H34] 영역에서 평균값 이상인 개수를 구합니다.

(9) 대여가격(4주)이 중간값 이상인 장난감 수

[L35] 셀에 「=COUNTIF(K27:K34,">="&MEDIAN(K27:K34))&"개"」를 입력합니다.

> MEDIAN(K27:K34) : [K27:K34] 영역의 중간값을 구합니다.
>
> COUNTIF(K27:K34,">="&중간값)&"개" : [K27:K34] 영역에서 중간값 이상인 개수를 구한 후 '개'를 입력합니다.

[정답]

MAX 함수

상품명	구분	판매가(단위:원)
수국	꽃다발	67,000
진백	분재	200,000
생일축하	꽃바구니	50,000
소사	분재	150,000
프로포즈	꽃바구니	125,000
분홍장미	꽃다발	59,000
결혼기념일	꽃바구니	50,000
안개	꽃다발	61,000
최대 판매가(단위:원)		200,000

MIN 함수

사업명	관리팀	진행인원수
홈네트워크	개발2팀	12
이러닝	교육관리	7
VR개발	개발2팀	7
환경개선	개발2팀	7
AR개발	개발1팀	11
연수원관리	교육관리	6
마케팅	개발1팀	4
네트워크보안	개발1팀	10
최저 진행인원수		4

COUNTIF 함수

도서명	저자	분류
오페라의 유령	가스통 르루	실버
내 심장은 작은 북	송현섭	어린이
여행의 이유	김영하	일반
내일도 야구	이석용	어린이
첫말잇기 동시집	박성우	어린이
신통방통 홈쇼핑	이분희	어린이
연필로 쓰기	김훈	일반
미국 단편 동화집	강민호	실버
어린이 도서 수		4

LARGE 함수

동물명	마리 수	마리 당 평균 몸무게
하마	2	1,105
호랑이	1	332
사슴	5	121
얼룩말	2	116
사자	2	278
기린	4	247
양	6	223
코끼리	2	2,528
두 번째로 큰 마리 당 평균 몸무게		1,105

SMALL 함수

봉사명	봉사시간	신청인원(단위:명)
바자회 보조	8시간	1,450
미용서비스	6시간	568
멘토링 교육	24시간	954
시설 봉사	48시간	1,450
경로식당	8시간	1,650
생활지원	48시간	1,350
컴퓨터교육 보조	16시간	467
성장 멘토링	32시간	1,321
최저 신청인원(단위:명)		467

RANK 함수

상품명	판매수량	순위
블랙로즈오일	350	8
욕실세정제	850	3
수면팩	437	7
천연비타민C	950	1
고급의류세제	724	5
프리미엄세탁세제	800	4
스네일에센스	500	6
종합비타민미네랄	900	2

COUNTIF, COUNTA 함수

부위	구분	kg당 가격
안심	1++등급	98,000
등심	1등급	79,000
앞다리	1+등급	85,000
등심	2등급	66,000
앞다리	2등급	52,000
등심	1+등급	88,000
안심	1등급	94,000
앞다리	1++등급	70,000
구분이 1++등급 비율		25%

COUNTIF, AVERAGE 함수

관리자	유종	주행거리(Km)
김지현	하이브리드	171,833
안규정	디젤	119,912
이수연	가솔린	21,833
장동욱	하이브리드	47,158
정인경	디젤	58,075
최민석	가솔린	73,402
정유진	하이브리드	70,161
박두일	가솔린	102,863
주행거리가 평균 이상인 차량 수		3

COUNTIF, MEDIAN 함수

제품명	대여가격(4주)
타요버스	33,000
맥퀸카	28,000
워크어라운드	33,000
물놀이세트	33,000
디보쏘서	26,000
미니카	28,000
병원놀이	23,000
폴리볼텐트	30,000
대여가격(4주)이 중간값 이상인 장난감 수	4개

● 예제/정답 파일은 [자료실]에서 다운로드하세요.

● 예제 파일 : 실전함수1.xlsx

07 다음 조건에 따라 엑셀 파일을 작성하시오.

(1) 복지용구 구매자수 합계 ⇒ 조건은 입력 데이터를 이용하시오(DSUM 함수).
(2) 실버도서 평균 대출횟수(누적) ⇒ 조건은 입력 데이터를 이용하시오(DAVERAGE 함수).
(3) 노묘용 최저 열량(kcal) ⇒ 조건은 입력 데이터를 이용하시오(DMIN 함수).
(4) 포장이사 계약 건수 ⇒ 단, 조건은 입력 데이터를 이용하고, 결과값 뒤에 '건'을 붙이시오(DCOUNTA 함수, & 연산자)(예: 2건).

출력형태

DSUM 함수

상품코드	상품명	카테고리	구매자수
HE-0012	욕창예방매트리스	복지용구	989
BO-2101	경량알루미늄 휠체어	보장구	887
PE-1005	당뇨환자용 양파효소	환자식	1,700
HE-0305	성인용보행기	복지용구	1,480
BO-2043	스틸통타이어 휠체어	보장구	980
BO-2316	거상형 휠체어	보장구	316
PE-1138	고단백 영양푸딩	환자식	1,605
PE-1927	고농축 영양식	환자식	912
복지용구 구매자수 합계			(1)

DAVERAGE 함수

도서명	저자	분류	대출횟수(누적)
오페라의 유령	가스통 르루	실버	13
내 심장은 작은 북	송현섭	어린이	24
여행의 이유	김영하	일반	8
내일도 야구	이석용	어린이	21
첫말잇기 동시집	박성우	어린이	19
신통방통 홈쇼핑	이분희	어린이	16
연필로 쓰기	김훈	일반	7
미국 단편 동화집	강민호	실버	13
실버도서 평균 대출횟수(누적)			(2)

DMIN 함수

제품명	제조사	분류	열량(kcal)
인스팅티브	내츄럴발란스	노묘용	321
캘리포니아	스타캣	피부, 모질용	425
그레인프리	내츄럴발란스	노묘용	410
인도어 롱헤어	그라비	헤어볼	450
뉴트로초이스	스타캣	헤어볼	560
로얄캐닌 키튼	내츄럴발란스	피부, 모질용	520
뉴트로 키튼	그라비	노묘용	405
파이니스트	그라비	피부, 모질용	436
노묘용 최저 열량(kcal)			(3)

DCOUNTA 함수

계약코드	입주자	이사형태	사은품
AM103-603	김천호	포장이사	새집증후군
PM106-204	이종로	일반이사	입주선물세트
AM207-908	원낙원	포장이사	입주청소
AM103-606	박금호	지방이사	새집증후군
PA109-508	정한남	포장이사	입주선물세트
AM111-121	임강남	포장이사	입주청소
AM102-159	최강북	일반이사	새집증후군
AM103-610	고양재	지방이사	입주선물세트
포장이사 계약 건수			(4)

실력 향상을 위한 실전 연습문제

● 예제/정답 파일은 [자료실]에서 다운로드하세요.

● 예제 파일 : 실전함수1.xlsx

08 다음 조건에 따라 엑셀 파일을 작성하시오.

(1) 최다 학습자수(단위:명) ⇒ (MAX 함수)

(2) kg당 최저 가격 ⇒ 가격을 이용하여 구하시오(MIN 함수).

(3) 꽃바구니 상품 개수 ⇒ (COUNTIF 함수)

(4) 두 번째로 많은 구매자수 ⇒ 구매자수를 이용하여 구하시오(LARGE 함수).

(5) 두 번째로 적은 체험 학생 수 ⇒ (SMALL 함수)

(6) 순위 ⇒ 주문수량의 내림차순 순위를 구한 결과값에 '위'를 붙이시오(RANK.EQ 함수, & 연산자)
 (예 : 1위).

(7) 봉사장소 복지관의 전체 비율 ⇒ 「복지관수÷전체봉사장소수」로 구한 후 백분율 형식으로 표시하시오
 (COUNTIF, COUNTA 함수)(예 : 25%).

(8) 주풍향비율이 평균 이상인 지점 수 ⇒ 주풍향비율을 이용하여 구한 결과값에 '건'을 붙이시오
 (COUNTIF, AVERAGE 함수, & 연산자)(예 : 1건)

출력형태

MAX 함수

강좌명	구분	학습자수 (단위:명)
왕초보	스페인어	215
발음클리닉	중국어	249
원어민처럼 말하기	스페인어	105
어법/어휘 마스터	영어	248
실전 비즈니스	영어	194
즐거운 스페인어	스페인어	384
맛있는 중국어	중국어	348
중국어 첫걸음	중국어	127
최다 학습자수(단위:명)		(1)

MIN 함수

부위	구분	kg당 가격
안심	1++등급	98,000원
등심	1등급	79,000원
앞다리	1+등급	85,000원
등심	2등급	66,000원
앞다리	2등급	52,000원
등심	1+등급	88,000원
안심	1등급	94,000원
앞다리	1++등급	70,000원
kg당 최저 가격		(2)

COUNTIF 함수

상품명	구분	판매가 (단위:원)
수국	꽃다발	67,000
진백	분재	200,000
생일축하	꽃바구니	50,000
소사	분재	150,000
프로포즈	꽃바구니	125,000
분홍장미	꽃다발	59,000
결혼기념일	꽃바구니	50,000
안개	꽃다발	61,000
꽃바구니 상품 개수		(3)

LARGE 함수

상품명	카테고리	구매자수
욕창예방매트리스	복지용구	989
경량알루미늄 휠체어	보장구	887
당뇨환자용 양파효소	환자식	1,700
성인용보행기	복지용구	1,480
스틸통타이어 휠체어	보장구	980
거상형 휠체어	보장구	316
고단백 영양푸딩	환자식	1,605
고농축 영양식	환자식	912
두 번째로 많은 구매자수		(4)

SMALL 함수

학교명	장소	체험 학생 수
신창초	국립전북기상과학관	228
경양초	호남기후변화체험관	350
대자초	호남기후변화체험관	427
계림초	영산강유역환경청	334
중앙초	국립전북기상과학관	300
수창초	국립전북기상과학관	476
동운초	영산강유역환경청	297
동림초	호남기후변화체험관	178
두 번째로 적은 체험 학생 수		(5)

RANK 함수

상품명	판매가 (단위:원)	주문수량	순위
수국	67,000	94개	(6)
진백	200,000	79개	(6)
생일축하	50,000	105개	(6)
소사	150,000	69개	(6)
프로포즈	125,000	86개	(6)
분홍장미	59,000	64개	(6)
결혼기념일	50,000	91개	(6)
안개	61,000	114개	(6)

COUNTIF, COUNTA 함수

봉사명	봉사장소	활동주기
바자회 보조	센터	비정기/월1회
미용서비스	복지관	비정기/월1회
멘토링 교육	복지관	정기/매주 1회
시설 봉사	재활협회	정기/매주 주말
경로식당	복지관	비정기/월1회
생활지원	센터	정기/매주 매일
컴퓨터교육 보조	복지관	정기/매주 1회
성장 멘토링	재활협회	정기/매주 월수
봉사장소 복지관의 전체 비율		(7)

COUNTIF, AVERAGE 함수

지점	주풍향	주풍향비율 (단위:%)
진도	북서	29.2
통영	북	29.0
미시령	서	66.5
흑산도	북	35.9
해남	북서	19.1
거제	북서	17.8
성산	북서	21.6
제주	북	19.7
주풍향비율이 평균 이상인 지점 수		(8)

함수 3 논리값 함수

함수	설명	예	결과	중요도
IF(조건, 참, 거짓)	조건에 지정된 값 출력	=IF(100>=90,"합격","불합격")	합격	★★★★★
AND(조건1,조건2,...)	조건이 모두 참일 경우에만 참 표시	=AND(100>90,90>70)	TRUE	★★
OR(조건1,조건2,...)	조건이 하나라도 참인 경우에 참 표시	=OR(80>90,90>70)	TRUE	★★
NOT(논리식)	논리식의 결과를 역으로 표시	=NOT(30>=10)	FALSE	
TRUE( )	논리값을 TRUE로 표시	=TRUE( )	TRUE	
FALSE( )	논리값을 FALSE로 표시	=FALSE( )	FALSE	

1. 다음 조건에 따라 엑셀 파일을 작업하시오.

◉ 예제/정답 파일 : 논리.xlsx

(1) 인기강좌 ⇒ 수강인원이 '30' 이상이면 '☆', 그 외에는 공백으로 구하시오(IF 함수).

(2) 체험비 지원금 ⇒ 행사기간일이 '15' 이상이면서 참석인원(단위:명)이 '10,000' 이상이면 체험비용의 10%, 그 외에는 체험비용의 5%를 구하시오(IF, AND 함수).

(3) 포털 순위 ⇒ 하반기 조회 건수의 내림차순 순위를 '1~4'만 표시하고 그 외에는 공백으로 구하시오(IF, RANK.EQ 함수).

(4) 비고 ⇒ kg당 가격이 90,000 이상이거나 판매량(단위:kg)이 5,000 이상이면 '★', 그 외에는 공백으로 구하시오(IF, OR 함수).

IF 함수

강좌명	수강인원	인기강좌
펠트인형	37	(1)
화원 창업	31	(1)
냅킨아트	26	(1)
퀼트사랑	17	(1)
홈패션	26	(1)
실크 플라워	35	(1)
캔들공예	19	(1)
뜨개질	21	(1)

IF, AND 함수

체험행사명	행사기간(일)	체험비용	참석인원 (단위:명)	체험비 지원금
희망 농장	7	45,000	6,552	(2)
윷대회	30	10,000	2,500	(2)
생태소풍	14	20,000	12,134	(2)
어울림 축제	20	20,000	12,500	(2)
놀장놀장	10	35,000	7,231	(2)
달빛 음악회	5	10,000	3,215	(2)
심심한 철학	10	10,000	8,251	(2)
게임문화	15	30,000	15,000	(2)

IF, RANK 함수

카페명	하반기 조회 건수	포털 순위
바이트레인	6,766	(3)
스윙댄스	5,813	(3)
카이트	6,315	(3)
유랑	6,537	(3)
요리쿡	5,491	(3)
여행홀릭	8,739	(3)
오늘요리	7,719	(3)
우드워커	6,933	(3)

IF, OR 함수

부위	구분	kg당 가격	판매량 (단위:kg)	비고
안심	1++등급	98,000	1,350	(4)
등심	1등급	79,000	4,820	(4)
앞다리	1+등급	85,000	1,294	(4)
등심	2등급	66,000	5,282	(4)
앞다리	2등급	52,000	4,188	(4)
등심	1+등급	88,000	3,240	(4)
안심	1등급	94,000	1,472	(4)
앞다리	1++등급	70,000	3,765	(4)

(1) 인기강좌

[D3] 셀에 「=IF(C3>=30,"☆","")」을 입력하고 [D10] 셀까지 수식을 복사합니다.

=IF(C3>=30,"☆","") : [C3] 셀에서 30 이상이라면 '☆'을 표시하고, 그 외는 공백("")으로 표시합니다.

문자는 ""로 묶어서 처리합니다.

※ 특수기호를 입력할 때는 자음을 입력한 후 [한자] 키를 눌러 선택합니다. ☆나 ★ 기호는 자음 'ㅁ'을 입력합니다.

(2) 체험비 지원금

[J3] 셀에 「=IF(AND(G3>=15,I3>=10000),H3*10%,H3*5%)」를 입력하고 [J10] 셀까지 수식을 복사합니다.

> AND(G3>=15,I3>=10000) : [G3] 셀이 15 이상이고, [I3] 셀에 10000 이상인지를 비교합니다.
>
> =IF(조건,H3*10%,H3*5%) : 조건에 모두 만족하면 [H3] 셀에 곱하기 10%, 하나라도 만족하지 않으면 [H3] 셀에 곱하기 5% 한 결과를 표시합니다.

(3) 포털 순위

[D14] 셀에 「=IF(RANK.EQ(C14,$C$14:$C$21)<=4,RANK.EQ(C14,$C$14:$C$21),"")」을 입력하고 [D21] 셀까지 수식을 복사합니다.

> RANK.EQ(C14,$C$14:$C$21) : [C14] 셀의 값을 [C14:C21] 영역에서 순위를 구합니다.
>
> =IF(순위<=4,순위,"") : 순위가 4 이하이면 순위 값을 표시하고, 그 외는 공백("")으로 표시합니다.

(4) 비고

[J14] 셀에 「=IF(OR(H14>=90000,I14>=5000),"★","")」을 입력하고 [J21] 셀까지 수식을 복사합니다.

> OR(H14>=90000,I14>=5000) : [H14] 셀이 90000 이상이거나 [I14] 셀에 5000 이상인지를 비교합니다.
>
> =IF(조건,"★","") : 조건에 하나라도 만족하면 '★', 모두 만족하지 않으면 공백("")으로 표시합니다.

[정답]

	IF 함수				IF, AND 함수				
강좌명	수강인원	인기강좌		체험행사명	행사기간(일)	체험비용	참석인원 (단위:명)	체험비 지원금	
펠트인형	37	☆		희망 농장	7	45,000	6,552	2,250	
화원 창업	31	☆		윷대회	30	10,000	2,500	500	
냅킨아트	26			생태소풍	14	20,000	12,134	1,000	
퀼트사랑	17			어울림 축제	20	20,000	12,500	2,000	
홈패션	26			놀장놀장	10	35,000	7,231	1,750	
실크 플라워	35	☆		달빛 음악회	5	10,000	3,215	500	
캔들공예	19			심심한 철학	10	10,000	8,251	500	
뜨개질	21			게임문화	15	30,000	15,000	3,000	

	IF, RANK 함수				IF, OR 함수				
카페명	하반기 조회 건수	포털 순위		부위	구분	kg당 가격	판매량 (단위:kg)	비고	
바이트레인	6,766	4		안심	1++등급	98,000	1,350	★	
스윙댄스	5,813			등심	1등급	79,000	4,820		
카이트	6,315			앞다리	1+등급	85,000	1,294		
유랑	6,537			등심	2등급	66,000	5,282	★	
요리쿡	5,491			앞다리	2등급	52,000	4,188		
여행홀릭	8,739	1		등심	1+등급	88,000	3,240		
오늘요리	7,719	2		안심	1등급	94,000	1,472	★	
우드워커	6,933	3		앞다리	1++등급	70,000	3,765		

함수 4 텍스트 함수

함수	설명	예	결과	중요도
LEFT(텍스트,글자 수)	왼쪽으로부터 지정된 수까지 출력	=LEFT("ABC",2)	AB	★★★
RIGHT(텍스트,글자 수)	오른쪽으로부터 지정된 수까지 출력	=RIGHT("ABC",2)	BC	★★★
MID(텍스트,시작 위치,글자 수)	지정된 위치에 지정된 수만큼 출력	=MID("ABC",2,1)	B	★★★
REPT("텍스트",반복 횟수)	텍스트를 지정한 횟수만큼 반복함	=REPT("♥",5)	♥♥♥♥♥	★★★
VALUE(텍스트)	텍스트를 숫자로 변환함	=VALUE("2025-4-22")	45769	

○ 예제/정답 파일 : 텍스트.xlsx

1. 다음 조건에 따라 엑셀 파일을 작업하시오.

(1) 입주 동호수 ⇒ 계약코드의 마지막 7개 글자를 구하시오(RIGHT 함수).

(2) 이벤트 ⇒ 코드의 마지막 글자가 T이면 '1월 40% 할인', 그 외에는 공백으로 구하시오(IF, RIGHT 함수).

(3) 행사시작일 ⇒ 상품코드의 첫 글자가 F이면 '1월 3일', 그 외에는 '1월 5일'로 구하시오(IF, LEFT 함수).

(4) 성별 ⇒ 주민번호의 8번째 글자가 1이면 '남성', 그 외에는 '여성'으로 구하시오(IF, MID 함수).

(5) 허서영 인기차트 ⇒ 「H17」 셀÷1,000,000)으로 구한 값만큼 '★' 문자를 반복하여 표시하시오(REPT 함수) (예 : 2 → ★★).

RIGHT 함수

계약코드	입주자	입주 동호수
AM103-603	김천호	(1)
PM106-204	이종로	(1)
AM207-908	원낙원	(1)
AM103-606	박금호	(1)
PA109-508	정한남	(1)
AM111-121	임강남	(1)
AM102-159	최강북	(1)
AM103-610	고양재	(1)

IF, RIGHT 함수

코드	제품명	이벤트
106-DG	낭만고양이	(2)
204-DG	밤에 부엉이	(2)
127-AT	겨울왕국	(2)
137-CT	크리스마스	(2)
124-AP	릴리	(2)
111-DR	도트레인	(2)
119-DR	정글	(2)
422-AP	엘루	(2)

IF, LEFT 함수

상품코드	상품명	행사시작일
SS-02	블랙로즈오일	(3)
SC-03	욕실세정제	(3)
FS-03	수면팩	(3)
SN-02	천연비타민C	(3)
FC-02	고급의류세제	(3)
FC-01	프리미엄세탁세제	(3)
FS-01	스네일에센스	(3)
FN-02	종합비타민미네랄	(3)

IF, MID 함수

사원명	주민번호	성별
이건우	800102-1******	(4)
이경은	820315-2******	(4)
안경찬	780116-1******	(4)
김연수	801210-2******	(4)
지용수	810412-1******	(4)
윤다슬	880504-2******	(4)
권희서	791230-2******	(4)
안국기	730713-1******	(4)

REPT 함수

성명	인터넷 선호도	ARS 투표수
허민지	7.6%	5,128,602
최용철	9.4%	4,370,520
김진성	11.5%	4,875,340
허서영	19.4%	5,294,678
양서연	18.7%	4,680,251
문현진	16.7%	4,858,793
김승모	16.8%	3,278,457
이다경	9.3%	3,029,752
허서영 인기차트		(5)

(1) 입주 동호수

[D3] 셀에 「=RIGHT(B3,7)」을 입력하고 [D10] 셀까지 수식을 복사합니다. [B3] 셀의 오른쪽부터 시작하여 일곱 글자를 추출합니다.

(2) 이벤트

[H3] 셀에 「=IF(RIGHT(F3,1)="T","1월 40% 할인","")」을 입력하고 [H10] 셀까지 수식을 복사합니다.

> **RIGHT(텍스트,글자수)**
>
> RIGHT(F3,1)="T" : [F3] 셀에서 오른쪽 한 글자를 추출하여 'T'와 같은지 비교합니다.
>
> **IF(조건, 조건에 만족할 때,조건에 만족하지 않을 때)**
>
> =IF(조건,"1월 40% 할인","") : 조건에 만족하면 '1월 40% 할인'을 표시하고, 그 외는 공백("")으로 표시합니다.

(3) 행사시작일

[L3] 셀에 「=IF(LEFT(J3,1)="F","1월 3일","1월 5일")」을 입력하고 [L10] 셀까지 수식을 복사합니다.

> **LEFT(텍스트,글자수)**
>
> LEFT(J3,1)="F" : [J3] 셀에서 왼쪽 한 글자를 추출하여 'F'와 같은지 비교합니다.
>
> =IF(조건,"1월 3일","1월 5일") : 조건에 만족하면 '1월 3일'을 표시하고, 그 외는 '1월 5일'을 표시합니다.

(4) 성별

[D14] 셀에 「=IF(MID(C14,8,1)="1","남성","여성")」을 입력하고 [D21] 셀까지 수식을 복사합니다.

> **MID(텍스트,시작 위치,글자 수)**
>
> MID(C14,8,1)="1" : [C14] 셀에서 왼쪽에서 8번째 글자에서 시작하여 첫 글자를 추출한 값이 '1'과 같은지 비교합니다.
>
> =IF(조건,"남성","여성") : 조건에 만족하면 '남성'을 표시하고, 그 외는 '여성'을 표시합니다.

(5) 허서영 인기차트

[H22] 셀에 「=REPT("★", H17/1000000)」을 입력합니다.

> **REPT(반복하여 표시 문자,문자를 표시할 개수)**
>
> =REPT("★",H17/1000000) : [H17] 셀을 '1000000'을 나눈 값만큼 '★'을 반복하여 표시합니다.

[정답]

RIGHT 함수

계약코드	입주자	입주 동호수
AM103-603	김천호	103-603
PM106-204	이종로	106-204
AM207-908	원낙원	207-908
AM103-606	박금호	103-606
PA109-508	정한남	109-508
AM111-121	임강남	111-121
AM102-159	최강북	102-159
AM103-610	고양재	103-610

IF, RIGHT 함수

코드	제품명	이벤트
106-DG	낭만고양이	
204-DG	밤에 부엉이	
127-AT	겨울왕국	1월 40% 할인
137-CT	크리스마스	1월 40% 할인
124-AP	릴리	
111-DR	도트레인	
119-DR	정글	
422-AP	옐루	

IF, LEFT 함수

상품코드	상품명	행사시작일
SS-02	블랙로즈오일	1월 5일
SC-03	욕실세정제	1월 5일
FS-03	수면팩	1월 3일
SN-02	천연비타민C	1월 5일
FC-02	고급의류세제	1월 3일
FC-01	프리미엄세탁세제	1월 3일
FS-01	스네일에센스	1월 3일
FN-02	종합비타민미네랄	1월 3일

IF, MID 함수

사원명	주민번호	성별
이건우	800102-1******	남성
이경은	820315-2******	여성
안경찬	780116-1******	남성
김연수	801210-2******	여성
지용수	810412-1******	남성
윤다슬	880504-2******	여성
권희서	791230-2******	여성
안국기	730713-1******	남성

REPT 함수

성명	인터넷 선호도	ARS 투표수
허민지	7.6%	5,128,602
최용철	9.4%	4,370,520
김진성	11.5%	4,875,340
허서영	19.4%	5,294,678
양서연	18.7%	4,680,251
문현진	16.7%	4,858,793
김승모	16.8%	3,278,457
이다경	9.3%	3,029,752
허서영 인기차트		★★★★★

● 예제/정답 파일은 [자료실]에서 다운로드하세요.

●예제 파일 : 실전함수2.xlsx

O9 다음 조건에 따라 엑셀 파일을 작성하시오.

(1) 비고 ⇒ 전월판매량이 당월판매량보다 크면 '▼', 그 외에는 공백으로 구하시오(IF 함수).

(2) 보조 지원금 ⇒ 「설치비용×지원비율」로 구하되, 지원비율은 용량(Kw)이 1,000 이상이면 '50%', 500 이상이면 '30%', 그 외에는 '20%'로 지정하여 구하시오(IF 함수).

(3) 어린이 인기도서 ⇒ 분류가 '어린이'이면서, 대출횟수(누적)가 '20' 이상이면 '★', 그 외에는 공백으로 표시하시오(IF, AND 함수).

(4) 비고 ⇒ 재고수량(단위:점)이 200 이상이거나 판매가가 50,000 이상이면 '20% 할인', 그 외에는 공백으로 표시하시오(IF, OR 함수).

(5) 판매순위 ⇒ 판매수량의 내림차순 순위를 1~3까지 구한 결과값에 '위'를 붙이고, 그 외에는 공백으로 구하시오(IF, RANK.EQ 함수, & 연산자) (예: 1위).

출력형태

상품명	전월판매량	당월판매량	비고
백진주 쌀	1,820	2,045	(1)
살치살 스테이크	1,892	1,520	(1)
딱새우	891	950	(1)
등심 스테이크	1,020	805	(1)
돌산 갓김치	1,457	1,852	(1)
랍스터 테일	824	1,820	(1)
대봉 곶감	2,361	2,505	(1)
황토 고구마	941	1,653	(1)

IF 함수

사업장	용량 (Kw)	설치비용	보조 지원금
경남합천댐	800	15,360,000	(2)
지평저수지	1,500	27,860,000	(2)
운문댐	500	8,830,000	(2)
청호저수지	300	5,500,000	(2)
보령댐	1,800	32,760,000	(2)
오창저수지	200	4,520,000	(2)
용당저수지	1,350	21,960,000	(2)
당진화력발전소	1,000	18,120,000	(2)

IF, AND 함수

도서명	분류	대출횟수 (누적)	어린이 인기도서
오페라의 유령	실버	13	(3)
내 심장은 작은 북	어린이	24	(3)
여행의 이유	일반	8	(3)
내일도 야구	어린이	21	(3)
첫말잇기 동시집	어린이	19	(3)
신통방통 홈쇼핑	어린이	16	(3)
연필로 쓰기	일반	7	(3)
미국 단편 동화집	실버	13	(3)

IF, OR 함수

제품명	재고수량 (단위:점)	판매가	비고
마카롱 T	239	52,000	(4)
에이스줄 T	130	27,000	(4)
11트레이닝	144	14,000	(4)
제로니정글	321	48,000	(4)
트윙클 T	228	7,900	(4)
카야세모팬츠	143	15,900	(4)
그렌카모팬츠	220	8,900	(4)
초코별	121	79,800	(4)

IF, RANK 함수

상품명	커피 원가 (단위:원)	판매수량	판매순위
산토스 NY2	8,500	339	(5)
산타로사	7,000	1,035	(5)
후일라 수프리모	6,300	326	(5)
모모라 G1	12,300	864	(5)
모지아나 NY2	9,800	1,532	(5)
카우카 수프리모	6,800	248	(5)
씨에라 옐로우버본	6,900	567	(5)
아리차 예가체프G1	10,500	954	(5)

● 예제/정답 파일은 [자료실]에서 다운로드하세요.

● 예제 파일 : 실전함수2.xlsx

IO 다음 조건에 따라 엑셀 파일을 작성하시오.

(1) 관람가능 좌석수 ⇒「관리번호의 마지막 글자×1,000」으로 구하시오(RIGHT 함수).

(2) 성별 ⇒ 식별번호의 마지막 글자가 F이면 '암컷', M이면 '수컷', 그 외에는 '중성'으로 구하시오(IF, RIGHT 함수).

(3) 그룹명 ⇒ 번호의 두 번째 글자가 A이면 'A그룹', 그 외에는 'B그룹'으로 구하시오(IF, MID 함수).

(4) 비고 ⇒「구매자수÷300」의 정수 크기만큼 '★'를 반복 표시되도록 구하시오(REPT 함수).

출력형태

RIGHT 함수

관리번호	공연명	관람가능 좌석수
JSM-03	초록나무	(1)
GGM-02	백일홍	(1)
CHM-01	꼬마 마법사	(1)
SGM-02	길마재 사람들	(1)
BPM-02	왕건	(1)
HJM-02	히스톨 보이즈	(1)
AFM-03	행복한 왕자	(1)
LOM-03	가족여행	(1)

IF, RIGHT 함수

식별번호	동물명	성별
18729-F	하마	(2)
25346-M	호랑이	(2)
62436-M	사슴	(2)
34744-F	얼룩말	(2)
64223-N	사자	(2)
23498-F	기린	(2)
32546-N	양	(2)
24354-F	코끼리	(2)

IF, MID 함수

번호	팀명	그룹명
2A-02	케로	(3)
1A-04	캔디팡	(3)
2B-03	카리스	(3)
1A-01	포유	(3)
2A-05	양이	(3)
1A-03	아리	(3)
2B-01	에드원	(3)
1B-02	라이언	(3)

REPT 함수

상품명	구매자수	비고
욕창예방매트리스	989명	(4)
경량알루미늄 휠체어	887명	(4)
당뇨환자용 양파효소	1,700명	(4)
성인용보행기	1,480명	(4)
스틸통타이어 휠체어	980명	(4)
거상형 휠체어	316명	(4)
고단백 영양푸딩	1,605명	(4)
고농축 영양식	912명	(4)

함수	의미	예	결과	중요도
ROUND(숫자,자릿수)	반올림 값 출력	=ROUND(123.567,2) =ROUND(123.567,−2)	123.57 100	★★★★★
ROUNDUP(숫자,자릿수)	올림하여 출력	=ROUNDUP(123.567,2) =ROUDNUP(123.567,−2)	123.57 200	★★
ROUNDDOWN(숫자,자릿수)	내림하여 출력	=ROUNDDOWN(123.567,2) =ROUNDDOWN(123.567,−2)	123.56 100	★★★

ROUND 함수의 자릿수 지정

자릿수	의미	결과
2	소수 둘째 자리까지 지정	=ROUND(1234.567,2)=1234.57
1	소수 첫째 자리까지 지정	=ROUND(1234.567,1)=1234.6
0	정수로 지정	=ROUND(1234.567,0)=1235
−1	일의 자리까지 지정	=ROUND(1234.567,−1)=1230
−2	십의 자리까지 지정	=ROUND(1234.567,−2)=1200

함수	의미	예	결과	중요도
INT(범위)		=INT(5.5)	5	★
MOD(값,나눌 수)	나머지 값 출력	=MOD(12,4)	0	
SUM(범위)	합 출력	=SUM(1,2,3)	6	
PRODUCT(수치1,수치2,…)	수치를 모두 곱한 값	=PRODUCT(2,3,5)	30 (=2*3*5)	
SUMPRODUCT(배열1,배열2,…)	배열에 각각 대응하는 요소의 곱의 합을 구함	=SUMPRODUCT({1,2},{3,4})	11 (=1*3+2*4)	★
SUMIF(범위1,"조건",범위2)	'범위1'에서 '조건'을 검색하여 조건에 만족한 데이터는 '범위2'에서 찾아와 합산			★★★★

●예제/정답 파일 : 수학삼각.xlsx

다음 조건에 따라 엑셀 파일을 작업하시오.

(1) 여행 분야 평균 게시글 수 ⇒ 조건은 입력 데이터를 이용하고, 반올림하여 정수로 구하시오(ROUND, DAVERAGE 함수)(예 : 156,251.6 → 156,252)

(2) 홍보부 근무수당(단위:원) 평균 ⇒ 부서가 '홍보'인 사원의 근무수당(단위:원) 평균을 올림하여 천원 단위까지 구하시오. 단, 조건은 입력 데이터를 이용하시오(ROUNDUP, DAVERAGE 함수)(예 : 12,345.6 → 13,000).

(3) 전월 전체 매출액 ⇒ 「가격(단위:원)×전월 판매량」으로 구하시오(SUMPRODUCT 함수).

(4) 전월 판매금액 ⇒ 「가격(단위:원)×전월 판매량」으로 구하되, 버림하여 만원 단위까지 구하시오 (ROUNDDOWN 함수)(예 : 1,893,000 → 1,890,000).

(5) 티셔츠 상반기실적(단위:천원) 합계 ⇒ (SUMIF 함수)

(6) 우산제품의 회원가(단위:원) 평균 ⇒ 제품종류와 회원가를 이용하여 구하시오(SUMIF, COUNTIF 함수).

ROUND, DAVERAGE 함수

카페명	분류	게시글 수
바이트레인	여행	550,012
스윙댄스	취미	549,385
카이트	취미	410,904
유랑	여행	147,056
요리쿡	요리	902,103
여행홀릭	여행	785,678
오늘요리	요리	268,612
우드워커	취미	755,304
여행 분야 평균 게시글 수		(1)

ROUNDUP, DAVERAGE 함수

사원명	부서	근무수당 (단위:원)
이건우	홍보	77,000
이경은	마케팅	72,500
안경찬	기획	54,500
김연수	기획	45,000
지용수	홍보	52,000
윤다슬	마케팅	45,000
권희서	홍보	63,500
안국기	기획	51,000
홍보부 근무수당(단위:원) 평균		(2)

SUMPRODUCT 함수

상품코드	가격 (단위:원)	전월 판매량
H1-093	26,500	132
N2-102	15,000	154
H3-081	16,900	71
N4-073	17,900	146
B5-102	37,800	64
B6-011	31,500	121
H7-023	25,000	64
N7-093	16,900	56
전월 전체 매출액		(3)

ROUNDDOWN 함수

상품명	가격 (단위:원)	전월 판매량	전월 판매금액
구기자차	26,500	132	(4)
흰민들레차	15,000	154	(4)
간편한 보이차	16,900	71	(4)
캐모마일	17,900	146	(4)
운남성 보이차	37,800	64	(4)
교목산차	31,500	121	(4)
페퍼민트	25,000	64	(4)
레몬그라스	16,900	56	(4)

SUMIF 함수

분류	상품명	상반기실적 (단위:천원)
원피스	퓨엘르 반팔	30,130
가디건	레이슨 로브	41,190
티셔츠	벨버른 레터링	30,430
원피스	플라워 러브	52,830
가디건	린넨 7부	10,300
원피스	컨시 하이텍 버클	15,030
티셔츠	버터플라이 호일티	91,790
티셔츠	하트레터링 라운드	19,830
티셔츠 상반기실적(단위:천원) 합계		(5)

SUMIF, COUNTIF 함수

제품명	제품종류	회원가 (단위:원)
낭만고양이	우비세트	52,000
밤에 부엉이	우산	11,000
겨울왕국	우비세트	20,000
크리스마스	장화	34,500
릴리	우비세트	51,500
도트레인	장화	20,000
정글	우산	13,600
엘루	우산	18,600
우산제품의 회원가(단위:원) 평균		(6)

(1) 여행 분야 평균 게시글 수

[D11] 셀에 「=ROUND(DAVERAGE(B2:D10,D2,C2:C3),0)」을 입력합니다.

DAVERAGE(제목을 포함한 데이터 범위,평균을 구할 필드제목,조건(필드+조건))

DAVERAGE(B2:D10,D2,C2:C3) : [B2:D10] 영역에서 [C2:C3] 조건에 만족한 데이터 [D2] 필드의 평균을 구합니다.

ROUND(숫자,자릿수)

=ROUND(평균값,0) : 반올림하여 평균값을 정수로 표시합니다.

(2) 홍보부 근무수당(단위:원) 평균

[H11] 셀에「=ROUNDUP(DAVERAGE(F2:H10,H2,G2:G3),-3)」을 입력합니다.

> **DAVERAGE(제목을 포함한 데이터 범위,평균을 구할 필드 제목,조건(필드+조건))**
>
> DAVERAGE(F2:H10,H2,G2:G3) : [F2:H10] 영역에서 [G2:G3] 조건에 만족한 데이터 [H2] 필드의 평균을 구합니다.
>
> **ROUNDUP(숫자,자릿수)**
>
> =ROUNDUP(평균값,-3) : 올림하여 평균값을 백의 자리까지 0으로 표시합니다.

(3) 전월 전체 매출액

[D23] 셀에「=SUMPRODUCT(C15:C22,D15:D22)」를 입력합니다.

> **SUMPRODUCT(배열1,배열2,…)**
>
> =SUMPRODUCT(C15:C22,D15:D22) : [C15]*[D15]+[C16]*[D16]+[C17]*[D17]+…으로 계산합니다.

(4) 전월 판매금액

[I15] 셀에「=ROUNDDOWN(G15*H15,-4)」를 입력하고 [I22] 셀까지 수식을 복사합니다. [G15] 셀과 [H15] 셀의 값을 곱한 값을 내림하여 천의 자리까지 0으로 표시합니다.

(5) 티셔츠 상반기실적(단위:천원) 합계

[D35] 셀에「=SUMIF(B27:B34,"티셔츠",D27:D34)」를 입력합니다.

> **SUMIF(조건을 찾을 범위,"조건",합계를 구할 범위)**
>
> =SUMIF(B27:B34,"티셔츠",D27:D34) : [B27:B34] 영역에서 '티셔츠'를 찾아 같은 행의 [D27:D34] 영역의 값 합계를 구합니다.

(6) 우산제품의 회원가(단위:원) 평균

[H35] 셀에「=SUMIF(G27:G34,"우산",H27:H34)/COUNTIF(G27:G34,"우산")」을 입력합니다.

> **SUMIF(조건을 찾을 범위,"조건",합계를 구할 범위)**
>
> SUMIF(G27:G34,"우산",H27:H34) : [G27:G34] 영역에서 '우산'을 찾아 같은 행의 [H27:H34] 영역의 값 합계를 구합니다.
>
> **COUNTIF(조건을 찾을 범위,"조건")**
>
> COUNTIF(G27:G34,"우산") : [G27:G34] 영역에서 '우산'의 개수를 구합니다.
>
> '=합계/개수'로 평균을 계산합니다.

[정답]

ROUND, DAVERAGE 함수

카페명	분류	게시글 수
바이트레인	여행	550,012
스윙댄스	취미	549,385
카이트	취미	410,904
유랑	여행	147,056
요리쿡	요리	902,103
여행홀릭	여행	785,678
오늘요리	요리	268,612
우드워커	취미	755,304
여행 분야 평균 게시글 수		494,249

ROUNDUP, DAVERAGE 함수

사원명	부서	근무수당 (단위:원)
이건우	홍보	77,000
이경은	마케팅	72,500
안경찬	기획	54,500
김연수	기획	45,000
지용수	홍보	52,000
윤다슬	마케팅	45,000
권희서	홍보	63,500
안국기	기획	51,000
홍보부 근무수당(단위:원) 평균		65,000

SUMPRODUCT 함수

상품코드	가격 (단위:원)	전월 판매량
H1-093	26,500	132
N2-102	15,000	154
H3-081	16,900	71
N4-073	17,900	146
B5-102	37,800	64
B6-011	31,500	121
H7-023	25,000	64
N7-093	16,900	56
전월 전체 매출액		18,398,400

ROUNDDOWN 함수

상품명	가격 (단위:원)	전월 판매량	전월 판매금액
구기자차	26,500	132	3,490,000
흰민들레차	15,000	154	2,310,000
간편한 보이차	16,900	71	1,190,000
캐모마일	17,900	146	2,610,000
운남성 보이차	37,800	64	2,410,000
교목산차	31,500	121	3,810,000
페퍼민트	25,000	64	1,600,000
레몬그라스	16,900	56	940,000

SUMIF 함수

분류	상품명	상반기실적 (단위:천원)
원피스	퓨엘르 반팔	30,130
가디건	레이슨 로브	41,190
티셔츠	벨버른 레터링	30,430
원피스	플라워 러브	52,830
가디건	린넨 7부	10,300
원피스	컨시 하이텍 버클	15,030
티셔츠	버터플라이 호일티	91,790
티셔츠	하트레터링 라운드	19,830
티셔츠 상반기실적(단위:천원) 합계		142,050

SUMIF, COUNTIF 함수

제품명	제품종류	회원가 (단위:원)
낭만고양이	우비세트	52,000
밤에 부엉이	우산	11,000
겨울왕국	우비세트	20,000
크리스마스	장화	34,500
틸리	우비세트	51,500
도트레인	장화	20,000
정글	우산	13,600
옐루	우산	18,600
우산제품의 회원가(단위:원) 평균		14,400

함수 6 **찾기/참조 함수**

무료 동영상

함수	설명	중요도
VLOOKUP(검색값,범위,열 번호,검색 유형)	범위의 첫 열에서 검색값을 찾아, 지정한 열에서 같은 행에 있는 값을 표시 〈검색 유형〉 TRUE(또는 생략) : 정확한 값이 없는 경우 근사값을 표시 FALSE(또는 0) : 정확하게 일치하는 값을 표시	★★★★★
HLOOKUP(검색값,범위,행 번호,검색 유형)	범위의 첫 행에서 검색값을 찾아, 지정한 행에서 같은 열에 있는 값을 표시	
CHOOSE(인덱스 번호,값1,값2,…)	인덱스 번호에 해당하는 값을 표시	★★★★★
MATCH(검사값,검사 범위,검사 유형)	검사값을 검사 범위에서 찾아 값이 있는 경우 상대적 위치를 구함 〈검사 유형〉 1 : 검사값보다 작거나 같은 값 중에서 최대값을 구함 (검사 범위가 오름차순 정렬된 상태) 0 : 검사값과 같은 첫째 값을 찾음 -1 : 검사값보다 크거나 같은 값 중에서 최소값을 구함 (검사 범위가 내림차순 정렬된 상태)	
INDEX(범위,행 번호,열 번호,참조 영역 번호)	행과 열의 교차된 자료 출력	

1. 다음 조건에 따라 엑셀 파일을 작업하시오.

(1) 구매자수 ⇒ 「C11」 셀에서 선택한 상품명에 대한 구매자수를 구하시오(VLOOKUP 함수).

(2) 수강료 ⇒ 「H11」 셀에서 선택한 강좌명에 대한 수강료를 구하시오(VLOOKUP 함수).

(3) 구분 ⇒ 관리코드의 마지막 글자가 1이면 '호텔', 2이면 '리조트', 3이면 '펜션'으로 구하시오(CHOOSE, RIGHT 함수).

(4) 유통기한 ⇒ 「제조날짜+기간」으로 구하되 기간은 상품코드 네 번째 값이 1이면 365일, 2이면 500일, 3이면 730일로 지정하여 구하시오(CHOOSE, MID 함수)(예 : 2025-03-10).

A	B	C	D	E	F	G	H	I	J
1		VLOOKUP 함수					VLOOKUP 함수		
2	상품코드	상품명	카테고리	구매자수		관리코드	강좌명	구분	수강료
3	HE-0012	욕창예방매트리스	복지용구	989		HB-2272	왕초보	스페인어	79,000원
4	BO-2101	경량알루미늄 휠체어	보장구	887		AC-7543	발음클리닉	중국어	50,000원
5	PE-1005	당뇨환자용 양파효소	환자식	1,700		HR-2843	원어민처럼 말하기	스페인어	90,000원
6	HE-0305	성인용보행기	복지용구	1,480		PB-2433	어법/어휘 마스터	영어	203,000원
7	BO-2043	스틸통타이어 휠체어	보장구	980		PW-3462	실전 비즈니스	영어	214,000원
8	BO-2316	거상형 휠체어	보장구	316		CB-3642	즐거운 스페인어	스페인어	189,000원
9	PE-1138	고단백 영양푸딩	환자식	1,605		PC-2361	맛있는 중국어	중국어	153,000원
10	PE-1927	고농축 영양식	환자식	912		EB-4342	중국어 첫걸음	중국어	80,000원
11	상품명	욕창예방매트리스	구매자수	(1)		강좌명	왕초보	수강료	(2)
12									
13		CHOOSE, RIGHT 함수					CHOOSE, MID 함수		
14	관리코드	장소	객실수	구분		상품코드	상품명	제조날짜	유통기한
15	BE-001	서귀포	24	(3)		BR-344	산토스 NY2	2024-10-20	(4)
16	FE-002	중문	281	(3)		CE-233	산타로사	2024-10-02	(4)
17	SC-002	서귀포	49	(3)		CE-156	후일라 수프리모	2024-11-04	(4)
18	GW-001	중문	500	(3)		ET-245	모모라 G1	2024-12-08	(4)
19	SE-002	서귀포	16	(3)		BR-332	모지아나 NY2	2024-12-23	(4)
20	XG-001	성산	95	(3)		CE-295	카우카 수프리모	2024-11-04	(4)
21	XY-003	성산	15	(3)		BR-157	씨에라 옐로우버본	2024-12-15	(4)
22	ST-003	서귀포	429	(3)		ET-148	아리차 예가체프G1	2024-11-29	(4)
23									

(1) 구매자수

[E11] 셀에 「=VLOOKUP(C11,C3:E10,3,FALSE)」를 입력합니다.

VLOOKUP(검색값,범위,열 번호,검색 유형)

=VLOOKUP(C11,C3:E10,3,0) : [C11] 셀에서 선택한 값을 [C3:E10] 영역의 첫 번째 열(C)에서 찾아 C열부터 시작하여 3번째 열(E)에서 정확하게 일치하는 값을 찾아서 구매자수를 표시합니다.

• 범위[C3:E10] 영역에서 주의할 부분은 찾고자 하는 '욕창예방매트리스'가 첫 번째 열이 될 수 있도록 범위를 지정합니다.

• 검색 유형(FALSE)은 정확하게 일치하는 값을 찾아오는 것으로 0 또는 false를 입력합니다.

---

(2) 수강료

[J11] 셀에 「=VLOOKUP(H11,H3:J10,3,FALSE)」를 입력합니다.

VLOOKUP(검색값,범위,열 번호,검색 유형)

=VLOOKUP(H11,H3:J10,3,FALSE) : [H11] 셀에서 선택한 값을 [H3:J10] 영역의 첫 번째 열(H)에서 찾아 H열부터 시작하여 3번째 열(J)에서 정확하게 일치하는 값을 찾아서 수강료를 표시합니다.

- 범위[H3:J10] 영역에서 주의할 부분은 찾고자 하는 '왕초보'가 첫 번째 열이 될 수 있도록 범위를 지정합니다.
- 검색 유형(FALSE)은 정확하게 일치하는 값을 찾아오는 것으로 0 또는 false를 입력합니다.

---

(3) 구분

[E15] 셀에 「=CHOOSE(RIGHT(B15,1),"호텔","리조트","펜션")」을 입력하고 [E22] 셀까지 수식을 복사합니다.

RIGHT(텍스트,글자수)

① RIGHT(B15,1) : [B15] 셀의 오른쪽에서 한 글자를 추출합니다.

CHOOSE(인덱스 번호,값1,값2,…)

=CHOOSE(①,"호텔","리조트","펜션") : ①의 값이 1이면 '호텔', 2이면 '리조트', 3이면 '펜션'을 표시합니다.

* 문자를 나열할 때는 반드시 큰 따옴표("")로 묶어서 처리합니다.

---

(4) 유통기한

[J15] 셀에 「=CHOOSE(MID(G15,4,1),I15+365,I15+500,I15+730)」을 입력하고 [J22] 셀까지 수식을 복사합니다.

MID(텍스트,시작 위치,글자 수)

① MID(G15,4,1) : [G15] 셀의 왼쪽에서 시작하여 4번째 위치한 글자부터 한 글자를 추출합니다.

CHOOSE(인덱스 번호,값1,값2,…)

=CHOOSE(①,I15+365,I15+500,I15+730) : ①의 값이 1이면 [I15] 셀에 365를 더하고, 2이면 [I15] 셀에 500을 더하고, 3이면 [I15] 셀에 730을 더하여 표시합니다.

	VLOOKUP 함수				VLOOKUP 함수		
상품코드	상품명	카테고리	구매자수	관리코드	강좌명	구분	수강료
HE-0012	욕창예방매트리스	복지용구	989	HB-2272	왕초보	스페인어	79,000원
BO-2101	경량알루미늄 휠체어	보장구	887	AC-7543	발음클리닉	중국어	50,000원
PE-1005	당뇨환자용 양파효소	환자식	1,700	HR-2843	원어민처럼 말하기	스페인어	90,000원
HE-0305	성인용보행기	복지용구	1,480	PB-2433	어법/어휘 마스터	영어	203,000원
BO-2043	스틸통타이어 휠체어	보장구	980	PW-3462	실전 비즈니스	영어	214,000원
BO-2316	거상형 휠체어	보장구	316	CB-3642	즐거운 스페인어	스페인어	189,000원
PE-1138	고단백 영양푸딩	환자식	1,605	PC-2361	맛있는 중국어	중국어	153,000원
PE-1927	고농축 영양식	환자식	912	EB-4342	중국어 첫걸음	중국어	80,000원
상품명	욕창예방매트리스	구매자수	989	강좌명	왕초보	수강료	79,000

	CHOOSE, RIGHT 함수				CHOOSE, MID 함수		
관리코드	장소	객실수	구분	상품코드	상품명	제조날짜	유통기한
BE-001	서귀포	24	호텔	BR-344	산토스 NY2	2024-10-20	2026-10-20
FE-002	중문	281	리조트	CE-233	산타로사	2024-10-02	2026-02-14
SC-002	서귀포	49	리조트	CE-156	후일라 수프리모	2024-11-04	2025-11-04
GW-001	중문	500	호텔	ET-245	모모라 G1	2024-12-08	2026-04-22
SE-002	서귀포	16	리조트	BR-332	모지아나 NY2	2024-12-23	2026-12-23
XG-001	성산	95	호텔	CE-295	카우카 수프리모	2024-11-04	2026-03-19
XY-003	성산	15	펜션	BR-157	씨에라 옐로우버본	2024-12-15	2025-12-15
ST-003	서귀포	429	펜션	ET-148	아리차 예가체프G1	2024-11-29	2025-11-29

무료 동영상

함수 7 날짜/시간 함수

날짜나 시간을 표시하거나 날짜에서 년, 월, 일을 활용하여 계산하거나, 시간에서 시, 분, 초를 활용하여 계산할 때 날짜/시간 함수를 활용합니다.

함수	설명	예	결과	중요도
TODAY( )	컴퓨터 시스템의 현재 날짜를 구함	=TODAY( )	2025-10-19	★
NOW( )	컴퓨터 시스템의 현재 날짜와 시간을 구함	=NOW( )	2025-10-19 08:30	
YEAR(날짜)	날짜의 연도 부분만 구함	=YEAR("2025-10-19")	2025	★★★
MONTH(날짜)	날짜의 월 부분만 구함	=MONTH("2025-10-19")	10	★★
DAY(날짜)	날짜의 일자 부분만 구함	=DAY("2025-10-19")	19	
HOUR(시간)	시간의 시 부분만 구함	=HOUR("11:30:20")	11	
MINUTE(시간)	시간의 분 부분만 구함	=MINUTE("11:30:20")	30	
SECOND(시간)	시간의 초 부분만 구함	=SECOND("11:30:20")	20	
DATE(연,월,일)	지정한 연, 월, 일로 날짜 데이터를 만듦	=DATE(2025,12,24)	2025-12-24	★★
TIME(시,분,초)	지정한 시, 분, 초로 시간 데이터를 만듦	=TIME(10,17,30)	10:17:30	
WEEKDAY (날짜,반환 타입)	날짜의 요일 일련번호를 구함(일요일 =1) 〈반환 타입〉 1(또는 생략) : 일요일을 1로 시작 2 : 월요일을 1로 시작 3 : 월요일을 0으로 시작	=WEEKDAY("2025-10-19")	1(일요일을 의미)	★★

1. 다음 조건에 따라 엑셀 파일을 작업하시오.

○예제/정답 파일 : 날짜시간.xlsx

(1) 도서관 개관기간 ⇒ 「컴퓨터 시스템의 연도−개관연도」로 구한 결과값 뒤에 '년'을 붙이시오(YEAR, TODAY 함수, & 연산자)(예 : 3 → 3년).

(2) 실시기간 ⇒ 「행사일의 연도−시작연도」로 구한 결과값에 '년'을 붙이시오(YEAR 함수, & 연산자) (예 : 12년).

(3) 근무월 ⇒ 근무일의 월을 추출하여 '월'을 붙이시오(MONTH 함수, & 연산자)(예 : 1월).

(4) 봉사시작일 ⇒ 모집코드 4, 5번째 숫자를 '월', 6, 7번째 숫자를 '일'로 하는 2024년의 날짜를 구하시오 (DATE, MID 함수)(예 : CB−0410 → 2024−04−10).

(5) 출발요일 ⇒ 출발날짜의 요일을 구하시오(CHOOSE, WEEKDAY 함수)(예 : 월요일).

※ 2024년 기준입니다.

YEAR, TODAY 함수

도서관명	개관연도	도서관 개관기간
종로도서관	1920	(1)
정독도서관	1997	(1)
마포평생학습관	1995	(1)
서울중구구립도서관	2008	(1)
이진아기념도서관	2005	(1)
한국학생도서관	1964	(1)
서대문도서관	1986	(1)
4.19 혁명기념 도서관	2000	(1)

YEAR 함수

체험행사명	행사일	시작연도	실시기간
희망 농장	2024-11-09	1990	(2)
윷대회	2024-11-15	2006	(2)
생태소풍	2024-11-23	2001	(2)
어울림 축제	2024-11-17	2002	(2)
놀장놀장	2024-11-17	2005	(2)
달빛 음악회	2024-11-08	1998	(2)
심심한 철학	2024-11-15	1995	(2)
게임문화	2024-11-03	2000	(2)

MONTH 함수

사원명	근무일	근무월
이건우	2024-01-26	(3)
이경은	2024-06-15	(3)
안경찬	2024-03-09	(3)
김연수	2024-05-26	(3)
지용수	2024-04-07	(3)
윤다슬	2024-05-05	(3)
권희서	2024-04-13	(3)
안국기	2024-06-08	(3)

DATE 함수

모집코드	봉사명	봉사시작일
CB-0410	바자회 보조	(4)
BC-0315	미용서비스	(4)
BC-0901	멘토링 교육	(4)
JC-1012	시설 봉사	(4)
BC-0620	경로식당	(4)
CB-0401	생활지원	(4)
BC-0622	컴퓨터교육 보조	(4)
JC-1101	성장 멘토링	(4)

WEEKDAY 함수

여행지	출발날짜	출발요일
홍콩/마카오	2024-09-07	(5)
이탈리아/프랑스	2024-08-31	(5)
노르웨이 피요르드	2024-10-01	(5)
대만/오키나와	2024-09-10	(5)
영국/스코트랜드	2024-08-19	(5)
슬로베니아/알바니아	2024-09-19	(5)
심천/나트랑/다낭	2024-08-18	(5)
독일/벨기에/영국	2024-10-26	(5)

(1) 도서관 개관기간

[D3] 셀에 「=YEAR(TODAY( ))−C3&"년"」을 입력하고 [D10] 셀까지 수식을 복사합니다.

> **TODAY( )**
>
> ① TODAY( ) : 시스템의 오늘 날짜를 구합니다. (TODAY 함수는 인수가 필요하지 않아 ( )만 입력)
>
> **YEAR(날짜)**
>
> =YEAR(①)−C3&"년" : 오늘 날짜에서 연도를 추출한 후 [C3] 셀의 값을 뺀 값에 '년'을 붙여서 표시합니다.
> - & 연산자는 함수와 문자를 연결해 주는 기호입니다.
> - "년"은 문자이기 때문에 큰 따옴표("")로 처리합니다.

(2) 실시기간

[I3] 셀에 「=YEAR(G3)−H3&"년"」을 입력하고 [I10] 셀까지 수식을 복사합니다.

> **YEAR(날짜)**
>
> =YEAR(G3)−H3&"년" : [G3] 셀에서 년도를 추출한 값에서 [H3] 값을 뺀 값에 '년'을 붙여서 표시합니다.

(3) 근무월

[D14] 셀에 「=MONTH(C14)&"월"」을 입력하고 [D21] 셀까지 수식을 복사합니다.

> **MONTH(날짜)**
>
> =MONTH(C14)&"월" : [C14] 셀에서 월을 추출한 값에 '월'을 붙여서 표시합니다.
> - & 연산자는 함수와 문자를 연결해 주는 기호입니다.
> - "년"은 문자이기 때문에 큰 따옴표("")로 처리합니다.

(4) 봉사시작일

[H14] 셀에 「=DATE(2024,MID(F14,4,2),MID(F14,6,2))」를 입력하고 [H21] 셀까지 수식을 복사합니다.

> **MID(텍스트,시작 위치,글자 수)**
>
> ① MID(F14,4,2) : [F14] 셀의 왼쪽에서 시작하여 4번째 위치한 값부터 두 글자를 추출합니다.
> ② MID(F14,6,2) : [F14] 셀의 왼쪽에서 시작하여 6번째 위치한 값부터 두 글자를 추출합니다.
>
> **DATE(년,월,일)**
>
> =DATE(2024,①,②) : 2024−①−②의 년−월−일 형식으로 표시합니다.

(5) 출발요일

[D25] 셀에 「=CHOOSE(WEEKDAY(C25,2),"월요일","화요일","수요일","목요일","금요일","토요일","일요일")」을 입력하고 [D32] 셀까지 수식을 복사합니다.

WEEKDAY(날짜,반환 타입)

① WEEKDAY(C25,2) : [C25] 셀 날짜의 요일을 숫자로 반환합니다. 반환 타입 2의 경우 월요일은 1, 화요일은 2, 수요일은 3, 목요일 4,…로 값이 반환됩니다.

CHOOSE(인덱스 번호,값1,값2,…)

=CHOOSE(①,"월요일","화요일","수요일","목요일","금요일","토요일","일요일") : ①의 값이 1이면 '월요일', 2이면 '화요일', 3이면 '수요일', 4이면 '목요일'... 로 나열하여 표시합니다.

[정답]

YEAR, TODAY 함수

도서관명	개관연도	도서관 개관기간
종로도서관	1920	104년
정독도서관	1997	27년
마포평생학습관	1995	29년
서울중구구립도서관	2008	16년
이진아기념도서관	2005	19년
한국학생도서관	1964	60년
서대문도서관	1986	38년
4.19 혁명기념 도서관	2000	24년

YEAR 함수

체험행사명	행사일	시작연도	실시기간
희망 농장	2024-11-09	1990	34년
윷대회	2024-11-15	2006	18년
생태소풍	2024-11-23	2001	23년
어울림 축제	2024-11-17	2002	22년
놀장놀장	2024-11-17	2005	19년
달빛 음악회	2024-11-08	1998	26년
심심한 철학	2024-11-15	1995	29년
게임문화	2024-11-03	2000	24년

MONTH 함수

사원명	근무일	근무월
이건우	2024-01-26	1월
이경은	2024-06-15	6월
안경찬	2024-03-09	3월
김연수	2024-05-26	5월
지웅수	2024-04-07	4월
윤다슬	2024-05-05	5월
권희서	2024-04-13	4월
안국기	2024-06-08	6월

DATE 함수

모집코드	봉사명	봉사시작일
CB-0410	바자회 보조	2024-04-10
BC-0315	미용서비스	2024-03-15
BC-0901	멘토링 교육	2024-09-01
JC-1012	시설 봉사	2024-10-12
BC-0620	경로식당	2024-06-20
CB-0401	생활지원	2024-04-01
BC-0622	컴퓨터교육 보조	2024-06-22
JC-1101	성장 멘토링	2024-11-01

WEEKDAY 함수

여행지	출발날짜	출발요일
홍콩/마카오	2024-09-07	토요일
이탈리아/프랑스	2024-08-31	토요일
노르웨이 피요르드	2024-10-01	화요일
대만/오키나와	2024-09-10	화요일
영국/스코트랜드	2024-08-19	월요일
슬로베니아/알바니아	2024-09-19	목요일
심천/나트랑/다낭	2024-08-18	일요일
독일/벨기에/영국	2024-10-26	토요일

● 예제/정답 파일은 [자료실]에서 다운로드하세요.

● 예제 파일 : 실전함수3.xlsx

11 **다음 조건에 따라 엑셀 파일을 작성하시오.**

(1) 전남지역의 참석인원(단위:명) 평균 ⇒ 조건은 입력 데이터를 이용하고, 반올림하여 정수로 구하시오 (ROUND, DAVERAGE 함수)(예 : 1,234.5 → 1,234).

(2) 교육청 설립 도서관의 평균 방문자수 ⇒ 조건은 입력 데이터를 이용하고, 올림하여 백 단위로 구하시오 (ROUNDUP, DAVERAGE 함수)(예 : 234,455 → 234,500).

(3) 원피스 상반기실적(단위:천원) 평균 ⇒ 내림하여 천원 단위로 구하시오. 단, 조건은 입력 데이터를 이용 하시오(ROUNDDOWN, DAVERAGE 함수)(예 : 12,365 → 12,000).

(4) 수제버거 일일 총 판매금액 ⇒「가격×판매수량(단위:EA)」으로 구하시오(SUMPRODUCT 함수).

(5) 중국어 학습자수(단위:명) 합계 ⇒ 구분과 학습자수를 이용하여 구하시오(SUMIF 함수).

(6) 개발1팀 기본예산(단위:원) 평균 ⇒ 개발1팀의 기본예산(단위:원) 평균을 구하시오(SUMIF, COUNTIF 함수).

출력형태

ROUND, DAVERAGE 함수		
개최지역	체험행사명	참석인원 (단위:명)
전남	희망 농장	6,552
충남	윷대회	2,500
경기도	생태소풍	12,134
충남	어울림 축제	12,500
전남	놀장놀장	7,231
경기도	달빛 음악회	3,215
전남	심심한 철학	8,251
충남	게임문화	15,000
전남지역의 참석인원(단위:명) 평균		(1)

ROUNDUP, DAVERAGE 함수		
도서관명	설립주체	방문자수 (단위:명)
종로도서관	교육청	65,847
정독도서관	교육청	34,919
마포평생학습관	교육청	41,534
서울중구구립도서관	지자체	19,526
이진아기념도서관	지자체	39,487
한국학생도서관	사립	33,208
서대문도서관	교육청	59,813
4.19 혁명기념 도서관	사립	74,833
교육청 설립 도서관의 평균 방문자수		(2)

ROUNDDOWN, DAVERAGE 함수		
분류	상품명	상반기실적 (단위:천원)
원피스	퓨엘르 반팔	30,130
가디건	레이슨 로브	41,190
티셔츠	벨버른 레터링	30,430
원피스	플라워 러브	52,830
가디건	린넨 7부	10,300
원피스	컨시 하이텍 버클	15,030
티셔츠	버터플라이 호일티	91,790
티셔츠	하트레터링 라운드	19,830
원피스 상반기실적(단위:천원) 평균		(3)

SUMPRODUCT 함수		
메뉴	가격	판매수량 (단위:EA)
통새우버거세트	8,900원	580
클래식치즈버거	5,500원	430
프렌치프라이	3,000원	350
베이컨에그버거	6,000원	650
바베큐버거세트	9,100원	178
하와이안버거	6,500원	423
한우버거세트	8,500원	950
치즈스틱	2,500원	657
수제버거 일일 총 판매금액		(4)

SUMIF 함수		
강좌명	구분	학습자수 (단위:명)
왕초보	스페인어	215
발음클리닉	중국어	249
원어민처럼 말하기	스페인어	105
어법/어휘 마스터	영어	248
실전 비즈니스	영어	194
즐거운 스페인어	스페인어	384
맛있는 중국어	중국어	348
중국어 첫걸음	중국어	127
중국어 학습자수(단위:명) 합계		(5)

SUMIF, COUNTIF 함수		
사업명	관리팀	기본예산 (단위:원)
홈네트워크	개발2팀	185,000,000
이러닝	교육관리	45,800,000
VR개발	개발2팀	34,500,000
환경개선	개발2팀	105,000,000
AR개발	개발1팀	85,600,000
연수원관리	교육관리	28,000,000
마케팅	개발1팀	22,500,000
네트워크보안	개발1팀	155,000,000
개발1팀 기본예산(단위:원) 평균		(6)

실력 향상을 위한 실전 연습문제

● 예제/정답 파일은 [자료실]에서 다운로드하세요.

● 예제 파일 : 실전함수3.xlsx

12 다음 조건에 따라 엑셀 파일을 작성하시오.

(1) 주문수량 ⇒ 「C11」 셀에서 선택한 상품명에 대한 주문수량을 구하시오(VLOOKUP 함수).
(2) 판매금액 ⇒ 「H11」 셀에서 선택한 메뉴에 대한 판매금액을 「가격×판매수량(단위:EA)」으로 구하시오 (VLOOKUP 함수).
(3) 출판사 ⇒ 도서번호의 첫 번째 글자가 1이면 '문학동네', 2이면 '창비', 3이면 '비룡소'로 표시하시오 (CHOOSE, LEFT 함수).
(4) 지역 ⇒ 상품코드의 마지막 글자가 1이면 '경기', 2이면 '전라', 3이면 '충청'으로 구하시오(CHOOSE, RIGHT 함수).

출력형태

VLOOKUP 함수

상품코드	상품명	구분	주문수량
T2578-M	수국	꽃다발	94
B2324-L	진백	분재	79
F2354-S	생일축하	꽃바구니	105
B2384-M	소사	분재	69
F4322-L	프로포즈	꽃바구니	86
T3284-L	분홍장미	꽃다발	64
F3255-S	결혼기념일	꽃바구니	91
T2698-L	안개	꽃다발	114
상품명	수국	주문수량	(1)

VLOOKUP 함수

제품코드	메뉴	가격	판매수량(단위:EA)
RA-051	통새우버거세트	8,900원	580
CB-102	클래식치즈버거	5,500원	430
FR-103	프렌치프라이	3,000원	350
BE-502	베이컨에그버거	6,000원	650
BA-031	바베큐버거세트	9,100원	178
HA-402	하와이안버거	6,500원	423
KO-071	한우버거세트	8,500원	950
CH-503	치즈스틱	2,500원	657
메뉴	통새우버거세트	판매금액	(2)

CHOOSE, LEFT 함수

도서번호	도서명	저자	출판사
1-A01	오페라의 유령	가스통 르루	(3)
2-B01	내 심장은 작은 북	송현섭	(3)
1-A32	여행의 이유	김영하	(3)
2-B33	내일도 야구	이석용	(3)
3-C21	첫말잇기 동시집	박성우	(3)
2-B22	신통방통 홈쇼핑	이분희	(3)
1-A23	연필로 쓰기	김훈	(3)
1-A82	미국 단편 동화집	강민호	(3)

CHOOSE, RIGHT 함수

상품코드	상품명	단가(단위:원)	지역
M25-02	백진주 쌀	70,000	(4)
B29-03	살치살 스테이크	30,000	(4)
B32-02	딱새우	13,900	(4)
S19-01	등심 스테이크	36,000	(4)
M20-02	돌산 갓김치	19,000	(4)
B37-02	랍스터 테일	32,000	(4)
M15-01	대봉 곶감	80,000	(4)
M14-03	황토 고구마	27,500	(4)

● 예제/정답 파일은 [자료실]에서 다운로드하세요.

●예제 파일 : 실전함수3.xlsx

13 다음 조건에 따라 엑셀 파일을 작성하시오.

(1) 사용년수 ⇒ 「2024-구입일자의 연도+1」로 구한 결과값에 '년'을 붙이시오(YEAR 함수, & 연산자)
   (예 : 2년).
(2) 진행기간 ⇒ 「12-시작일의 월」을 구한 값에 '개월'을 붙이시오(MONTH 함수, & 연산자)(예 : 1개월).
(3) 주문일자 ⇒ 주문번호 마지막 두 자리 숫자를 일로 하는 2024년 11월 날짜를 구하시오(DATE,
   RIGHT 함수)(예 : X03-05 → 2024-11-05).
(4) 체험요일 ⇒ 체험일의 요일을 예와 같이 구하시오(CHOOSE, WEEKDAY 함수)(예 : 월요일).

출력형태

	YEAR 함수				MONTH 함수		
	관리코드	구입일자	사용년수		사업명	시작일	진행기간
	M597K	2023-07-03	(1)		홈네트워크	2024-06-20	(2)
	R374G	2023-04-02	(1)		이러닝	2024-07-10	(2)
	G839R	2024-08-27	(1)		VR개발	2024-08-10	(2)
	Z329F	2021-01-19	(1)		환경개선	2024-09-01	(2)
	Z325J	2024-03-30	(1)		AR개발	2024-07-01	(2)
	O356L	2023-06-24	(1)		연수원관리	2024-09-20	(2)
	C385B	2024-02-15	(1)		마케팅	2024-10-05	(2)
	U594L	2021-04-04	(1)		네트워크보안	2024-06-01	(2)

	DATE, RIGHT 함수				CHOOSE, WEEKDAY 함수		
	주문번호	제품명	주문일자		장소	체험일	체험요일
	X03-05	도어켓치	(3)		국립전북기상과학관	2024-09-02	(4)
	X02-19	작업등	(3)		호남기후변화체험관	2024-09-16	(4)
	V01-21	라이트스위치	(3)		호남기후변화체험관	2024-09-10	(4)
	R02-13	연료게이지	(3)		영산강유역환경청	2024-09-07	(4)
	Z03-14	집진기	(3)		국립전북기상과학관	2024-09-24	(4)
	H01-15	사각양면등	(3)		국립전북기상과학관	2024-09-02	(4)
	H04-14	헤드라이트	(3)		영산강유역환경청	2024-09-12	(4)
	B04-05	연료모터	(3)		호남기후변화체험관	2024-09-10	(4)

단계 3 순위(RANK.EQ 함수, & 연산자)

> **조건** (1) 순위 ⇒ 출발인원의 내림차순 순위를 구한 결과값에 '위'를 붙이시오(RANK.EQ 함수, & 연산자)(예 : 1위).

1 '4장함수.xlsx' 파일을 불러와 [제1작업] 시트의 [I5] 셀을 클릭한 후 「=r」을 입력하면 R로 시작하는 함수 목록이 표시되며, 이 중 'RANK.EQ'를 더블클릭합니다.

2 [I5] 셀의 '=RANK.EQ(' 뒤를 클릭한 후 '수식 입력줄'의 [함수 삽입 *fx*] 도구를 클릭합니다.

3 [함수 인수] 대화상자에서 다음과 같이 지정하고 [확인] 단추를 클릭합니다.

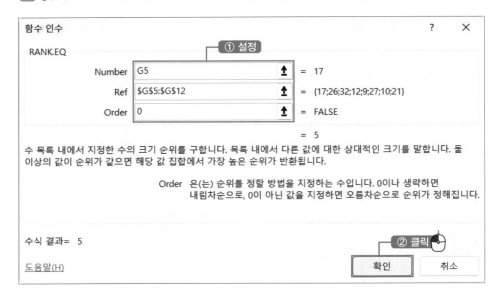

- Number[G5] : 순위를 구하려는 수
- Ref[G5:G12]의 절대참조 : 순위를 구할 때 비교할 대상을 수식으로 복사하더라도 항상 고정된 영역을 참조하기 때문에 절대참조
- Order[0] : 내림차순은 생략 또는 0, 오름차순은 1

4 [I5] 셀을 클릭한 후 '수식 입력줄' 맨 뒤를 클릭하여 「&"위"」를 입력하고 '=RANK.EQ(G5,$G$5:$G$12,0)&"위"' 수식을 완성합니다.

5 [I5] 셀 오른쪽 하단의 채우기 핸들을 이용하여 [I12] 셀까지 수식을 복사한 후 테두리 선이 굵게 표시되지 않도록 [자동 채우기 옵션]을 클릭하여 '서식 없이 채우기'를 선택합니다.

단계 4 비고(IF 함수)

조건 (2) 비고 ⇒ 상품코드의 첫 글자가 F이면 '자유여행', 그 외에는 공백으로 구하시오(IF, LEFT 함수).

1 [J5] 셀을 클릭한 후 「=i」를 입력하면 I로 시작하는 함수 목록이 표시되는데, 이 중 'IF'를 더블클릭합니다.

2 '=IF(' 뒤에 바로 「L」을 입력하면 L로 시작하는 함수 목록이 표시되는데, 이 중 'LEFT' 함수를 더블클릭합니다.

3 [J5] 셀의 '=IF(LEFT(' 뒤를 클릭한 후 '수식 입력줄'의 [함수 삽입 f_x] 도구를 클릭합니다.

4 [함수 인수] 대화상자에서 다음과 같이 입력한 후 [확인] 단추를 클릭합니다.

> • Text[B5] : 추출하려는 문자가 들어 있는 텍스트 문자열
> • Num_chars[1] : [B5] 셀의 왼쪽에서부터 추출할 문자 수를 지정

5 IF 함수 마법사 대화상자를 표시하기 위해서 'IF' 바로 뒤를 마우스로 클릭한 후 [함수 삽입 *fx*] 도구를 클릭합니다.

6 [함수 인수] 대화상자에 다음과 같이 입력하고 [확인] 단추를 클릭합니다.

> • Logical_test[LEFT(B5,1)="F"] : [B5] 셀의 왼쪽에서 한 글자를 추출한 값이 'F'와 같은지 비교
> • Value_if_true["자유여행"] : Logica_test의 값이 True이면 '자유여행'을 표시
> • Value_if_false[""] : Logica_test의 값이 False이면 공백("")을 표시

7 [J5] 셀 오른쪽 하단의 채우기 핸들을 이용하여 [J12] 셀까지 수식을 복사한 후 테두리 선이 굵게 표시되지 않도록 [자동 채우기 옵션 ▦▾]을 클릭하여 '서식 없이 채우기'를 선택합니다.

무료 동영상

단계 5 **그린항공의 공제 마일리지 합계(SUMIF 함수)**

> **조건** (3) 그린항공의 공제 마일리지 합계 ⇒ 정의된 이름(항공사)을 이용하여 그린항공의 공제 마일리지 합계를 구하시오(SUMIF 함수).

1 [E13] 셀을 클릭한 후 「=sum」까지 입력하면 SUM으로 시작하는 함수 목록이 표시되는데, 이 중 'SUMIF' 함수를 더블클릭합니다.

2 '=SUMIF(' 함수 뒤에서 마우스를 클릭한 후 [함수 삽입 *fx*] 도구를 클릭합니다.

3 [함수 인수] 대화상자에 다음과 같이 입력하고 [확인] 단추를 클릭합니다.

- Range[항공사] : 조건을 찾을 범위 [E5:E12] 영역을 드래그하면 자동으로 '항공사'가 표시됨
- Criteria["그린항공"] : 조건 「그린항공」을 입력
- Sum_range[H5:H12] : 항공사가 '그린항공'에 해당한 데이터의 공제마일리지의 합계를 구하기 위해 [H5:H12] 영역을 지정

4 [E13] 셀을 클릭한 후 [홈] 탭의 [맞춤] 그룹에서 [오른쪽 맞춤 ≡] 도구를 클릭하고, Ctrl + 1 키를 눌러 [셀 서식] 대화상자의 [표시 형식] 탭에서 '숫자', '1000 단위 구분 기호(,) 사용'을 체크하고 [확인] 단추를 클릭합니다.

단계 6 | **유럽 지역의 출발인원 평균(ROUND, DAVERAGE 함수)**

> **조건** | 유럽 지역의 출발인원 평균 ⇒ 반올림하여 정수로 구하시오. 단, 조건은 입력 데이터를 이용하시오(ROUND, DAVERAGE 함수)(예 : 24.3 → 24).

1 [E14] 셀을 클릭한 후 「=ro」까지 입력하면 RO로 시작하는 함수 목록이 표시되는데, 이 중 'ROUND' 함수를 더블클릭합니다.

2 '=ROUND('까지 자동으로 입력되면 「d」를 입력합니다. D로 시작하는 함수 목록이 표시되면 'DAVERAGE' 함수를 더블클릭합니다.

3 '=ROUND(DAVERAGE('까지 자동으로 입력되면 맨 뒤에서 마우스를 클릭한 후 [함수 삽입 *fx*] 도구를 클릭합니다.

4 [함수 인수] 대화상자에 다음과 같이 입력하고 [확인] 단추를 클릭합니다.

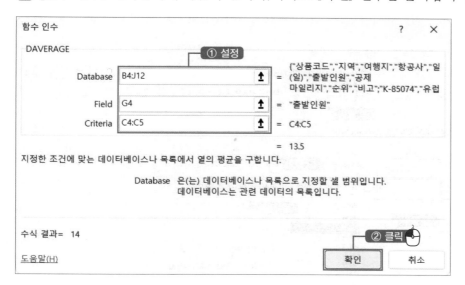

- Database[B4:J12] : 제목을 포함한 모든 데이터[B4:J12]를 범위로 지정
- Field[G4] : 실제로 평균을 구할 필드 제목(출발인원) 또는 열의 위치(6)를 지정
- Criteria[C4:C5] : 조건을 찾을 필드 제목과 조건을 동시에 범위 지정(지역이 '유럽')

---

5 '=ROUND(DAVERAGE(B4:J12,G4,C4:C5)'로 수식이 입력되면 '=ROUND' 뒤에서 마우스를 클릭한 후 [함수 삽입 *fx*] 도구를 클릭합니다.

6 [함수 인수] 대화상자의 Num_digits에 정수로 표시하기 위해서 「0」을 입력하고 [확인] 단추를 클릭합니다.

- Number[DAVERAGE(B4:J12,G4,C4:C5)] : [B4:J12] 영역에서 [C4:C5] 조건에 만족한 [G4] 셀의 평균값
- Num_digits[0] : Number의 값을 정수로 표시하기 위해 자릿수를 0으로 지정

7 [E14] 셀을 클릭한 후 [홈] 탭의 [맞춤] 그룹에서 [오른쪽 맞춤 ☰] 도구를 클릭하고, Ctrl + 1 키를 눌러 [셀 서식] 대화상자의 [표시 형식] 탭에서 '숫자'를 선택한 후 [확인] 단추를 클릭합니다.

단계 7   **최대 공제 마일리지(MAX 함수)**

조건   최대 공제 마일리지 ⇒ (MAX 함수)

1 [J13] 셀을 클릭하여 「=m」을 입력하고 M으로 시작하는 함수 목록이 표시되면 'MAX' 함수를 더블클릭합니다.

2 마우스로 [H5:H12] 영역을 드래그한 후 「)」로 닫고 Enter 키를 누릅니다.

3 자동으로 '1,000 단위 기호'가 표시되면 [홈] 탭의 [맞춤] 그룹에서 [오른쪽 맞춤 ≡] 도구를 클릭합니다.

	B	C	D	E	F	G	H	I	J	K
13	그린항공의 공제 마일리지 합계			195,000	✕		최대 공제 마일리지		190,000	
14	유럽 지역의 출발인원 평균			14			여행지	이탈리아	출발인원	

| 무료 동영상 |

단계 8 **출발인원(VLOOKUP 함수)**

조건 출발인원 ⇒ 「H14」 셀에서 선택한 여행지에 대한 출발인원을 표시하시오(VLOOKUP 함수).

1 [J14] 셀을 클릭하여 「=v」를 입력하고 V로 시작하는 함수 목록이 표시되면 'VLOOKUP' 함수를 더블클릭합니다.

2 '=VLOOKUP(' 뒤에서 마우스를 클릭한 후 [함수 삽입 f_x] 도구를 클릭합니다.

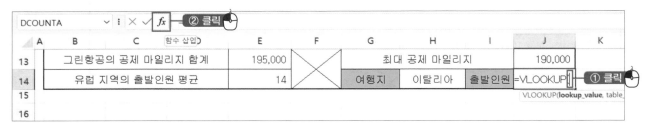

3 [함수 인수] 대화상자에서 다음과 같이 입력하고 [확인] 단추를 클릭합니다.

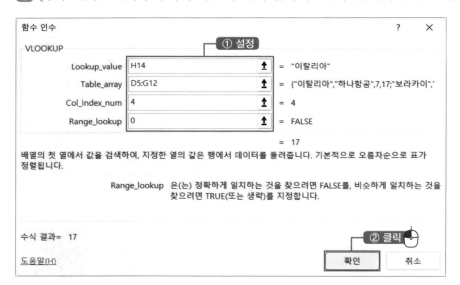

- Lookup_value[H14] : 찾을 값으로 유효성 검사를 통해 입력된 [H14] 셀로 지정
- Table_array[D5:G12] : 찾을 값으로 지정한 셀이 꼭 첫 번째 열이 될 수 있도록 범위를 지정하여 찾고자 하는 출발인원까지 지정[D5:G12]
- Col_index_num[4] : [D5:G12] 영역에서 D열이 1, E열이 2, F열이 3, G열이 4로 열의 위치값을 표시하는데 출발인원의 값을 가져오기 위해서 4번째 열로 지정
- Range_lookup[0] : 0 또는 false로 입력하여 정확하게 일치하는 값을 찾도록 지정(참고로 근사값을 구할 때는 1 또는 true를 입력)

4 [J14] 셀을 클릭한 후 [홈] 탭의 [맞춤] 그룹에서 [오른쪽 맞춤 ≡] 도구를 클릭하고, Ctrl + 1 키를 눌러 [셀 서식] 대화상자의 [표시 형식] 탭에서 '숫자'를 선택한 후 [확인] 단추를 클릭합니다.

● 예제/정답 파일은 [자료실]에서 다운로드하세요.

●예제 파일 : 실전함수4.xlsx, 정답 파일 : 실전함수4(정답).xlsx

14 다음 조건에 따라 엑셀 파일을 작성하시오.

(1)~(6) 셀은 반드시 <u>주어진 함수를 이용</u>하여 값을 구하시오(결과값을 직접 입력하면 해당 셀은 0점 처리됨).

조건

(1) 순위 ⇒ 평균가격(원)의 내림차순 순위를 1~3까지 구하고, 그 외에는 공백으로 표시하시오(IF, RANK.EQ 함수).

(2) 제품이력 ⇒ 「2024-제품출시연도」로 계산한 결과값 뒤에 '년'을 붙이시오.

단, 제품출시연도는 코드의 마지막 네 글자를 이용하시오(RIGHT 함수, & 연산자)(예 : 11년).

(3) 광동제약 제품 평균가격(원)의 평균 ⇒ (SUMIF, COUNTIF 함수).

(4) 소화제 최저가격의 평균 ⇒ 조건은 입력 데이터를 이용하시오(DAVERAGE 함수).

(5) 최저가격의 중간값 ⇒ 정의된 이름(최저가격)을 이용하여 구하시오(MEDIAN 함수).

(6) 최저가격 ⇒ 「H14」셀에서 선택한 제품명에 대한 최저가격을 표시하시오(VLOOKUP 함수).

출력형태

코드	제품명	제조사	구분	규격 (ml/캅셀/g)	평균가격 (원)	최저가격	순위	제품이력
DH1897	위생천	광동제약	소화제	75	580	500원	(1)	(2)
HY1955	챔프	동아제약	해열진통제	10	2,000	1,600원	(1)	(2)
DA1956	판피린큐	동아제약	해열진통제	20	400	350원	(1)	(2)
DG1985	애시논액	동아제약	소화제	10	4,800	4,150원	(1)	(2)
GY1958	포타디연고	삼일제약	외용연고제	75	500	400원	(1)	(2)
SE1987	부루펜시럽	삼일제약	해열진통제	90	4,300	3,900원	(1)	(2)
HD1957	생록천	광동제약	소화제	75	500	420원	(1)	(2)
DH1980	후시딘	동화약품	외용연고제	10	5,200	4,500원	(1)	(2)
광동제약 제품 평균가격(원)의 평균			(3)			최저가격의 중간값		(5)
소화제 최저가격의 평균			(4)			제품명	위생천	최저가격	(6)

● 예제/정답 파일은 [자료실]에서 다운로드하세요.

● 예제 파일 : 실전함수5.xlsx, 정답 파일 : 실전함수5(정답).xlsx

15 다음 조건에 따라 엑셀 파일을 작성하시오.

(1)~(6) 셀은 반드시 <u>주어진 함수를 이용</u>하여 값을 구하시오(결과값을 직접 입력하면 해당 셀은 0점 처리됨).

조건

(1) 배송지 ⇒ 대여코드의 마지막 글자가 1이면 '경기', 2이면 '인천', 3이면 '서울'로 구하시오(CHOOSE, RIGHT 함수).

(2) 비고 ⇒ 대여수량이 15 이상이면 '★', 그 외에는 공백으로 구하시오(IF 함수).

(3) 놀이세트 제품 대여수량 합계 ⇒ 결과값에 '개'를 붙이시오(SUMIF 함수, & 연산자)(예 : 10개).

(4) 자동차 제품 평균 대여기간 ⇒ 올림하여 정수로 구하시오. 단, 조건은 입력 데이터를 이용하시오
   (ROUNDUP, DAVERAGE 함수)(예 : 12.3 → 13).

(5) 4주 대여가격(단위:원)의 최저값 ⇒ 정의된 이름(대여가격)을 이용하여 구하시오(MIN 함수).

(6) 대여수량 ⇒ 「H14」 셀에서 선택한 제품명에 대한 대여수량을 구하시오(VLOOKUP 함수).

출력형태

대여코드	제품명	분류	대여기간	판매가격 (단위:원)	4주 대여가격 (단위:원)	대여수량	배송지	비고
						담당	대리	과장
	장난감 대여 관리 현황				결재			
GW-03	페달트랙터	자동차	15주	125,000	33,000	17	(1)	(2)
CE-13	레이싱카	자동차	5주	65,000	28,000	19	(1)	(2)
DC-12	워크어라운드	쏘서	6주	95,000	33,000	6	(1)	(2)
PK-01	물놀이세트	놀이세트	12주	17,000	33,000	15	(1)	(2)
DW-01	디보쏘서	쏘서	10주	105,000	26,000	12	(1)	(2)
CQ-02	미니카	자동차	6주	78,000	28,000	20	(1)	(2)
WB-12	구름빵 놀이터	놀이세트	8주	42,000	23,000	14	(1)	(2)
PX-02	스포츠센터	놀이세트	10주	56,000	30,000	7	(1)	(2)
놀이세트 제품 대여수량 합계			(3)		4주 대여가격(단위:원)의 최저값			(5)
자동차 제품 평균 대여기간			(4)		제품명	페달트랙터	대여수량	(6)

[제1작업] 표 서식 작성 및 값 계산 – 조건부 서식

무료 동영상

조건부 서식은 조건에 만족한 데이터에만 서식을 지정하는 기능입니다. 조건부 서식을 지정할 때는 필드명을 제외한 순수한 자료만을 선택한 후 서식을 설정해야 합니다. 특히, 열 고정 혼합참조에 대한 방법을 정확히 이해해야 합니다.

[제 1 작업] 표 서식 작성 및 값 계산 (240점 중 20점) ●예제 파일 : 조건부서식.xlsx, 정답 파일 : 조건부서식(정답).xlsx

≪조건≫

(7) 조건부 서식의 수식을 이용하여 출발인원이 '25' 이상인 행 전체에 다음의 서식을 적용하시오(글꼴 : 파랑, 굵게).

≪출력형태≫

성안여행 마일리지 투어 상품

확인	사원	팀장	센터장

상품코드	지역	여행지	항공사	일정(일)	출발인원	공제마일리지	순위	비고
K-85074	유럽	이탈리아	하나항공	7	17명	169,000	5위	
H-35035	동남아	보라카이	블루항공	5	26명	80,000	3위	
F-51166	미주	뉴욕	하나항공	8	32명	155,000	1위	자유여행
H-34122	동남아	방콕	그린항공	6	12명	70,000	6위	
P-76117	동남아	보홀	하나항공	4	9명	115,000	8위	
F-06048	미주	보스턴	그린항공	5	27명	125,000	2위	자유여행
H-94122	유럽	파리	블루항공	7	10명	190,000	7위	
L-62021	동남아	빈탄	블루항공	3	21명	90,000	4위	
그린항공의 공제 마일리지 합계			195,000		최대 공제 마일리지			190,000
유럽 지역의 출발인원 평균			14		여행지	이탈리아	출발인원	17

핵심 체크

① 필드명을 제외한 데이터만을 범위 지정

② [홈] 탭의 [스타일] 그룹에서 [조건부 서식] 이용

③ 수식으로 설정할 때는 열 고정 혼합참조 이용

④ 글꼴, 음영, 테두리 등 지정한 서식 설정

※ 조건부 서식 설정

필드명(「B4:J4」 영역)을 포함하지 않은 순수한 자료 행(「B5:J12」 영역)만을 선택하여 '행' 단위 서식 설정을 해야 하므로 열 고정 혼합참조($B1)의 계산 형식을 숙지해야 합니다.

조건 (7) 조건부 서식의 수식을 이용하여 출발인원이 '25' 이상인 행 전체에 다음의 서식을 적용하시오(글꼴 : 파랑, 굵게).

1 '조건부서식.xlsx' 파일을 열어 '서식1' 시트의 [B5:J12] 영역을 범위 지정한 후 [홈] 탭의 [스타일] 그룹에서 [조건부 서식]−[새 규칙]을 클릭합니다.

2 [새 서식 규칙] 대화상자에서 '▶수식을 사용하여 서식을 지정할 셀 결정'을 선택하고 「=$G5>=25」를 입력한 후 [서식] 단추를 클릭합니다.

3 [셀 서식] 대화상자의 [글꼴] 탭에서 글꼴 스타일은 '굵게', 색은 '파랑'을 선택하고 [확인] 단추를 클릭합니다.

4 [새 서식 규칙] 대화상자가 표시되면 [확인] 단추를 클릭합니다.

● 예제/정답 파일은 [자료실]에서 다운로드하세요.

● 예제 파일 : 실전조건1.xlsx, 정답 파일 : 실전조건1(정답).xlsx

⑯ 다음 조건에 따라 엑셀 파일을 작성하시오.

조건부 서식의 수식을 이용하여 최저가격이 '1000' 이상인 행 전체에 다음의 서식을 적용하시오(글꼴 : 파랑, 굵게).

출력형태

코드	제품명	제조사	구분	규격 (ml/캅셀/g)	평균가격 (원)	최저가격	순위	제품이력
					일반의약품 판매가격 현황			
DH1897	위생천	광동제약	소화제	75	580	500원		127년
HY1955	챔프	동아제약	해열진통제	10	2,000	1,600원		69년
DA1956	판피린큐	동아제약	해열진통제	20	400	350원		68년
DG1985	매시논액	동아제약	소화제	10	4,800	4,150원	2	39년
GY1958	포타디연고	삼일제약	외용연고제	75	500	400원		66년
SE1987	부루펜시럽	삼일제약	해열진통제	90	4,300	3,900원	3	37년
HD1957	생록천	광동제약	소화제	75	500	420원		67년
DH1980	후시딘	동화약품	외용연고제	10	5,200	4,500원	1	44년
광동제약 제품 평균가격(원)의 평균			540		최저가격의 중간값			1,050
소화제 최저가격의 평균			1,690		제품명	위생천	최저가격	500

결재 / 담당 / 대리 / 팀장

● 예제 파일 : 실전조건2.xlsx, 정답 파일 : 실전조건2(정답).xlsx

⑰ 다음 조건에 따라 엑셀 파일을 작성하시오.

조건부 서식의 수식을 이용하여 대여수량이 '15' 미만인 행 전체에 다음의 서식을 적용하시오(글꼴 : 녹색, 굵게).

출력형태

대여코드	제품명	분류	대여기간	판매가격 (단위:원)	4주 대여가격 (단위:원)	대여수량	배송지	비고
				장난감 대여 관리 현황				
GW-03	페달트랙터	자동차	15주	125,000	33,000	17	서울	★
CE-13	레이싱카	자동차	5주	65,000	28,000	19	서울	★
DC-12	워크어라운드	쏘서	6주	95,000	33,000	6	인천	
PK-01	물놀이세트	놀이세트	12주	17,000	33,000	15	경기	★
DW-01	디보쏘서	쏘서	10주	105,000	26,000	12	경기	
CQ-02	미니카	자동차	6주	78,000	28,000	20	인천	★
WB-12	구름빵 놀이터	놀이세트	8주	42,000	23,000	14	인천	
PX-02	스포츠센터	놀이세트	10주	56,000	30,000	7	인천	
놀이세트 제품 대여수량 합계			36개		4주 대여가격(단위:원)의 최저값			23,000
자동차 제품 평균 대여기간			9		제품명	페달트랙터	대여수량	17

결재 / 담당 / 대리 / 과장

[제2작업] 목표값 찾기 및 필터

무료 동영상

목표값 찾기 기능은 수식으로 구하려는 결과는 알지만, 해당 결과를 구하는 데 필요한 입력값을 모를 경우에 사용합니다. 고급 필터는 조건에 만족한 데이터를 다른 위치에 추출할 수 있는 기능으로, 필터 조건을 파악하여 조건을 지정된 범위 내에 입력한 후에 지정된 복사 위치에 데이터를 추출합니다.

[제 2 작업] 목표값 찾기 및 필터 (80점)　　　●예제 파일 : 목표값.xlsx, 정답 파일 : 목표값(정답).xlsx

☞ "제1작업" 시트의 「B4:H12」 영역을 복사하여 "제2작업" 시트의 「B2」 셀부터 모두 붙여넣기를 한 후 다음의 조건과 같이 작업하시오.

≪조건≫

(1) 목표값 찾기 – 「B11:G11」 셀을 병합하여 "공제 마일리지의 전체 평균"을 입력한 후 「H11」 셀에 공제 마일리지의 전체 평균을 구하시오. 단, 조건은 입력 데이터를 이용하시오.(AVERAGE 함수, 테두리, 가운데 맞춤).

　　　　　　　 – '공제 마일리지의 전체 평균'이 '125,000'이 되려면 이탈리아의 공제 마일리지가 얼마가 되어야 하는지 목표값을 구하시오.

(2) 고급 필터 – 일정(일)이 '4' 이하이거나, 출발인원이 '30' 이상인 자료의 여행지, 항공사, 일정(일), 출발인원 데이터만 추출하시오.

　　　　　– 조건 범위 : 「B14」 셀부터 입력하시오.

　　　　　– 복사 위치 : 「B18」 셀부터 나타나도록 하시오.

핵심 체크

① 문제의 조건을 파악(AND 조건, OR 조건)
② 조건 입력
③ [데이터] 탭의 [정렬 및 필터] 그룹에서 [고급]

조건 「B11:G11」셀을 병합하여 "공제 마일리지의 전체 평균"을 입력한 후 「H11」셀에 공제 마일리지의 전체 평균을 구하시오. 단, 조건은 입력 데이터를 이용하시오(AVERAGE 함수, 테두리, 가운데 맞춤).

1 '목표값.xlsx' 파일의 '제1작업' 시트에서 [B4:H12] 영역을 범위 지정한 후 Ctrl + C 키를 눌러 복사합니다.

2 '제2작업' 시트의 [B2] 셀을 클릭한 후 Ctrl + V 키를 눌러 붙여넣기를 합니다. 만약, 복사된 내용이 #####으로 표시되면 열 머리글 사이에서 더블클릭하여 열 너비를 조절합니다.

	상품코드	지역	여행지	항공사	일정(일)	출발인원	공제 마일리지			
3	K-85074	유럽	이탈리아	하나항공	7	17명	169,000			
4	H-35035	동남아	보라카이	블루항공	5	26명	80,000			
5	F-51166	미주	뉴욕	하나항공	8	32명	155,000			
6	H-34122	동남아	방콕	그린항공	6	12명	70,000			
7	P-76117	동남아	보홀	하나항공	4	9명	115,000			
8	F-06048	미주	보스턴	그린항공	5	27명	125,000			
9	H-94122	유럽	파리	블루항공	7	10명	190,000			
10	L-62021	동남아	빈탄	블루항공	3	21명	90,000			

제1작업 제2작업 제3작업 +

① 클릭

[열 너비 조절]

복사한 내용을 `Ctrl`+`V` 키를 눌러 붙여넣기를 한 후에 [홈] 탭의 [클립보드] 그룹에서 [붙여넣기]-[선택하여 붙여넣기]를 클릭하여 '열 너비'에 체크한 후 [확인] 단추를 클릭합니다.

3 [B11:G11] 영역을 범위 지정한 후 [홈] 탭의 [맞춤] 그룹에서 [병합하고 가운데 맞춤 🔲] 도구를 클릭한 후「공제 마일리지의 전체 평균」을 입력합니다.

4 [H11] 셀에「=AVERAGE(H3:H10)」을 입력합니다.

상품코드	지역	여행지	항공사	일정 (일)	출발인원	공제 마일리지
K-85074	유럽	이탈리아	하나항공	7	17명	169,000
H-35035	동남아	보라카이	블루항공	5	26명	80,000
F-51166	미주	뉴욕	하나항공	8	32명	155,000
H-34122	동남아	방콕	그린항공	6	12명	70,000
P-76117	동남아	보홀	하나항공	4	9명	115,000
F-06048	미주	보스턴	그린항공	5	27명	125,000
H-94122	유럽	파리	블루항공	7	10명	190,000
L-62021	동남아	빈탄	블루항공	3	21명	90,000
공제 마일리지의 전체 평균						124,250

5 [B11:H11] 영역을 범위 지정한 후 [홈] 탭의 [글꼴] 그룹에서 [테두리 ⊞] 도구의 [모든 테두리]를 클릭합니다.

단계 2 목표값 찾기

> **조건** '공제 마일리지의 전체 평균'이 '125,000'이 되려면 이탈리아의 공제 마일리지가 얼마가 되어야 하는지 목표값을 구하시오.

1 [H11] 셀을 클릭한 후 [데이터] 탭의 [데이터 도구] 그룹에서 [가상 분석 ▦?]-[목표값 찾기]를 클릭합니다.

2 [목표값 찾기] 대화상자에서 다음과 같이 입력한 후 [확인] 단추를 클릭합니다.

- 수식 셀[H11] : 찾는 값에서 입력한 값으로 실제 값이 변경되는 셀로, 수식(AVERAGE) 형태로 작성된 셀을 지정
- 찾는 값[125000] : 원하는 목표값을 입력
- 값을 바꿀 셀[H3] : 목표값을 찾기 위해 실제 값이 변경되는 셀

3 [목표값 찾기 상태] 대화상자에서 값을 찾았다는 메시지 상자가 표시되면 [확인] 단추를 클릭합니다.

단계 3 **고급 필터**

조건 일정(일)이 '4' 이하이거나, 출발인원이 '30' 이상인 자료의 여행지, 항공사, 일정(일), 출발인원 데이터만 추출하시오.
　　　 – 조건 범위 : 「B14」 셀부터 입력하시오.
　　　 – 복사 위치 : 「B18」 셀부터 나타나도록 하시오.

1 '제2작업' 시트에 조건을 입력하기 위해 [F2] 셀의 '일정(일)'과 [G2] 셀의 '출발인원'을 범위 지정한 후
⌈Ctrl⌉+⌈C⌉ 키를 눌러 복사합니다.

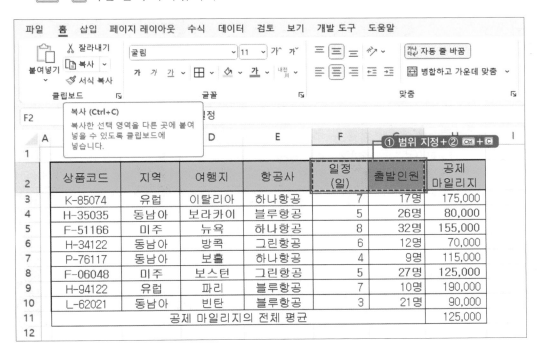

2 조건 위치 [B14] 셀을 클릭한 후 ⌈Ctrl⌉+⌈V⌉ 키를 눌러 붙여넣기를 합니다.

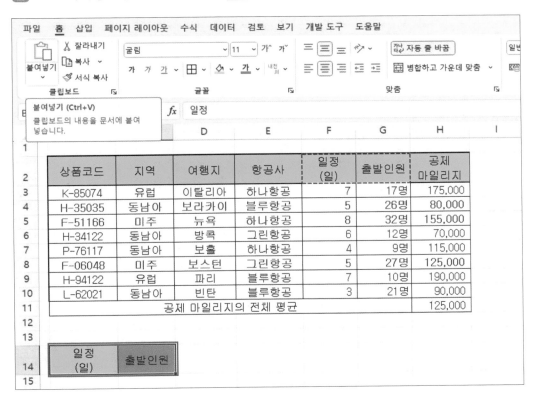

Check Point

조건을 직접 입력할 경우 띄어쓰기 등의 오류가 발생할 수 있으므로 반드시 필드를 복사하여 붙여넣기를 해야 합니다.

3 [B15] 셀에 「<=4」, [C16] 셀에 「>=30」을 입력합니다.

Check Point

• 비교 연산자

>	>=	<	<=	=	<>
크다 초과	크거나 같다 이상	작다 미만	작거나 같다 이하	같다	같지 않다

• 문자를 대신하는 기호

*(별표)		?(물음표)	
유*	'유'로 시작하는 모든 문자	유?	'유'로 시작하는 두 글자
*유	'유'로 끝나는 모든 문자	?유	'유'로 끝나는 두 글자
유	'유'를 포함하는 모든 문자	?유?	세 글자 중 가운데 글자가 '유'인 글자
		유??	'유'로 시작하는 세 글자

Check Point

AND와 OR 조건
• AND 조건(같은 행에 입력)
일정(일)이 '<=4'이고 출발인원이 '>=30' 이상인 조건

• OR 조건(다른 행에 입력)
일정(일)이 '<=4'이거나 출발인원이 '>=30' 이상인 조건

4 여행지, 항공사, 일정(일), 출발인원을 추출하기 위해 [D2:G2] 영역의 범위를 지정한 후 Ctrl + C 키를 눌러 복사합니다.

5 복사 위치 [B18] 셀을 클릭한 후 Ctrl + V 키를 눌러 붙여넣기를 합니다.

6 [B2:H10] 영역을 범위 지정한 후 [데이터] 탭의 [정렬 및 필터] 그룹에서 [고급 🏹]을 클릭합니다.

7 [고급 필터] 대화상자에 다음과 같이 입력하고 [확인] 단추를 클릭합니다.

- 결과[다른 장소에 복사] : 다른 위치에 결과를 추출하기 위해 지정
- 목록 범위[B2:H10] : 실제 가져올 데이터가 있는 위치
- 조건 범위[B14:C16] : 조건을 입력한 영역
- 복사 위치[B18:E18] : 데이터를 추출하여 실제 표시할 위치

8 조건에 만족한 데이터가 추출되었는지 확인 후 [파일] – [저장] 또는 [빠른 실행 도구 모음]의 [저장 🖫]을 클릭합니다.

	일정(일)	출발인원		
<=4				
	>=30			

여행지	항공사	일정(일)	출발인원
뉴욕	하나항공	8	32명
보홀	하나항공	4	9명
빈탄	블루항공	3	21명

● 예제/정답 파일은 [자료실]에서 다운로드하세요.

●예제 파일 : 실전목표값1.xlsx, 정답 파일 : 실전목표값1(정답).xlsx

18 **다음 조건에 따라 엑셀 파일을 작성하시오.**

☞ "제1작업" 시트의 「B4:H12」 영역을 복사하여 "제2작업" 시트의 「B2」 셀부터 모두 붙여넣기를 한 후 다음의 조건과 같이 작업하시오.

조건

(1) 목표값 찾기 – 「B11:G11」 셀을 병합하여 "최저가격의 전체 평균"을 입력한 후 「H11」 셀에 최저가격의 전체 평균을 구하시오. 단, 조건은 입력 데이터를 이용하시오.
(AVERAGE 함수, 테두리, 가운데 맞춤)
– '최저가격의 전체 평균'이 '2,000'이 되려면 판피린큐의 최저가격이 얼마가 되어야 하는지 목표값을 구하시오.

(2) 고급 필터 – 구분이 '소화제'가 아니면서, 최저가격이 '1,000' 이상인 자료의 제품명, 제조사, 규격(ml/캅셀/g), 평균가격(원) 데이터만 추출하시오.
– 조건 범위 : 「B14」 셀부터 입력하시오.
– 복사 위치 : 「B18」 셀부터 나타나도록 하시오.

출력형태

코드	제품명	제조사	구분	규격 (ml/캅셀/g)	평균가격 (원)	최저가격
DH1897	위생천	광동제약	소화제	75	580	500원
HY1955	챔프	동아제약	해열진통제	10	2,000	1,600원
DA1956	판피린큐	동아제약	해열진통제	20	400	530원
DG1985	애시논액	동아제약	소화제	10	4,800	4,150원
GY1958	포타디연고	삼일제약	외용연고제	75	500	400원
SE1987	부루펜시럽	삼일제약	해열진통제	90	4,300	3,900원
HD1957	생록천	광동제약	소화제	75	500	420원
DH1980	후시딘	동화약품	외용연고제	10	5,200	4,500원
최저가격의 전체 평균						2,000원

구분	최저가격
<>소화제	>=1000

제품명	제조사	규격 (ml/캅셀/g)	평균가격 (원)
챔프	동아제약	10	2,000
부루펜시럽	삼일제약	90	4,300
후시딘	동화약품	10	5,200

실력 향상을 위한 실전 연습문제

● 예제/정답 파일은 [자료실]에서 다운로드하세요.

● 예제 파일 : 실전목표값2.xlsx, 정답 파일 : 실전목표값2(정답).xlsx

19 다음 조건에 따라 엑셀 파일을 작성하시오.

☞ "제1작업" 시트의 「B4:H12」영역을 복사하여 "제2작업" 시트의 「B2」셀부터 모두 붙여넣기를 한 후 다음의 조건과 같이 작업하시오.

조건

(1) 목표값 찾기 – 「B11:G11」셀을 병합하여 "대여수량의 전체 평균"을 입력한 후 「H11」셀에 대여수량의 전체 평균을 구하시오. 단, 조건은 입력 데이터를 이용하시오(AVERAGE 함수, 테두리, 가운데 맞춤).
  – '대여수량의 전체 평균'이 '15'가 되려면 워크어라운드의 대여수량이 얼마가 되어야 하는지 목표값을 구하시오.

(2) 고급 필터 – 대여기간이 '12' 이상이거나, 판매가격(단위:원)이 '100,000' 이상인 자료의 제품명, 분류, 4주 대여가격(단위:원), 대여수량 데이터만 추출하시오.
  – 조건 범위 : 「B14」셀부터 입력하시오.
  – 복사 위치 : 「B18」셀부터 나타나도록 하시오.

출력형태

	B	C	D	E	F	G	H
2	대여코드	제품명	분류	대여기간	판매가격(단위:원)	4주 대여가격(단위:원)	대여수량
3	GW-03	페달트랙터	자동차	15주	125,000	33,000	17
4	CE-13	레이싱카	자동차	5주	65,000	28,000	19
5	DC-12	워크어라운드	쏘서	6주	95,000	33,000	16
6	PK-01	물놀이세트	놀이세트	12주	17,000	33,000	15
7	DW-01	디보쏘서	쏘서	10주	105,000	26,000	12
8	CQ-02	미니카	자동차	6주	78,000	28,000	20
9	WB-12	구름빵 놀이터	놀이세트	8주	42,000	23,000	14
10	PX-02	스포츠센터	놀이세트	10주	56,000	30,000	7
11	대여수량의 전체 평균						15

	B	C
14	대여기간	판매가격(단위:원)
15	>=12	
16		>=100000

	B	C	D	E
18	제품명	분류	4주 대여가격(단위:원)	대여수량
19	페달트랙터	자동차	33,000	17
20	물놀이세트	놀이세트	33,000	15
21	디보쏘서	쏘서	26,000	12

[제2작업] 필터 및 서식

고급 필터는 조건에 만족한 데이터를 다른 위치에 추출할 수 있는 기능으로 필터 조건을 파악하여 조건을 지정된 범위 내에 입력한 후에 지정된 복사 위치에 데이터를 추출합니다.

[제 2 작업] 필터 및 서식 (80점)　　　　　●예제 파일 : 고급필터.xlsx, 정답 파일 : 고급필터(정답).xlsx

☞ "제1작업" 시트의 「B4:H12」 영역을 복사하여 "제2작업" 시트의 「B2」 셀부터 모두 붙여넣기를 한 후 다음의 조건과 같이 작업하시오.

≪조건≫

(1) 고급 필터 – 지역이 '동남아' 이고 공제 마일리지 '80000' 이상인 자료의 데이터만 추출하시오.
　　　　　　– 조건 범위 : 「B13」 셀부터 입력하시오.
　　　　　　– 복사 위치 : 「B18」 셀부터 나타나도록 하시오.

(2) 표 서식 – 고급 필터의 결과 셀을 채우기 없음으로 설정한 후 '파랑, 표 스타일 보통2'의 서식을 적용하시오.
　　　　　　– 머리글 행, 줄무늬 행을 적용하시오.

핵심 체크

① 문제의 조건을 파악(AND 조건, OR 조건)
② 조건 입력
③ [데이터] 탭의 [정렬 및 필터] 그룹에서 [고급]
④ [홈] 탭의 [스타일] 그룹에서 [표 서식]

> **조건** "제1작업" 시트의 「B4:H12」 영역을 복사하여 "제2작업" 시트의 「B2」 셀부터 모두 붙여넣기를 한 후 다음의 조건과 같이 작업하시오.

1 '고급필터.xlsx' 파일의 '제1작업' 시트에서 [B4:H12] 영역을 범위 지정한 후 Ctrl + C 키를 눌러 복사합니다.

2 '제2작업' 시트의 [B2] 셀을 클릭한 후 Ctrl + V 키를 눌러 붙여넣기를 합니다. 만약, 복사된 내용이 ####으로 표시되면 열 머리글 사이에서 더블클릭하여 열 너비를 조절합니다.

[열 너비 조절]

복사한 내용을 Ctrl + V 키를 눌러 붙여넣기를 한 후에 [홈] 탭의 [클립보드] 그룹의 [붙여넣기]-[선택하여 붙여넣기]를 클릭하여 '열 너비'를 체크한 후 [확인] 단추를 클릭합니다.

단계 2 고급 필터

조건 지역이 '동남아'이고 공제 마일리지 '80000' 이상인 자료의 데이터만 추출하시오.
- 조건 범위 : 「B13」 셀부터 입력하시오.
- 복사 위치 : 「B18」 셀부터 나타나도록 하시오.

1 '제2작업' 시트에 조건을 입력하기 위해 [C2] 셀의 '지역'과 [H2] 셀의 '공제마일리지'를 범위 지정한 후 Ctrl + C 키를 눌러 복사합니다.

2 조건 위치 [B13] 셀을 클릭한 후 Ctrl + V 키를 눌러 붙여넣기를 합니다.

3 [B14] 셀에 「동남아」, [C14] 셀에 「>=80000」을 입력합니다.

4 [B2:H10] 영역을 범위 지정한 후 [데이터] 탭의 [정렬 및 필터] 그룹에서 [고급 ▽⁄◦]을 클릭합니다.

5 [고급 필터] 대화상자에 다음과 같이 입력하고 [확인] 단추를 클릭합니다.

- 결과[다른 장소에 복사] : 다른 위치에 결과를 추출하기 위해 지정
- 목록 범위[B2:H10] : 실제 가져올 데이터가 있는 위치
- 조건 범위[B13:C14] : 조건을 입력한 영역
- 복사 위치[B18] : 데이터를 추출하여 실제 표시할 위치(모든 데이터를 추출할 때는 시작하는 셀만 지정)

6 조건에 만족한 데이터가 추출되었는지 확인 후 [파일]−[저장] 또는 [빠른 실행 도구 모음]의 [저장 🔲]을 클릭합니다.

단계 3 표 서식

> **조건** 고급 필터의 결과 셀을 채우기 없음으로 설정한 후 '파랑, 표 스타일 보통 2'의 서식을 적용하시오.
> 머리글 행, 줄무늬 행을 적용하시오.

1 [B18:H21] 영역을 범위 지정한 후 [홈] 탭의 [글꼴] 그룹에서 [채우기 색 🖌] 도구를 클릭하여 '채우기 없음'을 클릭합니다.

2 고급 필터 결과[B18:H21] 영역 안에 커서를 두고 [홈] 탭 [스타일] 그룹의 [표 서식]에서 '파랑, 표 스타일 보통 2'를 클릭합니다.

3 [표 만들기] 대화상자에서 [B18:H21] 영역이 지정되어 있는지 확인 후 [확인] 단추를 클릭합니다.

4 [테이블 디자인] 탭의 [표 스타일 옵션]에서 '머리글 행', '줄무늬 행'이 체크되어 있는지 확인합니다.

● 예제/정답 파일은 [자료실]에서 다운로드하세요.

●예제 파일 : 실전고급1.xlsx, 정답 파일 : 실전고급1(정답).xlsx

20 다음 조건에 따라 엑셀 파일을 작성하시오.

☞ "제1작업" 시트의 「B4:H12」 영역을 복사하여 "제2작업" 시트의 「B2」 셀부터 모두 붙여넣기를 한 후 다음의 조건과 같이 작업하시오.

조건

(1) 고급 필터 – 구분이 '소화제'가 아니면서, 평균가격(원)이 '1,000' 이상인 자료의 데이터만 추출하시오.
  – 조건 범위 : 「B13」 셀부터 입력하시오.
  – 복사 위치 : 「B18」 셀부터 나타나도록 하시오.

(2) 표 서식 – 고급 필터의 결과 셀을 채우기 없음으로 설정한 후 '파랑, 표 스타일 보통 6'의 서식을 적용하시오.
  – 머리글 행, 줄무늬 행을 적용하시오.

출력형태

코드	제품명	제조사	구분	규격 (ml/캡셀/g)	평균가격 (원)	최저가격
HY1955	챔프	동아제약	해열진통제	10	2,000	1,600원
SE1987	부루펜시럽	삼일제약	해열진통제	90	4,300	3,900원
DH1980	후시딘	동화약품	외용연고제	10	5,200	4,500원

●예제 파일 : 실전고급2.xlsx, 정답 파일 : 실전고급2(정답).xlsx

21 다음 조건에 따라 엑셀 파일을 작성하시오.

☞ "제1작업" 시트의 「B4:H12」 영역을 복사하여 "제2작업" 시트의 「B2」 셀부터 모두 붙여넣기를 한 후 다음의 조건과 같이 작업하시오.

조건

(1) 고급 필터 – 분류가 '자동차'이거나, 판매가격(단위:원)이 '100,000' 이상인 자료의 데이터만 추출하시오.
  – 조건 범위 : 「B13」 셀부터 입력하시오.
  – 복사 위치 : 「B18」 셀부터 나타나도록 하시오.

(2) 표 서식 – 고급 필터의 결과 셀을 채우기 없음으로 설정한 후 '흰색, 표 스타일 보통 4'의 서식을 적용하시오.
  – 머리글 행, 줄무늬 행을 적용하시오.

출력형태

대여코드	제품명	분류	대여기간	판매가격 (단위:원)	4주 대여가격 (단위:원)	대여수량
GW-03	페달트랙터	자동차	15주	125,000	33,000	17
CE-13	레이싱카	자동차	5주	65,000	28,000	19
DW-01	디보쏘서	쏘서	10주	105,000	26,000	12
CQ-02	미니카	자동차	6주	78,000	28,000	20

무료 동영상

[제 3 작업] 정렬 및 부분합

부분합을 실행하기 전에 반드시 그룹화할 항목을 기준으로 정렬해야 합니다. 또한 2차 부분합부터는 '새로운 값으로 대치' 체크를 해제한 후 실행합니다. 도출된 부분합 결과에 개요 지우기를 실행합니다.

[제 3 작업] 정렬 및 부분합 (80점) ●예제 파일 : 부분합.xlsx, 정답 파일 : 부분합(정답).xlsx

☞ "제1작업" 시트의 「B4:H12」 영역을 복사하여 "제3작업" 시트의 「B2」 셀부터 모두 붙여넣기를 한 후 다음의 조건과 같이 작업하시오.

≪조건≫

(1) 부분합 – ≪출력형태≫처럼 정렬하고, 여행지의 개수와 공제 마일리지의 평균을 구하시오.

(2) 개요 – 지우시오.

(3) 나머지 사항은 ≪출력형태≫에 맞게 작성하시오.

≪출력형태≫

상품코드	지역	여행지	항공사	일정(일)	출발인원	공제 마일리지
K-85074	유럽	이탈리아	하나항공	7	17명	169,000
F-51166	미주	뉴욕	하나항공	8	32명	155,000
P-76117	동남아	보홀	하나항공	4	9명	115,000
			하나항공 평균			146,333
		3	하나항공 개수			
H-35035	동남아	보라카이	블루항공	5	26명	80,000
H-94122	유럽	파리	블루항공	7	10명	190,000
L-62021	동남아	빈탄	블루항공	3	21명	90,000
			블루항공 평균			120,000
		3	블루항공 개수			
H-34122	동남아	방콕	그린항공	6	12명	70,000
F-06048	미주	보스턴	그린항공	5	27명	125,000
			그린항공 평균			97,500
		2	그린항공 개수			
			전체 평균			124,250
		8	전체 개수			

핵심 체크

① 그룹화할 항목으로 정렬([데이터] 탭의 [정렬 및 필터] 그룹에서 [텍스트 오름차순(내림) 정렬] 또는 [정렬 🔡]

② [데이터] 탭의 [개요] 그룹에서 [부분합 📇]

③ 2차 부분합 실행 시 '새로운 값으로 대치' 항목의 체크를 해제

④ [데이터] 탭의 [개요] 그룹에서 [그룹 해제 📇]–[개요 지우기]

조건 "제1작업" 시트의 「B4:H12」 영역을 복사하여 "제2작업" 시트의 「B2」 셀부터 모두 붙여넣기를 한 후 다음의 조건과 같이 작업하시오.

(1) 부분합 – ≪출력형태≫처럼 정렬하고, 여행지의 개수와 공제 마일리지의 평균을 구하시오.

1 '부분합.xlsx' 파일의 '제1작업' 시트에서 [B4:H12] 영역을 범위 지정한 후 Ctrl+C키를 눌러 복사합니다.

2 '제3작업' 시트의 [B2] 셀을 클릭한 후 Ctrl+V키를 눌러 붙여넣기를 합니다. 만약, 복사된 내용이 #####으로 표시되면 열 머리글 사이에서 더블클릭하여 열 너비를 조절합니다.

3 [E2] 셀의 '항공사'를 선택한 후 [데이터] 탭의 [정렬 및 필터] 그룹에서 [텍스트 내림차순 정렬 힉↓] 도구를 클릭합니다.

* 정렬은 ≪출력형태≫에 제시된 그림을 참고하여 그룹화된 항목을 기준으로 정렬 기준이 되고, '오름차순'인지 '내림차순'인지를 판단합니다.

4 '항공사'를 기준으로 내림차순 되어 있는지 확인합니다.

상품코드	지역	여행지	항공사	일정(일)	출발인원	공제 마일리지
K-85074	유럽	이탈리아	하나항공	7	17명	169,000
F-51166	미주	뉴욕	하나항공	8	32명	155,000
P-76117	동남아	보홀	하나항공	4	9명	115,000
H-35035	동남아	보라카이	블루항공	5	26명	80,000
H-94122	유럽	파리	블루항공	7	10명	190,000
L-62021	동남아	빈탄	블루항공	3	21명	90,000
H-34122	동남아	방콕	그린항공	6	12명	70,000
F-06048	미주	보스턴	그린항공	5	27명	125,000

> **조건**　(1) 부분합 – ≪출력형태≫처럼 정렬하고, 여행지의 개수와 공제 마일리지의 평균을 구하시오.

1 데이터 안쪽에 커서를 두고 [데이터] 탭의 [개요] 그룹에서 [부분합 ▦]을 클릭합니다.

2 [부분합] 대화상자에서 다음과 같이 지정하고 [확인] 단추를 클릭합니다.

- 그룹화할 항목 : 항공사
- 사용할 함수 : 개수
- 부분합 계산 항목 : 여행지

Check Point

[부분합] 대화상자

❶ 그룹화할 항목 : 부분합을 구할 기준 필드를 지정(정렬된 필드)

❷ 사용할 함수 : 부분합을 계산할 때 사용할 함수 선택

❸ 부분합 계산 항목 : 부분합을 계산할 필드 선택

❹ 새로운 값으로 대치 : 기존 값을 새로운 부분합 값으로 대치할지, 기존 값을 보존하고 새로운 부분합을 추가로 표시할지 선택

❺ 그룹 사이에서 페이지 나누기 : 그룹과 그룹 사이에 페이지를 나누어 인쇄할지, 하나의 용지에 연속적으로 인쇄할지 결정

❻ 데이터 아래에 요약 표시 : 요약 결과를 표시할지 결정

❼ 모두 제거 : 부분합을 해제할 때 사용

3 데이터 안쪽에 커서를 두고 다시 [데이터] 탭의 [개요] 그룹에서 [부분합 ▦]을 클릭합니다.

4 [부분합] 대화상자에서 다음과 같이 지정하고 [확인] 단추를 클릭합니다. 개수와 평균을 모두 표시하기 위해서는 꼭 새로운 값으로 대치가 해제되어야 합니다.

- 그룹화할 항목 : 항공사
- 사용할 함수 : 평균
- 부분합 계산 항목 : 공제마일리지
- 새로운 값으로 대치 : 체크 해제

단계 3 개요 지우기

조건   (2) 개요 – 지우시오.

1 데이터 안쪽에 커서를 두고 [데이터] 탭의 [개요] 그룹에서 [그룹 해제 醞]−[개요 지우기]를 클릭합니다.

ⓒheck ⓟoint

개요 기호

- 1 : 전체 결과만 표시
- 2 : 부분합의 결과 표시
- 3 : 부분합의 결과, 데이터를 표시
- − : 하위 그룹 데이터를 숨기고 부분합의 결과만 표시
- + : 하위 그룹 데이터와 부분합의 결과 표시

---

2 부분합의 개요가 지워지면 [파일]−[저장] 또는 [빠른 실행 도구 모음]의 [저장 💾]을 클릭합니다.

상품코드	지역	여행지	항공사	일정(일)	출발인원	공제 마일리지
K-85074	유럽	이탈리아	하나항공	7	17명	169,000
F-51166	미주	뉴욕	하나항공	8	32명	155,000
P-76117	동남아	보홀	하나항공	4	9명	115,000
			하나항공 평균			146,333
		3	하나항공 개수			
H-35035	동남아	보라카이	블루항공	5	26명	80,000
H-94122	유럽	파리	블루항공	7	10명	190,000
L-62021	동남아	빈탄	블루항공	3	21명	90,000
			블루항공 평균			120,000
		3	블루항공 개수			
H-34122	동남아	방콕	그린항공	6	12명	70,000
F-06048	미주	보스턴	그린항공	5	27명	125,000
			그린항공 평균			97,500
		2	그린항공 개수			
			전체 평균			124,250
		8	전체 개수			

ⓒheck ⓟoint

부분합 제거

부분합을 잘못 작성하였을 때는 [데이터] 탭의 [개요] 그룹에서 [부분합 醞]을 클릭하여 [부분합] 대화상자에서 왼쪽 하단에 [모두 제거] 단추를 클릭합니다.

● 예제/정답 파일은 [자료실]에서 다운로드하세요.

● 예제 파일 : 실전부분합1.xlsx, 정답 파일 : 실전부분합1(정답).xlsx

22 다음 조건에 따라 엑셀 파일을 작성하시오.

☞ "제1작업" 시트의 「B4:H12」 영역을 복사하여 "제3작업" 시트의 「B2」 셀부터 모두 붙여넣기를 한 후 다음의 조건과 같이 작업하시오.

조건

(1) 부분합 - ≪출력형태≫처럼 정렬하고, 제품명의 개수와 최저가격의 평균을 구하시오.

(2) 개요 - 지우시오.

(3) 나머지 사항은 ≪출력형태≫에 맞게 작성하시오.

출력형태

	코드	제품명	제조사	구분	규격 (ml/캡셀/g)	평균가격 (원)	최저가격
	HY1955	챔프	동아제약	해열진통제	10	2,000	1,600원
	DA1956	판피린큐	동아제약	해열진통제	20	400	350원
	SE1987	부루펜시럽	삼일제약	해열진통제	90	4,300	3,900원
				해열진통제 평균			1,950원
		3		해열진통제 개수			
	GY1958	포타디연고	삼일제약	외용연고제	75	500	400원
	DH1980	후시딘	동화약품	외용연고제	10	5,200	4,500원
				외용연고제 평균			2,450원
		2		외용연고제 개수			
	DH1897	위생천	광동제약	소화제	75	580	500원
	DG1985	애시논액	동아제약	소화제	10	4,800	4,150원
	HD1957	생록천	광동제약	소화제	75	500	420원
				소화제 평균			1,690원
		3		소화제 개수			
				전체 평균			1,978원
		8		전체 개수			

실력 향상을 위한 실전 연습문제

● 예제/정답 파일은 [자료실]에서 다운로드하세요.

● 예제 파일 : 실전부분합2.xlsx, 정답 파일 : 실전부분합2(정답).xlsx

23 다음 조건에 따라 엑셀 파일을 작성하시오.

☞ "제1작업" 시트의 「B4:H12」 영역을 복사하여 "제3작업" 시트의 「B2」 셀부터 모두 붙여넣기를 한 후 다음의 조건과 같이 작업하시오.

조건

(1) 부분합 – ≪출력형태≫처럼 정렬하고, 제품명의 개수와 4주 대여가격(단위:원)의 평균을 구하시오.

(2) 개요 – 지우시오.

(3) 나머지 사항은 ≪출력형태≫에 맞게 작성하시오.

출력형태

	대여코드	제품명	분류	대여기간	판매가격 (단위:원)	4주 대여가격 (단위:원)	대여수량
	GW-03	페달트랙터	자동차	15주	125,000	33,000	17
	CE-13	레이싱카	자동차	5주	65,000	28,000	19
	CQ-02	미니카	자동차	6주	78,000	28,000	20
			자동차 평균			29,667	
	3		자동차 개수				
	DC-12	워크어라운드	쏘서	6주	95,000	33,000	6
	DW-01	디보쏘서	쏘서	10주	105,000	26,000	12
			쏘서 평균			29,500	
	2		쏘서 개수				
	PK-01	물놀이세트	놀이세트	12주	17,000	33,000	15
	WB-12	구름빵 놀이터	놀이세트	8주	42,000	23,000	14
	PX-02	스포츠센터	놀이세트	10주	56,000	30,000	7
			놀이세트 평균			28,667	
	3		놀이세트 개수				
			전체 평균			29,250	
	8		전체 개수				

Section
9

[제3작업] 피벗 테이블

무료 동영상

문제에서 주어진 내용으로 피벗 테이블을 작성해야 하며, 피벗 테이블 옵션 설정을 이용하여 작성된 피벗 테이블에 부가 기능을 추가해야 합니다.

[제 3 작업] 피벗 테이블 (80점)　　　　　● 예제 파일 : 피벗테이블.xlsx, 정답 파일 : 피벗테이블(정답).xlsx

☞ "제1작업" 시트를 이용하여 "제3작업" 시트에 조건에 따라 ≪출력형태≫와 같이 작업하시오.

≪조건≫
(1) 출발인원 및 항공사별 지역의 개수와 공제마일리지의 평균을 구하시오.
(2) 출발인원을 그룹화하고, 항공사를 ≪출력형태≫와 같이 정렬하시오.
(3) 레이블이 있는 셀 병합 및 가운데 맞춤 적용과 빈 셀은 '***'로 표시하시오.
(4) 행의 총합계를 지우고, 나머지 사항은 ≪출력형태≫에 맞게 작성하시오.

≪출력형태≫

	A	B	C	D	E	F	G	H
1								
2			항공사 ⤓					
3			하나항공		블루항공		그린항공	
4		출발인원 ⤓	개수 : 지역	평균 : 공제마일리지	개수 : 지역	평균 : 공제마일리지	개수 : 지역	평균 : 공제마일리지
5		1-10	1	115,000	1	190,000	***	***
6		11-20	1	169,000	***	***	1	70,000
7		21-30	***	***	2	85,000	1	125,000
8		31-40	1	155,000	***	***	***	***
9		총합계	3	146,333	3	120,000	2	97,500
10								

핵심 체크

① [삽입] 탭의 [표] 그룹에서 [피벗 테이블 📊] 작성

조건　"제1작업" 시트를 이용하여 "제3작업" 시트에 조건에 따라 ≪출력형태≫와 같이 작업하시오.
　　　(1) 출발인원 및 항공사별 지역의 개수와 공제마일리지의 평균을 구하시오.

■1 '피벗테이블.xlsx' 파일 '제1작업' 시트의 [B4:H12] 영역을 범위 지정한 후 [삽입] 탭의 [표] 그룹에서 [피벗 테이블 🖽]을 클릭합니다.

■2 [피벗 테이블 만들기] 대화상자에서 '기존 워크시트'를 선택하고 '제3작업' 시트의 [B2] 셀을 클릭한 후 [확인] 단추를 클릭합니다.

❸ [피벗 테이블 필드 목록]에서 '출발인원'은 '행 레이블', '항공사'는 '열 레이블', '지역'과 '공제마일리지'는 '값'에 드래그합니다.

❹ [D4] 셀의 '합계 : 공제마일리지'를 클릭한 후 마우스 오른쪽 단추를 클릭하여 [값 필드 설정] 메뉴를 클릭합니다.

❺ [값 필드 설정] 대화상자에서 '평균'을 선택하고, 사용자 지정 이름에 "평균 : 공제마일리지"로 수정하고 [확인] 단추를 클릭합니다.

> **조건** (2) 출발인원을 그룹화하고, 항공사를 《출력형태》와 같이 정렬하시오.
> (3) 레이블이 있는 셀 병합 및 가운데 맞춤 적용과 빈 셀은 '***'로 표시하시오.
> (4) 행의 총합계를 지우고, 나머지 사항은 《출력형태》에 맞게 작성하시오.

1 [B5] 셀에서 마우스 오른쪽 단추를 클릭하여 [그룹 ⊞] 메뉴를 클릭합니다.

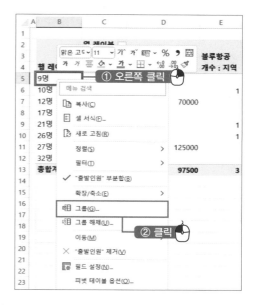

2 [그룹화] 대화상자에서 시작은 「1」, 끝은 「40」, 단위는 「10」을 입력하고 [확인] 단추를 클릭합니다.

3 피벗 테이블 안쪽에 커서를 두고 [피벗 테이블 분석] 탭의 [피벗 테이블] 그룹에서 [옵션]을 클릭합니다.

4 [피벗 테이블 옵션] 대화상자의 [레이아웃 및 서식] 탭에서 '레이블이 있는 셀 병합 및 가운데 맞춤'을 체크하고, '빈 셀 표시'에 「***」을 입력합니다.

5 [요약 및 필터] 탭에서 '행 총합계 표시' 체크를 해제하고 [확인] 단추를 클릭합니다.

6 열 머리글 [C2] 셀에 「항공사」, 행 머리글 [B4] 셀에 「출발인원」을 입력합니다.

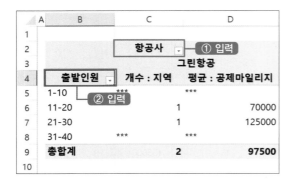

7 [C2] 셀의 '항공사'의 목록 단추 ▼를 클릭하고 [텍스트 내림차순 정렬]을 클릭합니다.

8 [C5:H9] 영역을 범위 지정한 후 [홈] 탭의 [맞춤] 그룹에서 [가운데 맞춤 ≡] 도구를 클릭합니다.

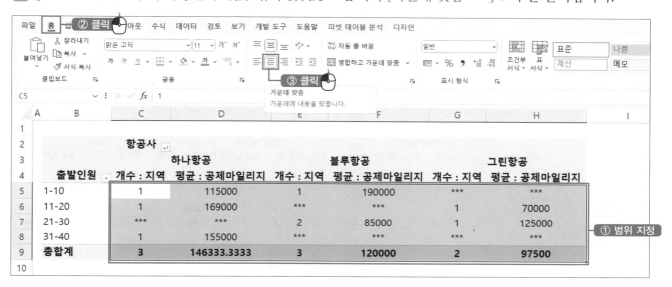

출발인원	하나항공		블루항공		그린항공	
	개수 : 지역	평균 : 공제마일리지	개수 : 지역	평균 : 공제마일리지	개수 : 지역	평균 : 공제마일리지
1-10	1	115000	1	190000	***	***
11-20	1	169000	***	***	1	70000
21-30	***	***	2	85000	1	125000
31-40	1	155000	***	***	***	***
총합계	3	146333.3333	3	120000	2	97500

9 [C5:H9] 영역을 범위 지정한 후 [홈] 탭의 [표시 형식] 그룹에서 [쉼표 스타일 ,] 도구를 클릭합니다.

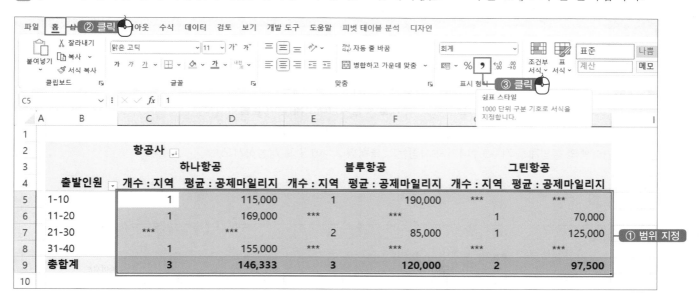

출발인원	하나항공		블루항공		그린항공	
	개수 : 지역	평균 : 공제마일리지	개수 : 지역	평균 : 공제마일리지	개수 : 지역	평균 : 공제마일리지
1-10	1	115,000	1	190,000	***	***
11-20	1	169,000	***	***	1	70,000
21-30	***	***	2	85,000	1	125,000
31-40	1	155,000	***	***	***	***
총합계	3	146,333	3	120,000	2	97,500

실력 향상을 위한 실전 연습문제

● 예제/정답 파일은 [자료실]에서 다운로드하세요.

●예제 파일 : 실전피벗1, 정답 파일 : 실전피벗1(정답).xlsx

24 다음 조건에 따라 엑셀 파일을 작성하시오.

☞ "제1작업" 시트를 이용하여 "제3작업" 시트에 조건에 따라 ≪출력형태≫와 같이 작업하시오.

조건
(1) 최저가격 및 구분별 제품명의 개수와 평균가격(원)의 최소값을 구하시오.
(2) 최저가격을 그룹화하고, 구분을 ≪출력형태≫와 같이 정렬하시오.
(3) 레이블이 있는 셀 병합 및 가운데 맞춤 적용과 빈 셀은 '***'로 표시하시오.
(4) 행의 총합계를 지우고, 나머지 사항은 ≪출력형태≫에 맞게 작성하시오.

출력형태

| 최저가격 | 구분 해열진통제 | | 외용연고제 | | 소화제 | |
	개수 : 제품명	최소 : 평균가격(원)	개수 : 제품명	최소 : 평균가격(원)	개수 : 제품명	최소 : 평균가격(원)
1-1000	1	400	1	500	2	500
1001-2000	1	2,000	***	***	***	***
3001-4000	1	4,300	***	***	***	***
4001-5000	***	***	1	5,200	1	4,800
총합계	3	400	2	500	3	500

●예제 파일 : 실전피벗2, 정답 파일 : 실전피벗2(정답).xlsx

25 다음 조건에 따라 엑셀 파일을 작성하시오.

☞ "제1작업" 시트를 이용하여 "제3작업" 시트에 조건에 따라 ≪출력형태≫와 같이 작업하시오.

조건
(1) 판매가격(단위:원) 및 분류별 제품명의 개수와 4주 대여가격(단위:원)의 평균을 구하시오.
(2) 판매가격(단위:원)을 그룹화하고, 분류를 ≪출력형태≫와 같이 정렬하시오.
(3) 레이블이 있는 셀 병합 및 가운데 맞춤 적용과 빈 셀은 '***'로 표시하시오.
(4) 행의 총합계를 지우고, 나머지 사항은 ≪출력형태≫에 맞게 작성하시오.

출력형태

| 판매가격(단위:원) | 분류 자동차 | | 쏘서 | | 놀이세트 | |
	개수 : 제품명	평균 : 4주 대여가격(단위:원)	개수 : 제품명	평균 : 4주 대여가격(단위:원)	개수 : 제품명	평균 : 4주 대여가격(단위:원)
1-50000	***	***	***	***	2	28,000
50001-100000	2	28,000	1	33,000	1	30,000
100001-150000	1	33,000	1	26,000	***	***
총합계	3	29,667	2	29,500	3	28,667

[제4작업] 그래프

차트를 작성하고 완성된 차트의 각 영역별 서식을 처리합니다.

[제 4 작업] 그래프 (100점)

●예제 파일 : 그래프.xlsx, 정답 파일 : 그래프(정답).xlsx

☞ "제1작업" 시트를 이용하여 조건에 따라 ≪출력형태≫와 같이 작업하시오.

≪조건≫

(1) 차트 종류 ⇒ 〈묶은 세로 막대형〉으로 작업하시오.
(2) 데이터 범위 ⇒ "제1작업" 시트의 내용을 이용하여 작업하시오.
(3) 위치 ⇒ "새 시트"로 이동하고, "제4작업"으로 시트 이름을 바꾸시오.
(4) 차트 디자인 도구 ⇒ 레이아웃 3, 스타일 6을 선택하여 ≪출력형태≫에 맞게 작업하시오.
(5) 영역 서식 ⇒ 차트 : 글꼴(굴림, 11pt), 채우기 효과(질감-파랑 박엽지), 그림 : 채우기(흰색, 배경 1)
(6) 제목 서식 ⇒ 차트 제목 : 글꼴(굴림, 굵게, 20pt), 채우기(흰색, 배경 1), 테두리
(7) 서식 ⇒ 출발인원 계열의 차트 종류를 〈표식이 있는 꺾은선형〉으로 변경한 후 보조 축으로 지정하시오.
    계열 : ≪출력형태≫를 참조하여 표식(네모, 크기 10)과 레이블 값을 표시하시오.
    눈금선 : 선 스타일-파선
    축 : ≪출력형태≫를 참조하시오.
(8) 범례 ⇒ 범례명을 변경하고 ≪출력형태≫를 참조하시오.
(9) 도형 ⇒ '말풍선: 모서리가 둥근 사각형'을 삽입한 후 ≪출력형태≫와 같이 내용을 입력하시오.
(10) 나머지 사항은 ≪출력형태≫에 맞게 작성하시오.

≪출력형태≫

핵심 체크

① 새로운 시트로 작성   ② 차트 작성 및 서식 설정

> **조건**
> (1) 차트 종류 ⇒ 〈묶은 세로 막대형〉으로 작업하시오.
> (2) 데이터 범위 ⇒ "제1작업" 시트의 내용을 이용하여 작업하시오.
> (3) 위치 ⇒ "새 시트"로 이동하고, "제4작업"으로 시트 이름을 바꾸시오.

1 '그래프.xlsx' 파일의 '제1작업' 시트의 [D4:D6], [G4:H6], [D8:D9], [G8:H9], [D11:D12], [G11:H12] 영역을 Ctrl 키를 이용하여 범위 지정한 후 [삽입] 탭의 [차트] 그룹에서 [세로 또는 가로 막대형 차트 삽입 📊]−[2차원 세로 막대형]−[묶은 세로 막대형]을 클릭합니다.

2 차트를 선택한 후 [차트 디자인] 탭의 [위치] 그룹에서 [차트 이동 📊]을 클릭합니다.

3 [차트 이동] 대화상자에서 '새 시트'를 선택하고 "제4작업"을 입력한 후 [확인] 단추를 클릭합니다.

4 '제4작업' 시트명을 드래그하여 '제3작업' 시트 뒤로 이동합니다.

단계 2 차트 레이아웃과 스타일 적용

조건 (4) 차트 디자인 도구 ⇒ 레이아웃 3, 스타일 6을 선택하여 ≪출력형태≫에 맞게 작업하시오.

1 차트를 선택하고 [차트 디자인] 탭의 [차트 레이아웃] 그룹에서 [빠른 레이아웃 📊]을 클릭하여 '레이아웃 3'을 선택합니다.

2 [차트 디자인] 탭의 [차트 스타일] 그룹에서 '스타일 6'을 클릭합니다.

조건 (5) 영역 서식 ⇒ 차트 : 글꼴(굴림, 11pt), 채우기 효과(질감-파랑 박엽지), 그림 : 채우기(흰색, 배경 1)

1 차트 영역을 클릭한 후 [홈] 탭의 [글꼴] 그룹에서 '글꼴(굴림)', '크기(11)'을 선택합니다.

2 차트 영역에서 마우스 오른쪽 버튼을 클릭하여 [채우기 ⬛]-[질감] 메뉴를 클릭한 후 '파랑 박엽지'를 클릭합니다.

3 그림 영역에서 마우스 오른쪽 버튼을 클릭하여 [채우기] 메뉴를 클릭하고 '흰색, 배경 1'을 클릭합니다.

단계 4 **차트 제목**

조건 (6) 제목 서식 ⇒ 차트 제목 : 글꼴(굴림, 굵게, 20pt), 채우기(흰색, 배경 1), 테두리

1 차트 제목 안쪽을 마우스로 클릭한 후 [홈] 탭의 [글꼴] 그룹에서 '글꼴(굴림)', '크기(20)', '굵게'를 지정합니다.

2 '차트 제목'의 텍스트를 지우고 「유럽 및 동남아 지역 마일리지 투어 상품」을 입력한 후 마우스 오른쪽 버튼을 클릭하여 [채우기] 메뉴를 클릭하고 '흰색, 배경 1'을 선택합니다.

3 차트 제목을 선택한 후 마우스 오른쪽 버튼을 클릭하여 [윤곽선 ✐] 메뉴를 클릭하고 '자동'을 선택합니다.

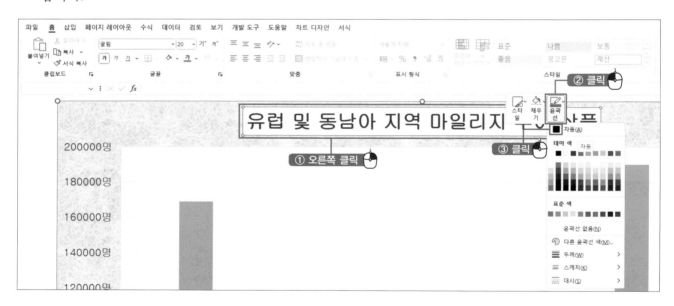

단계 5 서식

조건 (7) 서식 ⇒ 출발인원 계열의 차트 종류를 〈표식이 있는 꺾은선형〉으로 변경한 후 보조 축으로 지정하시오.
계열 : 《출력형태》를 참조하여 표식(네모, 크기 10)과 레이블 값을 표시하시오.
눈금선 : 선 스타일-파선
축 : 《출력형태》를 참조하시오.

1 차트를 선택한 후 [차트 디자인] 탭의 [종류] 그룹에서 [차트 종류 변경 📊]을 클릭합니다.

2 [차트 종류 변경] 대화상자에서 '혼합'을 선택하고 '출발인원'은 '표식이 있는 꺾은선형'을 선택한 후 '보조축'을 체크하고, '공제마일리지'는 '묶은 세로 막대형'을 선택하고 [확인] 단추를 클릭합니다.

3 꺾은선형을 선택한 후 마우스 오른쪽 버튼을 클릭하여 [데이터 계열 서식] 메뉴를 클릭합니다.

4 [데이터 계열 서식]에서 [채우기 및 선]–[표식 ～]–'표식 옵션'을 클릭하여 '기본 제공'을 선택하고 형식에서 '네모' 모양을 선택합니다.

5 표식 옵션에서 크기를 '10'으로 수정합니다.

6 '공제마일리지' 계열을 클릭한 후 '파리' 요소를 다시 한번 클릭하여 '파리' 공제마일리지 요소만 선택한 후에 마우스 오른쪽 버튼을 클릭하여 [데이터 레이블 추가]–[데이터 레이블 추가] 메뉴를 클릭합니다.

7 '눈금선'을 마우스로 클릭한 후 [주 눈금선 서식]의 '채우기 및 선 ◇]에서 '대시 종류(파선)'을 선택합니다.

8 눈금선의 '선' 색은 '검정, 텍스트 1'을 클릭합니다.

9 '보조 축'을 선택한 후 [축 서식]의 [축 옵션 █]을 클릭합니다.

10 0명, 10명, 20명, 30명으로 표시하기 위해서 [축 옵션]에서 '단위'의 '기본'에 「10」을 입력합니다.

11 '세로 (값) 축'을 선택한 후 [축 서식]-[축 옵션]-[채우기 및 선 🖌]을 클릭하고 '선'을 선택한 후 '선'의 '색 ☑'에서 '검정, 텍스트 1'을 클릭합니다.

12 '가로 (항목) 축'을 선택한 후 '선'의 '색 '에서 '검정, 텍스트 1'을 클릭합니다.

13 '보조 세로 (값) 축'을 선택한 후 '선'의 '색 '에서 '검정, 텍스트 1'을 클릭합니다.

> **조건** (8) 범례 ⇒ 범례명을 변경하고 ≪출력형태≫를 참조하시오.

1 차트를 선택한 후 [차트 디자인] 탭-[데이터] 그룹에서 [데이터 선택 🖼]을 클릭합니다.

2 [데이터 원본 선택] 대화상자의 '범례 항목(계열)'에서 '출발인원'을 선택하고 [편집] 단추를 클릭합니다.

3 [계열 편집] 대화상자의 '계열 이름'에 「출발인원」을 입력하고 [확인] 단추를 클릭합니다.

4 [데이터 원본 선택] 대화상자의 '범례 항목(계열)'에서 '공제마일리지'를 선택하고 [편집] 단추를 클릭합니다.

5 [계열 편집] 대화상자의 '계열 이름'에 「공제마일리지」를 입력하고 [확인] 단추를 클릭한 후 [데이터 원본 선택] 대화상자에서 [확인] 단추를 클릭합니다.

> **조건** (9) 도형 ⇒ '말풍선: 모서리가 둥근 사각형'을 삽입한 후 ≪출력형태≫와 같이 내용을 입력하시오.

1 차트를 선택한 후 [서식] 탭의 [도형 삽입] 그룹에서 '자세히 ⊡'를 클릭합니다.

2 '설명선'의 '말풍선: 모서리가 둥근 사각형'을 선택합니다.

3 '말풍선: 모서리가 둥근 사각형'을 문제에 제시된 위치로 드래그하여 그린 후 조절점(◯,◯)을 이용하여 모양을 수정합니다.

4️⃣ 도형이 선택된 상태에서 「최대 공제 마일리지」를 입력합니다. [홈] 탭의 [글꼴] 그룹에서 [채우기 색 🖌] 도구를 클릭하여 '흰색, 배경 1'을 선택합니다.

5️⃣ '말풍선: 모서리가 둥근 사각형' 도형의 경계라인을 클릭하여 모든 텍스트가 선택될 수 있도록 선택한 후 [홈] 탭의 [글꼴] 그룹에서 '글꼴(굴림)', '크기(11)', [글꼴 색 🔠] 도구를 클릭하여 '자동'을 선택합니다.

6️⃣ '말풍선: 모서리가 둥근 사각형' 도형의 경계라인이 선택된 상태에서 [홈] 탭의 [맞춤] 그룹에서 [세로 가운데 맞춤 ≡] 도구, [가로 가운데 맞춤 ≡] 도구를 각각 클릭합니다.

7️⃣ 완성된 차트를 확인한 후 [파일] – [저장] 또는 [빠른 실행 도구 모음]의 [저장 💾]을 클릭합니다.

● 예제/정답 파일은 [자료실]에서 다운로드하세요.

●예제 파일 : 실전차트1.xlsx, 정답 파일 : 실전차트1(정답).xlsx

26 다음 조건에 따라 엑셀 파일을 작성하시오.

☞ "제1작업" 시트를 이용하여 조건에 따라 ≪출력형태≫와 같이 작업하시오.

조건
(1) 차트 종류 ⇒ 〈묶은 세로 막대형〉으로 작업하시오.
(2) 데이터 범위 ⇒ "제1작업" 시트의 내용을 이용하여 작업하시오.
(3) 위치 ⇒ "새시트"로 이동하고, "제4작업"으로 시트 이름을 바꾸시오.
(4) 차트 디자인 도구 ⇒ 레이아웃 3, 스타일 14를 선택하여 ≪출력형태≫에 맞게 작업하시오.
(5) 영역 서식 ⇒ 차트 : 글꼴(굴림 11pt), 채우기 효과(질감－파랑 박엽지)
　　　　　　　　그림 : 채우기(흰색, 배경 1)
(6) 제목 서식 ⇒ 차트 제목 : 글꼴(굴림, 굵게, 20pt), 채우기(흰색, 배경 1), 테두리
(7) 서식 ⇒ 평균가격(원) 계열의 차트 종류를 〈표식이 있는 꺾은선형〉으로 변경한 후 보조 축으로 지정하시오.
　　　　　레이블 : ≪출력형태≫를 참조하여 표식(마름모, 크기 8)과 레이블 값을 표시하시오.
　　　　　눈금선 : 선 스타일－파선
　　　　　축 : ≪출력형태≫를 참조하시오
(8) 범례 ⇒ 범례명을 변경하고 ≪출력형태≫를 참조하시오.
(9) 도형 ⇒ '리본: 위로 기울어짐'을 삽입하고 ≪출력형태≫와 같이 내용을 입력하시오.
(10) 나머지 사항은 ≪출력형태≫에 맞게 작성하시오.

출력형태

● 예제/정답 파일은 [자료실]에서 다운로드하세요.

●예제 파일 : 실전차트2.xlsx, 정답 파일 : 실전차트2(정답).xlsx

27 **다음 조건에 따라 엑셀 파일을 작성하시오.**

☞ "제1작업" 시트를 이용하여 조건에 따라 《출력형태》와 같이 작업하시오.

조건
(1) 차트 종류 ⇒ 〈묶은 세로 막대형〉으로 작업하시오.
(2) 데이터 범위 ⇒ "제1작업" 시트의 내용을 이용하여 작업하시오.
(3) 위치 ⇒ "새시트"로 이동하고, "제4작업"으로 시트 이름을 바꾸시오.
(4) 차트 디자인 도구 ⇒ 레이아웃 3, 스타일 5를 선택하여 《출력형태》에 맞게 작업하시오.
(5) 영역 서식 ⇒ 차트 : 글꼴(굴림 11pt), 채우기 효과(질감−파랑 박엽지)
　　　　　　　　그림 : 채우기(흰색, 배경 1)
(6) 제목 서식 ⇒ 차트 제목 : 글꼴(굴림, 굵게, 20pt), 채우기(흰색, 배경 1), 테두리
(7) 서식 ⇒ 대여기간 계열의 차트 종류를 〈표식이 있는 꺾은선형〉으로 변경한 후 보조 축으로 지정하시오.
　　　　　레이블 : 《출력형태》를 참조하여 표식(네모, 크기 8)과 레이블 값을 표시하시오.
　　　　　눈금선 : 선 스타일−파선
　　　　　축 : 《출력형태》를 참조하시오.
(8) 범례 ⇒ 《출력형태》를 참조하시오.
(9) 도형 ⇒ '말풍선: 모서리가 둥근 사각형'을 삽입하고 《출력형태》와 같이 내용을 입력하시오.
(10) 나머지 사항은 《출력형태》에 맞게 작성하시오.

출력형태

MEMO

PART 2

기출유형
모의고사

Part 1에서 배운 시험에 나오는 엑셀 기능을 토대로 시험에 출제되는
다양한 기능과 형태를 익혀 어떠한 문제가 출제되더라도
해결할 수 있도록 학습효과를 높입니다.

※정답 파일과 동영상 강의는 [자료실]에서 다운로드하세요.

기출유형 모의고사

과목	코드	문제유형	시험시간	수험번호	성 명
한글엑셀	1122	A	60분	12342001	

수 험 자 유 의 사 항

- 수험자는 문제지를 받는 즉시 문제지와 **수험표상의 시험과목(프로그램), 버전이 동일한지 반드시 확인**하여야 합니다.

- 파일명은 본인의 "수험번호-성명"으로 입력하여 답안폴더(내 PC\문서\ITQ)에 하나의 파일로 저장해야 하며, 답안문서 파일명이 "수험번호-성명"과 일치하지 않거나, 답안파일을 전송하지 않아 미제출로 처리될 경우 실격입니다(예 : 12345678-홍길동.xlsx).

- 답안 작성을 마치면 파일을 저장하고, '답안 전송' 버튼을 선택하여 감독위원 PC로 답안을 전송하십시오. 수험생 정보와 저장한 파일명이 다를 경우 전송되지 않으므로 주의하시기 바랍니다.

- 답안 작성 중에도 **주기적으로 저장하고 답안을 전송**하여야 문제 발생을 줄일 수 있습니다. 작업한 내용을 저장하지 않고 전송할 경우 이전에 저장된 내용이 전송되오니 이점 유의하시기 바랍니다.

- 답안문서는 지정된 경로 외의 다른 보조기억장치에 저장하는 경우, 지정된 시험 시간 외에 작성된 파일을 활용할 경우, 기타 통신수단(이메일, 메신저, 네트워크 등)을 이용하여 타인에게 전달 또는 외부 반출하는 경우는 부정 처리합니다.

- 시험 중 부주의 또는 고의로 시스템을 파손한 경우는 수험자가 변상해야 하며, <수험자 유의사항>에 기재된 방법대로 이행하지 않아 생기는 불이익은 수험생 당사자의 책임임을 알려 드립니다.

- 문제의 조건은 MS오피스 2021 버전으로 설정되어 있으며 MS오피스 2016은【 】에 표기되어 있습니다. 이와 관련하여 작성한 답안의 출력형태가 문제지와 다를 수 있습니다.

- 시험을 완료한 수험자는 답안파일이 전송되었는지 확인한 후 감독위원의 지시에 따라 문제지를 제출하고 퇴실합니다.

답 안 작 성 요 령

- 온라인 답안 작성 절차
  수험자 등록 ⇒ 시험 시작 ⇒ 답안파일 저장 ⇒ 답안 전송 ⇒ 시험 종료

- 문제는 총 4단계, 즉 제1작업부터 제4작업까지 구성되어 있으며 반드시 제1작업부터 순서대로 작성하고 조건대로 작업하시오.

- 모든 작업시트의 A열은 열 너비 '1'로, 나머지 열은 적당하게 조절하시오.

- 모든 작업시트의 테두리는《출력형태》와 같이 작업하시오.

- 해당 작업란에서는 각각 제시된 조건에 따라《출력형태》와 같이 작업하시오.

- 답안 시트 이름은 "제1작업", "제2작업", "제3작업", "제4작업"이어야 하며 답안 시트 이외의 것은 감점 처리됩니다.

- 각 시트를 파일로 나누어 작업해서 저장할 경우 실격 처리됩니다.

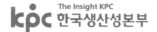

The Insight KPC
kpc 한국생산성본부

☞ 다음은 '입주자 박람회 이사 계약 현황'에 대한 자료이다. 자료를 입력하고 조건에 맞도록 작업하시오.

출력형태

계약코드	입주자	이사형태	작업인원	견적금액 (단위:원)	사은품	예정물량(톤)	입주 동호수	비고
						담당	대리	과장
				입주자 박람회 이사 계약 현황		확인		
AM103-603	김천호	포장이사	4	1,700,000	새집증후군	5/1.5	(1)	(2)
PM106-204	이종로	일반이사	6	2,800,000	입주선물세트	8	(1)	(2)
AM207-908	원낙원	포장이사	3	1,700,000	입주청소	5	(1)	(2)
AM103-606	박금호	지방이사	6	2,900,000	새집증후군	8	(1)	(2)
PA109-508	정한남	포장이사	5	2,500,000	입주선물세트	8	(1)	(2)
AM111-121	임강남	포장이사	2	1,000,000	입주청소	3	(1)	(2)
AM102-159	최강북	일반이사	4	1,600,000	새집증후군	5/1.5	(1)	(2)
AM103-610	고양재	지방이사	3	2,650,000	입주선물세트	5	(1)	(2)
최소 작업인원			(3)		포장이사 계약 건수			(5)
포장이사 견적금액(단위:원) 평균			(4)		입주자	김천호	사은품	(6)

조건

○ 모든 데이터의 서식에는 글꼴(굴림, 11pt), 정렬은 숫자 및 회계 서식은 오른쪽 정렬, 나머지 서식은 가운데 정렬로 작성하며 예외적인 것은 ≪출력형태≫를 참조하시오.

○ 제목 ⇒ 도형(사각형: 둥근 모서리)과 그림자(오프셋: 오른쪽 아래)를 이용하여 작성하고 "입주자 박람회 이사 계약 현황"을 입력한 후 다음 서식을 적용하시오(글꼴-굴림, 24pt, 검정, 굵게, 채우기-노랑).

○ 임의의 셀에 결재란을 작성하여 그림복사 기능을 이용하여 붙이기 하시오(단, 원본 삭제).

○ 「B4:J4, G14, I14」 영역은 '주황'으로 채우기 하시오.

○ 유효성 검사를 이용하여 「H14」 셀에 입주자(「C5:C12」 영역)가 선택 표시되도록 하시오.

○ 셀 서식⇒「E5:E12」 영역에 셀 서식을 이용하여 숫자 뒤에 '명'을 표시하시오(예 : 4명).

○ 「F5:F12」 영역에 대해 '견적금액'으로 이름정의를 하시오.

⊙ (1)〜(6) 셀은 반드시 주어진 함수를 이용하여 값을 구하시오(결과값을 직접 입력하면 해당 셀은 0점 처리됨).

(1) 입주 동호수 ⇒ 계약코드의 마지막 7개 글자를 구하시오(RIGHT 함수).

(2) 비고 ⇒ 작업인원이 '4' 이상이면서 견적금액(단위:원)이 '2,000,000' 이하이면 '★', 그 외에는 공백으로 나타내시오(IF, AND 함수).

(3) 최소 작업인원 ⇒ 작업인원의 최소값을 구하시오(MIN 함수).

(4) 포장이사 견적금액(단위:원) 평균 ⇒ 정의된 이름(견적금액)을 이용하여 구하시오(SUMIF, COUNTIF 함수).

(5) 포장이사 계약 건수 ⇒ 단, 조건은 입력 데이터를 이용하고, 결과값 뒤에 '건'을 붙이시오(DCOUNTA 함수, & 연산자)(예: 2건).

(6) 사은품 ⇒ 「H14」 셀에서 선택한 입주자에 대한 사은품을 구하시오(VLOOKUP 함수).

(7) 조건부 서식의 수식을 이용하여 작업인원이 '6' 이상인 행 전체에 다음의 서식을 적용하시오(글꼴 : 굵게, 파랑).

☞ "제1작업" 시트의 「B4:H12」 영역을 복사하여 "제2작업" 시트의 「B2」 셀부터 모두 붙여넣기를 한 후 다음의 조건과 같이 작업하시오.

조건

(1) 목표값 찾기 – 「B11:G11」 셀을 병합하여 "견적금액(단위:원)의 전체 평균"을 입력한 후 「H11」 셀에 견적금액(단위:원)의 전체 평균을 구하시오(AVERAGE 함수, 테두리).

　　　　　　 – '견적금액(단위:원)의 전체 평균'이 '2,100,000'이 되려면 김천호의 견적금액(단위:원)이 얼마가 되어야 하는지 목표값을 구하시오.

(2) 고급필터 – 이사형태가 '지방이사'이거나, 작업인원이 '6' 이상인 데이터만 추출하시오.

　　　　　　 – 조건 범위 : 「B14」 셀부터 입력하시오.

　　　　　　 – 복사 위치 : 「B18」 셀부터 나타나도록 하시오.

☞ "제1작업" 시트의 「B4:H12」 영역을 복사하여 "제3작업" 시트의 「B2」 셀부터 모두 붙여넣기를 한 후 다음의 조건과 같이 작업하시오.

조건

(1) 부분합 – ≪출력형태≫처럼 정렬하고, 입주자의 개수와 견적금액(단위:원)의 평균을 구하시오.

(2) 개요 – 지우시오.

(3) 나머지 사항은 ≪출력형태≫에 맞게 작성하시오.

출력형태

A	B	C	D	E	F	G	H	I
1								
2	계약코드	입주자	이사형태	작업인원	견적금액 (단위:원)	사은품	예정물량(톤)	
3	AM103-603	김천호	포장이사	4명	1,700,000	새집증후군	5/1.5	
4	AM207-908	원낙원	포장이사	3명	1,700,000	입주청소	5	
5	PA109-508	정한남	포장이사	5명	2,500,000	입주선물세트	8	
6	AM111-121	임강남	포장이사	2명	1,000,000	입주청소	3	
7			포장이사 평균		1,725,000			
8		4	포장이사 개수					
9	AM103-606	박금호	지방이사	6명	2,900,000	새집증후군	8	
10	AM103-610	고양재	지방이사	3명	2,650,000	입주선물세트	5	
11			지방이사 평균		2,775,000			
12		2	지방이사 개수					
13	PM106-204	이종로	일반이사	6명	2,800,000	입주선물세트	8	
14	AM102-159	최강북	일반이사	4명	1,600,000	새집증후군	5/1.5	
15			일반이사 평균		2,200,000			
16		2	일반이사 개수					
17			전체 평균		2,106,250			
18		8	전체 개수					
19								

☞ "제1작업" 시트를 이용하여 조건에 따라 ≪출력형태≫와 같이 작업하시오.

조건

(1) 차트 종류 ⇒ 〈묶은 세로 막대형〉으로 작업하시오.

(2) 데이터 범위 ⇒ "제1작업" 시트의 내용을 이용하여 작업하시오.

(3) 위치 ⇒ "새 시트"로 이동하고, "제4작업"으로 시트 이름을 바꾸시오.

(4) 차트 디자인 도구 ⇒ 레이아웃 3, 스타일 14를 선택하여 ≪출력형태≫에 맞게 작업하시오.

(5) 영역 서식 ⇒ 차트 : 글꼴(굴림, 11pt), 채우기 효과(질감–분홍 박엽지)

                 그림 : 채우기(흰색, 배경 1)

(6) 제목 서식 ⇒ 차트 제목 : 글꼴(굴림, 굵게, 20pt), 채우기(흰색, 배경 1), 테두리

(7) 서식 ⇒ 작업인원 계열의 차트 종류를 〈표식이 있는 꺾은선형〉으로 변경한 후 보조 축으로 지정하시오.

         계열 : ≪출력형태≫를 참조하여 표식(동그라미, 크기 10)과 레이블 값을 표시하시오.

         눈금선 : 선 스타일 –파선

         축 : ≪출력형태≫를 참조하시오.

(8) 범례 ⇒ 범례명을 변경하고 ≪출력형태≫를 참조하시오.

(9) 도형 ⇒ '말풍선: 타원형'을 삽입하고 ≪출력형태≫와 같이 내용을 입력하시오.

⑩ 나머지 사항은 ≪출력형태≫에 맞게 작성하시오.

출력형태

주의   시트명 순서가 차례대로 "제1작업", "제2작업", "제3작업", "제4작업"이 되도록 할 것.

2회 기출유형 모의고사

과목	코드	문제유형	시험시간	수험번호	성 명
한글엑셀	1122	A	60분	12342002	

수 험 자 유 의 사 항

- 수험자는 문제지를 받는 즉시 문제지와 **수험표상의 시험과목(프로그램), 버전이 동일한지 반드시 확인**하여야 합니다.

- 파일명은 본인의 "수험번호−성명"으로 입력하여 답안폴더(내 PC\문서\ITQ)에 하나의 파일로 저장해야 하며, 답안문서 파일명이 "수험번호−성명"과 일치하지 않거나, 답안파일을 전송하지 않아 미제출로 처리될 경우 실격입니다(예 : 12345678−홍길동.xlsx).

- 답안 작성을 마치면 파일을 저장하고, '답안 전송' 버튼을 선택하여 감독위원 PC로 답안을 전송하십시오. 수험생 정보와 저장한 파일명이 다를 경우 전송되지 않으므로 주의하시기 바랍니다.

- 답안 작성 중에도 **주기적으로 저장하고 답안을 전송**하여야 문제 발생을 줄일 수 있습니다. 작업한 내용을 저장하지 않고 전송할 경우 이전에 저장된 내용이 전송되오니 이점 유의하시기 바랍니다.

- 답안문서는 지정된 경로 외의 다른 보조기억장치에 저장하는 경우, 지정된 시험 시간 외에 작성된 파일을 활용할 경우, 기타 통신수단(이메일, 메신저, 네트워크 등)을 이용하여 타인에게 전달 또는 외부 반출하는 경우는 부정 처리합니다.

- 시험 중 부주의 또는 고의로 시스템을 파손한 경우는 수험자가 변상해야 하며, <수험자 유의사항>에 기재된 방법대로 이행하지 않아 생기는 불이익은 수험생 당사자의 책임임을 알려 드립니다.

- 문제의 조건은 MS오피스 2021 버전으로 설정되어 있으며 MS오피스 2016은【 】에 표기되어 있습니다. 이와 관련하여 작성한 답안의 출력형태가 문제지와 다를 수 있습니다.

- 시험을 완료한 수험자는 답안파일이 전송되었는지 확인한 후 감독위원의 지시에 따라 문제지를 제출하고 퇴실합니다.

답 안 작 성 요 령

- 온라인 답안 작성 절차
  수험자 등록 ⇒ 시험 시작 ⇒ 답안파일 저장 ⇒ 답안 전송 ⇒ 시험 종료

- 문제는 총 4단계, 즉 제1작업부터 제4작업까지 구성되어 있으며 반드시 제1작업부터 순서대로 작성하고 조건대로 작업하시오.

- 모든 작업시트의 A열은 열 너비 '1'로, 나머지 열은 적당하게 조절하시오.

- 모든 작업시트의 테두리는《출력형태》와 같이 작업하시오.

- 해당 작업란에서는 각각 제시된 조건에 따라《출력형태》와 같이 작업하시오.

- 답안 시트 이름은 "제1작업", "제2작업", "제3작업", "제4작업"이어야 하며 답안 시트 이외의 것은 감점 처리됩니다.

- 각 시트를 파일로 나누어 작업해서 저장할 경우 실격 처리됩니다.

The Insight KPC
kpc 한국생산성본부

☞ 다음은 '수입 원두커피 판매 현황'에 대한 자료이다. 자료를 입력하고 조건에 맞도록 작업하시오.

출력형태

상품코드	상품명	커피 원산지	제조날짜	커피 원가 (단위:원)	판매수량	판매가 (단위:원)	유통기한	판매순위
						결재	담당 / 팀장 / 부장	
BR-344	산토스 NY2	브라질	2025-10-20	8,500	339	18,000	(1)	(2)
CE-233	산타로사	콜롬비아	2025-10-02	7,000	1,035	15,200	(1)	(2)
CE-156	후일라 수프리모	콜롬비아	2025-11-04	6,300	326	11,000	(1)	(2)
ET-245	모모라 G1	에티오피아	2025-12-08	12,300	864	33,900	(1)	(2)
BR-332	모지아나 NY2	브라질	2025-12-23	9,800	1,532	14,500	(1)	(2)
CE-295	카우카 수프리모	콜롬비아	2025-11-04	6,800	248	12,300	(1)	(2)
BR-157	씨에라 옐로우버본	브라질	2025-12-15	6,900	567	15,000	(1)	(2)
ET-148	아리차 예가체프G1	에티오피아	2025-11-29	10,500	954	29,500	(1)	(2)
브라질 원산지 판매가(단위:원)의 평균			(3)			최대 커피 원가(단위:원)		(5)
11월 15일 이후 제조한 커피 판매수량의 합			(4)		상품명	산토스 NY2	제조날짜	(6)

조건

○ 모든 데이터의 서식에는 글꼴(굴림, 11pt), 정렬은 숫자 및 회계 서식은 오른쪽 정렬, 나머지 서식은 가운데 정렬로 작성하며 예외적인 것은 《출력형태》를 참조하시오.

○ 제목 ⇒ 도형(사다리꼴)과 그림자(오프셋: 오른쪽 아래)를 이용하여 작성하고 "수입 원두커피 판매 현황"을 입력한 후 다음 서식을 적용하시오(글꼴-굴림, 24pt, 검정, 굵게, 채우기-노랑).

○ 임의의 셀에 결재란을 작성하여 그림복사 기능을 이용하여 붙이기 하시오(단, 원본 삭제).

○ 「B4:J4, G14, I14」 영역은 '주황'으로 채우기 하시오.

○ 유효성 검사를 이용하여 「H14」 셀에 상품명(「C5:C12」 영역)이 선택 표시되도록 하시오.

○ 셀 서식⇒「G5:G12」 영역에 셀 서식을 이용하여 숫자 뒤에 '개'를 표시하시오(예: 1,035개).

○ 「F5:F12」 영역에 대해 '원가'로 이름정의를 하시오.

◉ (1)~(6) 셀은 반드시 <u>주어진 함수를 이용하여 값을 구하시오</u>(결과 값을 직접 입력하면 해당 셀은 0점 처리됨).

(1) 유통기한 ⇒ 「제조날짜+기간」으로 구하되 기간은 상품코드 네 번째 값이 1이면 365일, 2이면 500일, 3이면 730일로 지정하여 구하시오(CHOOSE, MID 함수)(예 : 2025-03-10).

(2) 판매순위 ⇒ 판매수량의 내림차순 순위를 1~3까지 구한 결과값에 '위'를 붙이고, 그 외에는 공백으로 구하시오(IF, RANK.AVG 함수, & 연산자)(예: 1위).

(3) 브라질 원산지 판매가(단위:원)의 평균 ⇒ 조건은 입력 데이터를 이용하시오(DAVERAGE 함수).

(4) 11월 15일 이후 제조한 커피 판매수량의 합 ⇒ 11월 15일 이후(해당일 포함) 제조한 상품의 판매수량 합을 구하시오(SUMIF 함수).

(5) 최대 커피 원가(단위:원) ⇒ 정의된 이름(원가)을 이용하여 구하시오(LARGE 함수).

(6) 제조날짜 ⇒ 「H14」 셀에서 선택한 상품명에 대한 제조날짜를 구하시오(VLOOKUP 함수)(예 : 2025-01-01).

(7) 조건부 서식의 수식을 이용하여 커피원가가 '9,000' 이상인 행 전체에 다음의 서식을 적용하시오(글꼴 : 파랑, 굵게).

☞ "제1작업" 시트의 「B4:H12」 영역을 복사하여 "제2작업" 시트의 「B2」 셀부터 모두 붙여넣기를 한 후 다음의 조건과 같이 작업하시오.

〔조건〕

(1) 고급 필터 – 커피 원산지가 '에티오피아'가 아니면서, 커피원가(단위:원)가 '7,000' 이상인 자료의 데이터만 추출하시오.
　　　　　　 – 조건 범위 : 「B13」 셀부터 입력하시오.
　　　　　　 – 복사 위치 : 「B18」 셀부터 나타나도록 하시오.
(2) 표 서식 – 고급 필터의 결과 셀을 채우기 없음으로 설정한 후 '파랑, 표 스타일 보통 6'의 서식을 적용하시오.
　　　　　 – 머리글 행, 줄무늬 행을 적용하시오.

☞ "제1작업" 시트를 이용하여 "제3작업" 시트에 조건에 따라 ≪출력형태≫와 같이 작업하시오.

〔조건〕

(1) 제조날짜 및 커피 원산지별 상품명의 개수와 판매가(단위:원)의 평균을 구하시오.
(2) 제조날짜를 그룹화하고, 커피 원산지를 ≪출력형태≫와 같이 정렬하시오.
(3) 레이블이 있는 셀 병합 및 가운데 맞춤 적용과 빈 셀은 '***'로 표시하시오.
(4) 행의 총합계를 지우고, 나머지 사항은 ≪출력형태≫에 맞게 작성하시오.

〔출력형태〕

제조날짜	커피 원산지						
	콜롬비아		에티오피아		브라질		
	개수 : 상품명	평균 : 판매가(단위:원)	개수 : 상품명	평균 : 판매가(단위:원)	개수 : 상품명	평균 : 판매가(단위:원)
10월	1	15,200	***	***	1	18,000
11월	2	11,650	1	29,500	***	***
12월	***	***	1	33,900	2	14,750
총합계	3	12,833	2	31,700	3	15,833

☞ "제1작업" 시트를 이용하여 조건에 따라 ≪출력형태≫와 같이 작업하시오.

조건

(1) 차트 종류 ⇒ 〈묶은 세로 막대형〉으로 작업하시오.

(2) 데이터 범위 ⇒ "제1작업" 시트의 내용을 이용하여 작업하시오.

(3) 위치 ⇒ "새 시트"로 이동하고, "제4작업"으로 시트 이름을 바꾸시오.

(4) 차트 디자인 도구 ⇒ 레이아웃 3, 스타일 5를 선택하여 ≪출력형태≫에 맞게 작업하시오.

(5) 영역 서식 ⇒ 차트 : 글꼴(굴림, 11pt), 채우기 효과(질감–파랑 박엽지)

　　　　　　　그림 : 채우기(흰색, 배경 1)

(6) 제목 서식 ⇒ 차트 제목 : 글꼴(굴림, 굵게, 20pt), 채우기(흰색, 배경 1), 테두리

(7) 서식 ⇒ 판매수량 계열의 차트 종류를 〈표식이 있는 꺾은선형〉으로 변경한 후 보조 축으로 지정하시오.

　　　　　계열 : ≪출력형태≫를 참조하여 표식(네모, 크기 10)과 레이블 값을 표시하시오.

　　　　　눈금선 : 선 스타일 –파선

　　　　　축 : ≪출력형태≫를 참조하시오.

(8) 범례 ⇒ 범례명을 변경하고 ≪출력형태≫를 참조하시오.

(9) 도형 ⇒ '말풍선: 사각형'을 삽입하고 ≪출력형태≫와 같이 내용을 입력하시오.

(10) 나머지 사항은 ≪출력형태≫에 맞게 작성하시오.

출력형태

주의 시트명 순서가 차례대로 "제1작업", "제2작업", "제3작업", "제4작업"이 되도록 할 것.

3회 기출유형 모의고사

과목	코드	문제유형	시험시간	수험번호	성 명
한글엑셀	1122	A	60분	12342003	

수 험 자 유 의 사 항

- 수험자는 문제지를 받는 즉시 문제지와 **수험표상의 시험과목(프로그램), 버전이 동일한지 반드시 확인**하여야 합니다.
- 파일명은 본인의 "수험번호-성명"으로 입력하여 답안폴더(내 PC\문서\ITQ)에 하나의 파일로 저장해야 하며, 답안문서 파일명이 "수험번호-성명"과 일치하지 않거나, 답안파일을 전송하지 않아 미제출로 처리될 경우 실격입니다(예 : 12345678-홍길동.xlsx).
- 답안 작성을 마치면 파일을 저장하고, '답안 전송' 버튼을 선택하여 감독위원 PC로 답안을 전송하십시오. 수험생 정보와 저장한 파일명이 다를 경우 전송되지 않으므로 주의하시기 바랍니다.
- 답안 작성 중에도 **주기적으로 저장하고 답안을 전송**하여야 문제 발생을 줄일 수 있습니다. 작업한 내용을 저장하지 않고 전송할 경우 이전에 저장된 내용이 전송되오니 이점 유의하시기 바랍니다.
- 답안문서는 지정된 경로 외의 다른 보조기억장치에 저장하는 경우, 지정된 시험 시간 외에 작성된 파일을 활용할 경우, 기타 통신수단(이메일, 메신저, 네트워크 등)을 이용하여 타인에게 전달 또는 외부 반출하는 경우는 부정 처리합니다.
- 시험 중 부주의 또는 고의로 시스템을 파손한 경우는 수험자가 변상해야 하며, <수험자 유의사항>에 기재된 방법대로 이행하지 않아 생기는 불이익은 수험생 당사자의 책임임을 알려 드립니다.
- 문제의 조건은 MS오피스 2021 버전으로 설정되어 있으며 MS오피스 2016은【 】에 표기되어 있습니다. 이와 관련하여 작성한 답안의 출력형태가 문제지와 다를 수 있습니다.
- 시험을 완료한 수험자는 답안파일이 전송되었는지 확인한 후 감독위원의 지시에 따라 문제지를 제출하고 퇴실합니다.

답 안 작 성 요 령

- 온라인 답안 작성 절차
  수험자 등록 ⇒ 시험 시작 ⇒ 답안파일 저장 ⇒ 답안 전송 ⇒ 시험 종료
- 문제는 총 4단계, 즉 제1작업부터 제4작업까지 구성되어 있으며 반드시 제1작업부터 순서대로 작성하고 조건대로 작업하시오.
- 모든 작업시트의 A열은 열 너비 '1'로, 나머지 열은 적당하게 조절하시오.
- 모든 작업시트의 테두리는 《출력형태》와 같이 작업하시오.
- 해당 작업란에서는 각각 제시된 조건에 따라 《출력형태》와 같이 작업하시오.
- 답안 시트 이름은 "제1작업", "제2작업", "제3작업", "제4작업"이어야 하며 답안 시트 이외의 것은 감점 처리됩니다.
- 각 시트를 파일로 나누어 작업해서 저장할 경우 실격 처리됩니다.

The Insight KPC
kpc 한국생산성본부

☞ 다음은 '자원봉사자 모집 및 신청 현황'에 대한 자료이다. 자료를 입력하고 조건에 맞도록 작업하시오.

출력형태

모집코드	봉사명	봉사장소	활동주기	봉사시간	모집인원 (단위:명)	신청인원 (단위:명)	봉사시작일	순위
						담당	팀장	부장
CB-0410	바자회 보조	센터	비정기/월1회	8	1,347	1,450	(1)	(2)
BC-0315	미용서비스	복지관	비정기/월1회	6	750	568	(1)	(2)
BC-0901	멘토링 교육	복지관	정기/매주 1회	24	1,850	954	(1)	(2)
JC-1012	시설 봉사	재활협회	정기/매주 주말	48	1,125	1,450	(1)	(2)
BC-0620	경로식당	복지관	비정기/월1회	8	1,500	1,650	(1)	(2)
CB-0401	생활지원	센터	정기/매주 매일	48	1,120	1,350	(1)	(2)
BC-0622	컴퓨터교육 보조	복지관	정기/매주 1회	16	500	467	(1)	(2)
JC-1101	성장 멘토링	재활협회	정기/매주 월수	32	1,831	1,321	(1)	(2)
비정기/월1회 모집인원(단위:명)의 평균			(3)		최저 신청인원(단위:명)			(5)
봉사장소 복지관의 전체 비율			(4)		봉사명	바자회 보조	봉사시간	(6)

조건

○ 모든 데이터의 서식에는 글꼴(굴림, 11pt), 정렬은 숫자 및 회계 서식은 오른쪽 정렬, 나머지 서식은 가운데 정렬로 작성하며 예외적인 것은 ≪출력형태≫를 참조하시오.

○ 제목 ⇒ 도형(화살표: 오각형)과 그림자(오프셋: 오른쪽 아래)를 이용하여 작성하고 "자원봉사자 모집 및 신청 현황"을 입력한 후 다음 서식을 적용하시오(글꼴-굴림, 24pt, 검정, 굵게, 채우기-노랑).

○ 임의의 셀에 결재란을 작성하여 그림복사 기능을 이용하여 붙이기 하시오(단, 원본 삭제).

○ 「B4:J4, G14, I14」영역은 '주황'으로 채우기 하시오.

○ 유효성 검사를 이용하여 「H14」셀에 봉사명(「C5:C12」영역)이 선택 표시되도록 하시오.

○ 셀 서식⇒「F5:F12」영역에 셀 서식을 이용하여 숫자 뒤에 '시간'을 표시하시오(예: 8시간).

○ 「H5:H12」영역에 대해 '신청인원'으로 이름정의를 하시오.

◉ (1)~(6) 셀은 반드시 주어진 함수를 이용하여 값을 구하시오(결과 값을 직접 입력하면 해당 셀은 0점 처리됨).

⑴ 봉사시작일 ⇒ 모집코드 4, 5번째 숫자를 '월', 6, 7번째 숫자를 '일'로 하는 2025년의 날짜를 구하시오(DATE, MID 함수)(예 : CB-0410 → 2025-04-10).

⑵ 순위 ⇒ 신청인원(단위:명)의 내림차순 순위를 구한 결과값에 '위'를 붙이시오(RANK.EQ 함수 & 연산자)(예: 1위).

⑶ 비정기/월1회 모집인원(단위:명)의 평균 ⇒ 조건은 입력 데이터를 이용하시오(DAVERAGE 함수).

⑷ 봉사장소 복지관의 전체 비율 ⇒「복지관 수÷전체 봉사장소 수」로 구한 후 백분율 형식으로 표시하시오(COUNTIF, COUNTA 함수)(예 : 25%).

⑸ 최저 신청인원(단위:명) ⇒ 정의된 이름(신청인원)을 이용하여 구하시오(SMALL 함수).

⑹ 봉사시간 ⇒「H14」셀에서 선택한 봉사명에 대한 봉사시간을 구하시오(VLOOKUP 함수).

⑺ 조건부 서식의 수식을 이용하여 신청인원이 '1,000' 이하인 행 전체에 다음의 서식을 적용하시오(글꼴 : 파랑, 굵게).

☞ "제1작업" 시트의 「B4:H12」 영역을 복사하여 "제2작업" 시트의 「B2」 셀부터 모두 붙여넣기를 한 후 다음의 조건과 같이 작업하시오.

【 조 건 】

(1) 고급 필터 – 봉사장소가 '센터'이거나, 모집인원(단위:명)이 '1,800' 이상인 자료의 데이터만 추출하시오.
　　　　　　　– 조건 범위 : 「B13」 셀부터 입력하시오.
　　　　　　　– 복사 위치 : 「B18」 셀부터 나타나도록 하시오.
(2) 표 서식 – 고급 필터의 결과 셀을 채우기 없음으로 설정한 후 '흰색, 표 스타일 보통 4'의 서식을 적용하시오.
　　　　　　– 머리글 행, 줄무늬 행을 적용하시오.

☞ "제1작업" 시트를 이용하여 "제3작업" 시트에 조건에 따라 ≪출력형태≫와 같이 작업하시오.

【 조 건 】

(1) 봉사시간 및 봉사장소별 봉사명의 개수와 신청인원(단위:명)의 평균을 구하시오.
(2) 봉사시간을 그룹화하고, 봉사장소를 ≪출력형태≫와 같이 정렬하시오.
(3) 레이블이 있는 셀 병합 및 가운데 맞춤 적용과 빈 셀은 '***'로 표시하시오.
(4) 행의 총합계를 지우고, 나머지 사항은 ≪출력형태≫에 맞게 작성하시오.

【 출력형태 】

봉사시간	봉사장소						
	재활협회		센터		복지관		
	개수 : 봉사명	평균 : 신청인원(단위:명)	개수 : 봉사명	평균 : 신청인원(단위:명)	개수 : 봉사명	평균 : 신청인원(단위:명)	
6-25	***	***	1	1,450	4	910	
26-45	1	1,321	***	***	***	***	
46-65	1	1,450	1	1,350	***	***	
총합계	2	1,386	2	1,400	4	910	

☞ "제1작업" 시트를 이용하여 조건에 따라 ≪출력형태≫와 같이 작업하시오.

조건

(1) 차트 종류 ⇒ 〈묶은 세로 막대형〉으로 작업하시오.

(2) 데이터 범위 ⇒ "제1작업" 시트의 내용을 이용하여 작업하시오.

(3) 위치 ⇒ "새 시트"로 이동하고, "제4작업"으로 시트 이름을 바꾸시오.

(4) 차트 디자인 도구 ⇒ 레이아웃 3, 스타일 14를 선택하여 ≪출력형태≫에 맞게 작업하시오.

(5) 영역 서식 ⇒ 차트 : 글꼴(굴림, 11pt), 채우기 효과(질감−파랑 박엽지)

　　　　　　　　그림 : 채우기(흰색, 배경 1)

(6) 제목 서식 ⇒ 차트 제목 : 글꼴(굴림, 굵게, 20pt), 채우기(흰색, 배경 1), 테두리

(7) 서식 ⇒ 봉사시간 계열의 차트 종류를 〈표식이 있는 꺾은선형〉으로 변경한 후 보조 축으로 지정하시오.

　　　　계열 : ≪출력형태≫를 참조하여 표식(마름모, 크기 10)과 레이블 값을 표시하시오.

　　　　눈금선 : 선 스타일 −파선

　　　　축 : ≪출력형태≫를 참조하시오.

(8) 범례 ⇒ 범례명을 변경하고 ≪출력형태≫를 참조하시오.

(9) 도형 ⇒ '말풍선: 모서리가 둥근 사각형'을 삽입하고 ≪출력형태≫와 같이 내용을 입력하시오.

(10) 나머지 사항은 ≪출력형태≫에 맞게 작성하시오.

출력형태

주의 시트명 순서가 차례대로 "제1작업", "제2작업", "제3작업", "제4작업"이 되도록 할 것.

4회 기출유형 모의고사

과목	코드	문제유형	시험시간	수험번호	성 명
한글엑셀	1122	A	60분	12342004	

수 험 자 유 의 사 항

● 수험자는 문제지를 받는 즉시 문제지와 **수험표상의 시험과목(프로그램), 버전이 동일한지 반드시 확인**하여야 합니다.

● 파일명은 본인의 "수험번호-성명"으로 입력하여 답안폴더(내 PC\문서\ITQ)에 하나의 파일로 저장해야 하며, 답안문서 파일명이 "수험번호-성명"과 일치하지 않거나, 답안파일을 전송하지 않아 미제출로 처리될 경우 실격입니다(예 : 12345678-홍길동.xlsx).

● 답안 작성을 마치면 파일을 저장하고, '답안 전송' 버튼을 선택하여 감독위원 PC로 답안을 전송하십시오. 수험생 정보와 저장한 파일명이 다를 경우 전송되지 않으므로 주의하시기 바랍니다.

● 답안 작성 중에도 **주기적으로 저장하고 답안을 전송**하여야 문제 발생을 줄일 수 있습니다. 작업한 내용을 저장하지 않고 전송할 경우 이전에 저장된 내용이 전송되오니 이점 유의하시기 바랍니다.

● 답안문서는 지정된 경로 외의 다른 보조기억장치에 저장하는 경우, 지정된 시험 시간 외에 작성된 파일을 활용할 경우, 기타 통신수단(이메일, 메신저, 네트워크 등)을 이용하여 타인에게 전달 또는 외부 반출하는 경우는 부정 처리합니다.

● 시험 중 부주의 또는 고의로 시스템을 파손한 경우는 수험자가 변상해야 하며, <수험자 유의사항>에 기재된 방법대로 이행하지 않아 생기는 불이익은 수험생 당사자의 책임임을 알려 드립니다.

● 문제의 조건은 MS오피스 2021 버전으로 설정되어 있으며 MS오피스 2016은【 】에 표기되어 있습니다. 이와 관련하여 작성한 답안의 출력형태가 문제지와 다를 수 있습니다.

● 시험을 완료한 수험자는 답안파일이 전송되었는지 확인한 후 감독위원의 지시에 따라 문제지를 제출하고 퇴실합니다.

답 안 작 성 요 령

● 온라인 답안 작성 절차
  수험자 등록 ⇒ 시험 시작 ⇒ 답안파일 저장 ⇒ 답안 전송 ⇒ 시험 종료

● 문제는 총 4단계, 즉 제1작업부터 제4작업까지 구성되어 있으며 반드시 제1작업부터 순서대로 작성하고 조건대로 작업하시오.

● 모든 작업시트의 A열은 열 너비 '1'로, 나머지 열은 적당하게 조절하시오.

● 모든 작업시트의 테두리는《출력형태》와 같이 작업하시오.

● 해당 작업란에서는 각각 제시된 조건에 따라《출력형태》와 같이 작업하시오.

● 답안 시트 이름은 "제1작업", "제2작업", "제3작업", "제4작업"이어야 하며 답안 시트 이외의 것은 감점 처리됩니다.

● 각 시트를 파일로 나누어 작업해서 저장할 경우 실격 처리됩니다.

The Insight KPC
kpc 한국생산성본부

☞ 다음은 '트로트드림 오디션 현황'에 대한 자료이다. 자료를 입력하고 조건에 맞도록 작업하시오.

《 출력형태 》

	트로트드림 오디션 현황						확인	담당	대리	과장
참가번호	성명	구분	참가지역	인터넷 선호도	ARS 투표수	심사위원 점수		순위		성별
D-25712	허민지	대학생	부산	7.6%	5,128,602	314		(1)		(2)
P-24531	최용철	일반	서울	9.4%	4,370,520	246		(1)		(2)
G-01401	김진성	청소년	부산	11.5%	4,875,340	267		(1)		(2)
Z-15702	허서영	일반	광주	19.4%	5,294,678	325		(1)		(2)
S-45342	양서연	일반	서울	18.7%	4,680,251	231		(1)		(2)
S-72811	문현진	대학생	인천	16.7%	4,858,793	297		(1)		(2)
S-82471	김승모	청소년	인천	16.8%	3,278,457	215		(1)		(2)
T-20252	이다경	대학생	천안	9.3%	3,029,752	198		(1)		(2)
대학생 부문 ARS 투표수 평균			(3)			허서영 인기차트				(5)
심사위원 점수 최대값			(4)			성명		허민지	ARS 투표수	(6)

《 조건 》

○ 모든 데이터의 서식에는 글꼴(굴림, 11pt), 정렬은 숫자 및 회계 서식은 오른쪽 정렬, 나머지 서식은 가운데 정렬로 작성하며 예외적인 것은 ≪출력형태≫를 참조하시오.

○ 제목 ⇒ 도형(사각형: 잘린 대각선 방향 모서리)과 그림자(오프셋: 오른쪽)를 이용하여 작성하고 "트로트드림 오디션 현황"을 입력한 후 다음 서식을 적용하시오(글꼴-굴림, 24pt, 검정, 굵게, 채우기-노랑).

○ 임의의 셀에 결재란을 작성하여 그림복사 기능을 이용하여 붙이기 하시오(단, 원본 삭제).

○ 「B4:J4, G14, I14」 영역은 '주황'으로 채우기 하시오.

○ 유효성 검사를 이용하여 「H14」 셀에 성명(「C5:C12」 영역)이 선택 표시되도록 하시오.

○ 셀 서식⇒「H5:H12」 영역에 셀 서식을 이용하여 숫자 뒤에 '점'을 표시하시오(예 : 314점).

○ 「H5:H12」 영역에 대해 '심사위원점수'로 이름정의를 하시오.

◉ (1)∼(6) 셀은 반드시 <u>주어진 함수를 이용</u>하여 값을 구하시오(결과 값을 직접 입력하면 해당 셀은 0점 처리됨).

(1) 순위 ⇒ ARS 투표수의 내림차순 순위를 구한 결과값에 '위'를 붙이시오(RANK.AVG 함수, & 연산자)(예 : 1위).

(2) 성별 ⇒ 참가번호의 마지막 글자가 1이면 '남성', 그 외에는 여성으로 구하시오(IF, RIGHT 함수).

(3) 대학생 부문 ARS 투표수 평균 ⇒ (SUMIF, COUNTIF 함수)

(4) 심사위원 점수 최대값 ⇒ 정의된 이름(심사위원점수)을 이용하여 구하시오(MAX 함수).

(5) 허서영 인기차트 ⇒ (「G8셀」÷ 1,000,000)으로 구한 값만큼 '★' 문자를 반복하여 표시하시오(REPT 함수)
(예 : 2 → ★★).

(6) ARS 투표수 ⇒ 「H14」 셀에서 선택한 성명에 대한 ARS 투표수를 표시하시오(VLOOKUP 함수).

(7) 조건부 서식의 수식을 이용하여 심사위원 점수가 '300' 이상인 행 전체에 다음의 서식을 적용하시오(글꼴 : 파랑, 굵게).

☞ "제1작업" 시트의 「B4:H12」 영역을 복사하여 "제2작업" 시트의 「B2」 셀부터 모두 붙여넣기를 한 후 다음의
   조건과 같이 작업하시오.

〔 조건 〕

(1) 목표값 찾기 – 「B11:G11」 셀을 병합하고 가운데 맞춤한 후 "심사위원 점수의 전체 평균"을 입력하고, 「H11」 셀에 심사위원
                  점수의 전체 평균을 구하시오.(AVERAGE 함수, 테두리)
             – '심사위원 점수의 전체 평균'이 '260'이 되려면 허민지의 심사위원 점수가 얼마가 되어야 하는지 목표값을
               구하시오.

(2) 고급 필터 – 참가지역이 '서울'이거나, ARS 투표수가 '4,000,000' 이하인 자료의 성명, 인터넷 선호도, ARS 투표수,
            심사위원 점수 데이터만 추출하시오.
          – 조건 범위 : 「B14」 셀부터 입력하시오.
          – 복사 위치 : 「B18」 셀부터 나타나도록 하시오.

☞ "제1작업" 시트의 「B4:H12」 영역을 복사하여 "제3작업" 시트의 「B2」 셀부터 모두 붙여넣기를 한 후 다음의
   조건과 같이 작업하시오.

〔 조건 〕

(1) 부분합– ≪출력형태≫처럼 정렬하고, 성명의 개수와 ARS 투표수의 평균을 구하시오.
(2) 개요 – 지우시오.
(3) 나머지 사항은 ≪출력형태≫에 맞게 작성하시오.

〔 출력형태 〕

	A	B	C	D	E	F	G	H	I
1									
2		참가번호	성명	구분	참가지역	인터넷 선호도	ARS 투표수	심사위원 점수	
3		G-01401	김진성	청소년	부산	11.5%	4,875,340	267점	
4		S-82471	김승모	청소년	인천	16.8%	3,278,457	215점	
5				청소년 평균			4,076,899		
6			2	청소년 개수					
7		P-24531	최용철	일반	서울	9.4%	4,370,520	246점	
8		Z-15702	허서영	일반	광주	19.4%	5,294,678	325점	
9		S-45342	양서연	일반	서울	18.7%	4,680,251	231점	
10				일반 평균			4,781,816		
11			3	일반 개수					
12		D-25712	허민지	대학생	부산	7.6%	5,128,602	314점	
13		S-72811	문현진	대학생	인천	16.7%	4,858,793	297점	
14		T-20252	이다경	대학생	천안	9.3%	3,029,752	198점	
15				대학생 평균			4,339,049		
16			3	대학생 개수					
17				전체 평균			4,439,549		
18			8	전체 개수					
19									

☞ "제1작업" 시트를 이용하여 조건에 따라 ≪출력형태≫와 같이 작업하시오.

조건

(1) 차트 종류 ⇒ 〈묶은 세로 막대형〉으로 작업하시오.

(2) 데이터 범위 ⇒ "제1작업" 시트의 내용을 이용하여 작업하시오.

(3) 위치 ⇒ "새 시트"로 이동하고, "제4작업"으로 시트 이름을 바꾸시오.

(4) 차트 디자인 도구 ⇒ 레이아웃 3, 스타일 6을 선택하여 ≪출력형태≫에 맞게 작업하시오.

(5) 영역 서식 ⇒ 차트 : 글꼴(굴림, 11pt), 채우기 효과(질감–파랑 박엽지)
　　　　　　　　 그림 : 채우기(흰색, 배경 1)

(6) 제목 서식 ⇒ 차트 제목 : 글꼴(굴림, 굵게, 20pt), 채우기(흰색, 배경 1), 테두리

(7) 서식 ⇒ ARS 투표수 계열의 차트 종류를 〈표식이 있는 꺾은선형〉으로 변경한 후 보조 축으로 지정하시오.
　　　　 계열 : ≪출력형태≫를 참조하여 표식(네모, 크기 10)과 레이블 값을 표시하시오.
　　　　 눈금선 : 선 스타일 –파선
　　　　 축 : ≪출력형태≫를 참조하시오.

(8) 범례 ⇒ 범례명을 변경하고 ≪출력형태≫를 참조하시오.

(9) 도형 ⇒ '말풍선: 모서리가 둥근 사각형'을 삽입하고 ≪출력형태≫와 같이 내용을 입력하시오.

(10) 나머지 사항은 ≪출력형태≫에 맞게 작성하시오.

출력형태

주의 시트명 순서가 차례대로 "제1작업", "제2작업", "제3작업", "제4작업"이 되도록 할 것.

5회 기출유형 모의고사

과목	코드	문제유형	시험시간	수험번호	성 명
한글엑셀	1122	A	60분	12342005	

수 험 자 유 의 사 항

- 수험자는 문제지를 받는 즉시 문제지와 **수험표상의 시험과목(프로그램), 버전이 동일한지 반드시 확인**하여야 합니다.
- 파일명은 본인의 "수험번호-성명"으로 입력하여 답안폴더(내 PC\문서\ITQ)에 하나의 파일로 저장해야 하며, 답안문서 파일명이 "수험번호-성명"과 일치하지 않거나, 답안파일을 전송하지 않아 미제출로 처리될 경우 실격입니다(예 : 12345678-홍길동.xlsx).
- 답안 작성을 마치면 파일을 저장하고, '답안 전송' 버튼을 선택하여 감독위원 PC로 답안을 전송하십시오. 수험생 정보와 저장한 파일명이 다를 경우 전송되지 않으므로 주의하시기 바랍니다.
- 답안 작성 중에도 **주기적으로 저장하고 답안을 전송**하여야 문제 발생을 줄일 수 있습니다. 작업한 내용을 저장하지 않고 전송할 경우 이전에 저장된 내용이 전송되오니 이점 유의하시기 바랍니다.
- 답안문서는 지정된 경로 외의 다른 보조기억장치에 저장하는 경우, 지정된 시험 시간 외에 작성된 파일을 활용할 경우, 기타 통신수단(이메일, 메신저, 네트워크 등)을 이용하여 타인에게 전달 또는 외부 반출하는 경우는 부정 처리합니다.
- 시험 중 부주의 또는 고의로 시스템을 파손한 경우는 수험자가 변상해야 하며, <수험자 유의사항>에 기재된 방법대로 이행하지 않아 생기는 불이익은 수험생 당사자의 책임임을 알려 드립니다.
- 문제의 조건은 MS오피스 2021 버전으로 설정되어 있으며 MS오피스 2016은【 】에 표기되어 있습니다. 이와 관련하여 작성한 답안의 출력형태가 문제지와 다를 수 있습니다.
- 시험을 완료한 수험자는 답안파일이 전송되었는지 확인한 후 감독위원의 지시에 따라 문제지를 제출하고 퇴실합니다.

답 안 작 성 요 령

- 온라인 답안 작성 절차
  수험자 등록 ⇒ 시험 시작 ⇒ 답안파일 저장 ⇒ 답안 전송 ⇒ 시험 종료
- 문제는 총 4단계, 즉 제1작업부터 제4작업까지 구성되어 있으며 반드시 제1작업부터 순서대로 작성하고 조건대로 작업하시오.
- 모든 작업시트의 A열은 열 너비 '1'로, 나머지 열은 적당하게 조절하시오.
- 모든 작업시트의 테두리는 《출력형태》와 같이 작업하시오.
- 해당 작업란에서는 각각 제시된 조건에 따라 《출력형태》와 같이 작업하시오.
- 답안 시트 이름은 "제1작업", "제2작업", "제3작업", "제4작업"이어야 하며 답안 시트 이외의 것은 감점 처리됩니다.
- 각 시트를 파일로 나누어 작업해서 저장할 경우 실격 처리됩니다.

☞ 다음은 '제주도 객실 요금 및 예약 현황'에 대한 자료이다. 자료를 입력하고 조건에 맞도록 작업하시오.

출력형태

관리코드	장소	객실수	성수기 요금	비수기 요금	9월 예약인원	10월 예약인원	순위	구분
						결재 담당 / 대리 / 과장		
BE-001	서귀포	35	210,000	130,000	925	250	(1)	(2)
FE-002	중문	210	385,000	240,000	7,282	3,334	(1)	(2)
SC-002	서귀포	41	385,000	230,000	1,328	586	(1)	(2)
GW-001	중문	419	490,000	330,000	12,950	5,985	(1)	(2)
SE-002	서귀포	13	164,000	99,000	419	238	(1)	(2)
XG-001	성산	90	175,000	150,000	2,498	1,126	(1)	(2)
XY-003	성산	13	157,000	100,000	340	130	(1)	(2)
ST-003	서귀포	390	305,000	210,000	11,104	5,098	(1)	(2)
중문을 제외한 지역의 10월 예약인원 평균			(3)			최저 성수기 요금		(5)
서귀포지역의 9월 예약인원 평균			(4)		관리코드	BE-001	성수기 요금	(6)

조건

○ 모든 데이터의 서식에는 글꼴(굴림, 11pt), 정렬은 숫자 및 회계 서식은 오른쪽 정렬, 나머지 서식은 가운데 정렬로 작성하며 예외적인 것은 ≪출력형태≫를 참조하시오.

○ 제목 ⇒ 도형(사각형: 둥근 위쪽 모서리)과 그림자(오프셋: 오른쪽)를 이용하여 작성하고 "제주도 객실 요금 및 예약 현황"을 입력한 후 다음 서식을 적용하시오(글꼴–굴림, 24pt, 검정, 굵게, 채우기–노랑).

○ 임의의 셀에 결재란을 작성하여 그림복사 기능을 이용하여 붙이기 하시오(단, 원본 삭제).

○ 「B4:J4, G14, I14」 영역은 '주황'으로 채우기 하시오.

○ 유효성 검사를 이용하여 「H14」 셀에 관리코드(「B5:B12」 영역)가 선택 표시되도록 하시오.

○ 셀 서식⇒「E5:F12」 영역에 셀 서식을 이용하여 숫자 뒤에 '원'을 표시하시오(예 : 200,000원).

○ 「E5:E12」 영역에 대해 '성수기요금'으로 이름정의를 하시오.

◎ (1)~(6) 셀은 반드시 <u>주어진 함수를 이용</u>하여 값을 구하시오(결과 값을 직접 입력하면 해당 셀은 0점 처리됨).

(1) 순위 ⇒ 10월 예약인원의 내림차순 순위를 구한 결과값에 '위'를 붙이시오(RANK.EQ 함수, & 연산자)(예 : 1위).

(2) 구분 ⇒ 관리코드의 마지막 글자가 1이면 '호텔', 2이면 '리조트', 3이면 '펜션'으로 구하시오(CHOOSE, RIGHT 함수).

(3) 중문을 제외한 지역의 10월 예약인원 평균 ⇒ (SUMIF, COUNTIF 함수)

(4) 서귀포지역의 9월 예약인원 평균 ⇒ 조건은 입력 데이터를 이용하시오(DAVERAGE 함수).

(5) 최저 성수기 요금 ⇒ 정의된 이름(성수기요금)을 이용하여 구하시오(MIN 함수).

(6) 성수기 요금 ⇒「H14」 셀에서 선택한 관리코드에 대한 성수기 요금을 구하시오(VLOOKUP 함수).

(7) 조건부 서식의 수식을 이용하여 9월 예약인원이 '10,000' 이상인 행 전체에 다음의 서식을 적용하시오(글꼴 : 파랑, 굵게).

☞ "제1작업" 시트의 「B4:H12」 영역을 복사하여 "제2작업" 시트의 「B2」 셀부터 모두 붙여넣기를 한 후 다음의
조건과 같이 작업하시오.

(조건)

(1) 목표값 찾기 – 「B11:G11」 셀을 병합하여 "10월 예약인원의 전체 평균"을 입력한 후 「H11」 셀에 10월 예약인원의 전체
평균을 구하시오(AVERAGE 함수, 테두리, 가운데 맞춤).
　　　　　　　 – '10월 예약인원의 전체 평균'이 '2,100'이 되려면 XY-003의 10월 예약인원이 얼마가 되어야 하는지
　　　　　　　　　목표값을 구하시오.
(2) 고급 필터 – 장소가 '중문'이거나 비수기 요금이 '200,000' 이상인 자료의 관리코드, 장소, 9월 예약인원, 10월 예약인원
　　　　　　데이터만 추출하시오.
　　　　　　 – 조건 범위 : 「B14」 셀부터 입력하시오.
　　　　　　 – 복사 위치 : 「B18」 셀부터 나타나도록 하시오.

☞ "제1작업" 시트의 「B4:H12」 영역을 복사하여 "제3작업" 시트의 「B2」 셀부터 모두 붙여넣기를 한 후 다음의
조건과 같이 작업하시오

(조건)

(1) 부분합– ≪출력형태≫처럼 정렬하고, 관리코드의 개수와 9월 예약인원의 최소값을 구하시오.
(2) 개요 – 지우시오.
(3) 나머지 사항은 ≪출력형태≫에 맞게 작성하시오.

(출력형태)

	A	B	C	D	E	F	G	H	I
1									
2		관리코드	장소	객실수	성수기 요금	비수기 요금	9월 예약인원	10월 예약인원	
3		FE-002	중문	210	385,000원	240,000원	7,282	3,334	
4		GW-001	중문	419	490,000원	330,000원	12,950	5,985	
5			중문 최소				7,282		
6		2	중문 개수						
7		XG-001	성산	90	175,000원	150,000원	2,498	1,126	
8		XY-003	성산	13	157,000원	100,000원	340	130	
9			성산 최소				340		
10		2	성산 개수						
11		BE-001	서귀포	35	210,000원	130,000원	925	250	
12		SC-002	서귀포	41	385,000원	230,000원	1,328	586	
13		SE-002	서귀포	13	164,000원	99,000원	419	238	
14		ST-003	서귀포	390	305,000원	210,000원	11,104	5,098	
15			서귀포 최소				419		
16		4	서귀포 개수						
17			전체 최소값				340		
18		8	전체 개수						
19									

☞ "제1작업" 시트를 이용하여 조건에 따라 ≪출력형태≫와 같이 작업하시오.

[조건]

     (1) 차트 종류 ⇒ 〈묶은 세로 막대형〉으로 작업하시오.

     (2) 데이터 범위 ⇒ "제1작업" 시트의 내용을 이용하여 작업하시오.

     (3) 위치 ⇒ "새 시트"로 이동하고, "제4작업"으로 시트 이름을 바꾸시오.

     (4) 차트 디자인 도구 ⇒ 레이아웃 3, 스타일 14를 선택하여 ≪출력형태≫에 맞게 작업하시오.

     (5) 영역 서식 ⇒ 차트 : 글꼴(굴림, 11pt), 채우기 효과(질감−파랑 박엽지)

                        그림 : 채우기(흰색, 배경 1)

     (6) 제목 서식 ⇒ 차트 제목 : 글꼴(굴림, 굵게, 20pt), 채우기(흰색, 배경 1), 테두리

     (7) 서식 ⇒ 비수기 요금 계열의 차트 종류를 〈표식이 있는 꺾은선형〉으로 변경한 후 보조 축으로 지정하시오.

            계열 : ≪출력형태≫를 참조하여 표식(세모, 크기 8)과 레이블 값을 표시하시오.

            눈금선 : 선 스타일 −파선

            축 : ≪출력형태≫를 참조하시오.

     (8) 범례 ⇒ 범례명을 변경하고 ≪출력형태≫를 참조하시오.

     (9) 도형 ⇒ '말풍선: 모서리가 둥근 사각형'을 삽입하고 ≪출력형태≫와 같이 내용을 입력하시오.

     (10) 나머지 사항은 ≪출력형태≫에 맞게 작성하시오.

[출력형태]

주의 시트명 순서가 차례대로 "제1작업", "제2작업", "제3작업", "제4작업"이 되도록 할 것.

6회 기출유형 모의고사

과목	코드	문제유형	시험시간	수험번호	성 명
한글엑셀	1122	A	60분	12342006	

수 험 자 유 의 사 항

- 수험자는 문제지를 받는 즉시 문제지와 **수험표상의 시험과목(프로그램), 버전이 동일한지 반드시 확인**하여야 합니다.
- 파일명은 본인의 "수험번호-성명"으로 입력하여 답안폴더(내 PC\문서\ITQ)에 하나의 파일로 저장해야 하며, 답안문서 파일명이 "수험번호-성명"과 일치하지 않거나, 답안파일을 전송하지 않아 미제출로 처리될 경우 실격입니다(예 : 12345678-홍길동.xlsx).
- 답안 작성을 마치면 파일을 저장하고, '답안 전송' 버튼을 선택하여 감독위원 PC로 답안을 전송하십시오. 수험생 정보와 저장한 파일명이 다를 경우 전송되지 않으므로 주의하시기 바랍니다.
- 답안 작성 중에도 **주기적으로 저장하고 답안을 전송**하여야 문제 발생을 줄일 수 있습니다. 작업한 내용을 저장하지 않고 전송할 경우 이전에 저장된 내용이 전송되오니 이점 유의하시기 바랍니다.
- 답안문서는 지정된 경로 외의 다른 보조기억장치에 저장하는 경우, 지정된 시험 시간 외에 작성된 파일을 활용할 경우, 기타 통신수단(이메일, 메신저, 네트워크 등)을 이용하여 타인에게 전달 또는 외부 반출하는 경우는 부정 처리합니다.
- 시험 중 부주의 또는 고의로 시스템을 파손한 경우는 수험자가 변상해야 하며, 〈수험자 유의사항〉에 기재된 방법대로 이행하지 않아 생기는 불이익은 수험생 당사자의 책임임을 알려 드립니다.
- 문제의 조건은 MS오피스 2021 버전으로 설정되어 있으며 MS오피스 2016은【 】에 표기되어 있습니다. 이와 관련하여 작성한 답안의 출력형태가 문제지와 다를 수 있습니다.
- 시험을 완료한 수험자는 답안파일이 전송되었는지 확인한 후 감독위원의 지시에 따라 문제지를 제출하고 퇴실합니다.

답 안 작 성 요 령

- 온라인 답안 작성 절차
  수험자 등록 ⇒ 시험 시작 ⇒ 답안파일 저장 ⇒ 답안 전송 ⇒ 시험 종료
- 문제는 총 4단계, 즉 제1작업부터 제4작업까지 구성되어 있으며 반드시 제1작업부터 순서대로 작성하고 조건대로 작업하시오.
- 모든 작업시트의 A열은 열 너비 '1'로, 나머지 열은 적당하게 조절하시오.
- 모든 작업시트의 테두리는 《출력형태》와 같이 작업하시오.
- 해당 작업란에서는 각각 제시된 조건에 따라 《출력형태》와 같이 작업하시오.
- 답안 시트 이름은 "제1작업", "제2작업", "제3작업", "제4작업"이어야 하며 답안 시트 이외의 것은 감점 처리됩니다.
- 각 시트를 파일로 나누어 작업해서 저장할 경우 실격 처리됩니다.

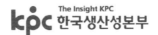

The Insight KPC
kpc 한국생산성본부

☞ 다음은 '온라인 카페 현황'에 대한 자료이다. 자료를 입력하고 조건에 맞도록 작업하시오.

출력형태

	카페명	분류	개설일	회원 수	게시글 수	게시판 구독 수	하반기 조회 건수	포털 순위	개설연수
				온라인 카페 현황			결 재	담당	대리	과장
바이트레인	여행	2018-07-06	370,240	550,012	1,232	6,766	(1)	(2)
스윙댄스	취미	2019-09-17	529,588	549,385	3,090	5,813	(1)	(2)
카이트	취미	2017-12-11	164,056	410,904	17,817	6,315	(1)	(2)
유랑	여행	2018-06-04	265,265	147,056	3,930	6,537	(1)	(2)
요리쿡	요리	2017-12-12	807,475	902,103	55,830	5,491	(1)	(2)
여행홀릭	여행	2018-04-15	405,395	785,678	34,130	8,739	(1)	(2)
오늘요리	요리	2019-05-14	220,186	268,612	9,654	7,719	(1)	(2)
우드워커	취미	2019-12-02	368,271	755,304	23,037	6,933	(1)	(2)
여행 분야 중 최고 회원 수			(3)			여행 분야 평균 게시글 수			(5)
분류가 요리인 카페 수			(4)			카페명	바이트레인	회원 수	(6)

조건

○ 모든 데이터의 서식에는 글꼴(굴림, 11pt), 정렬은 숫자 및 회계 서식은 오른쪽 정렬, 나머지 서식은 가운데 정렬로 작성하며 예외적인 것은 《출력형태》를 참조하시오.

○ 제목 ⇒ 도형(육각형)과 그림자(오프셋: 아래쪽)를 이용하여 작성하고 "온라인 카페 현황"을 입력한 후 다음 서식을 적용하시오(글꼴-굴림, 24pt, 검정, 굵게, 채우기-노랑).

○ 임의의 셀에 결재란을 작성하여 그림복사 기능을 이용하여 붙이기 하시오(단, 원본 삭제).

○ 「B4:J4, G14, I14」 영역은 '주황'으로 채우기 하시오.

○ 유효성 검사를 이용하여 「H14」 셀에 카페명(「B5:B12」 영역)이 선택 표시되도록 하시오.

○ 셀 서식 ⇒ 「E5:E12」 영역에 셀 서식을 이용하여 숫자 뒤에 '명'를 표시하시오(예: 370,240명).

○ 「C5:C12」 영역에 대해 '분류'로 이름정의를 하시오.

◎ (1)~(6) 셀은 반드시 주어진 함수를 이용하여 값을 구하시오(결과 값을 직접 입력하면 해당 셀은 0점 처리됨).

(1) 포털 순위 ⇒ 하반기 조회 건수의 내림차순 순위를 '1~4'만 표시하고 그 외에는 공백으로 구하시오(IF, RANK.EQ 함수).

(2) 개설연수 ⇒ 「2025-개설일의 연도」로 구한 결과값에 '년'을 붙이시오(YEAR 함수, & 연산자)(예 : 1년).

(3) 여행 분야 중 최고 회원 수 ⇒ 조건은 입력 데이터를 이용하여 구하시오(DMAX 함수).

(4) 분류가 요리인 카페 수 ⇒ 정의된 이름(분류)을 이용하여 구하시오(COUNTIF 함수).

(5) 여행 분야 평균 게시글 수 ⇒ 조건은 입력 데이터를 이용하고, 반올림하여 정수로 구하시오(ROUND, DAVERAGE 함수)(예 : 156,251.6 → 156,252).

(6) 회원 수 ⇒ 「H14」 셀에서 선택한 카페명에 대한 회원 수를 구하시오(VLOOKUP 함수).

(7) 조건부 서식의 수식을 이용하여 하반기 조회 건수가 '6,000' 이하인 행 전체에 다음의 서식을 적용하시오(글꼴 : 파랑, 굵게).

[제 2 작업] 필터 및 서식 · 80점

☞ "제1작업" 시트의 「B4:H12」 영역을 복사하여 "제2작업" 시트의 「B2」 셀부터 모두 붙여넣기를 한 후 다음의 조건과 같이 작업하시오.

조건

(1) 고급 필터 – 분류가 '취미'이거나 회원 수가 '400,000' 이하인 자료의 데이터만 추출하시오.

　　　　　– 조건 범위 : 「B13」 셀부터 입력하시오.

　　　　　– 복사 위치 : 「B18」 셀부터 나타나도록 하시오.

(2) 표 서식 – 고급 필터의 결과 셀을 채우기 없음으로 설정한 후 '파랑, 표 스타일 보통 2'의 서식을 적용하시오.

　　　　　– 머리글 행, 줄무늬 행을 적용하시오.

[제 3 작업] 정렬 및 부분합 · 80점

☞ "제1작업" 시트의 「B4:H12」 영역을 복사하여 "제3작업" 시트의 「B2」 셀부터 모두 붙여넣기를 한 후 다음의 조건과 같이 작업하시오.

조건

(1) 부분합– ≪출력형태≫처럼 정렬하고, 카페명의 개수와 게시글 수의 최소값을 구하시오.

(2) 개요 – 지우시오.

(3) 나머지 사항은 ≪출력형태≫에 맞게 작성하시오.

출력형태

	카페명	분류	개설일	회원 수	게시글 수	게시판 구독 수	하반기 조회 건수
	스윙댄스	취미	2019-09-17	529,588명	549,385	3,090	5,813
	카이트	취미	2017-12-11	164,056명	410,904	17,817	6,315
	우드워커	취미	2019-12-02	368,271명	755,304	23,037	6,933
		취미 최소			410,904		
	3	취미 개수					
	요리쿡	요리	2017-12-12	807,475명	902,103	55,830	5,491
	오늘요리	요리	2019-05-14	220,186명	268,612	9,654	7,719
		요리 최소			268,612		
	2	요리 개수					
	바이트레인	여행	2018-07-06	370,240명	550,012	1,232	6,766
	유랑	여행	2018-06-04	265,265명	147,056	3,930	6,537
	여행홀릭	여행	2018-04-15	405,395명	785,678	34,130	8,739
		여행 최소			147,056		
	3	여행 개수					
		전체 최소값			147,056		
	8	전체 개수					

☞ "제1작업" 시트를 이용하여 조건에 따라 ≪**출력형태**≫와 같이 작업하시오.

［ 조건 ］

(1) 차트 종류 ⇒ 〈묶은 세로 막대형〉으로 작업하시오.

(2) 데이터 범위 ⇒ "제1작업" 시트의 내용을 이용하여 작업하시오.

(3) 위치 ⇒ "새 시트"로 이동하고, "제4작업"으로 시트 이름을 바꾸시오.

(4) 차트 디자인 도구 ⇒ 레이아웃 3, 스타일 6을 선택하여 ≪출력형태≫에 맞게 작업하시오.

(5) 영역 서식 ⇒ 차트 : 글꼴(굴림, 11pt), 채우기 효과(질감−파랑 박엽지)

  그림 : 채우기(흰색, 배경 1)

(6) 제목 서식 ⇒ 차트 제목 : 글꼴(굴림, 굵게, 20pt), 채우기(흰색, 배경 1), 테두리

(7) 서식 ⇒ 회원 수 계열의 차트 종류를 〈표식이 있는 꺾은선형〉으로 변경한 후 보조 축으로 지정하시오.

  계열 : ≪출력형태≫를 참조하여 표식(세모, 크기 10)과 레이블 값을 표시하시오.

  눈금선 : 선 스타일 −파선

  축 : ≪출력형태≫를 참조하시오.

(8) 범례 ⇒ 범례명을 변경하고 ≪출력형태≫를 참조하시오.

(9) 도형 ⇒ '말풍선: 사각형'을 삽입하고 ≪출력형태≫와 같이 내용을 입력하시오.

(10) 나머지 사항은 ≪출력형태≫에 맞게 작성하시오.

［ 출력형태 ］

주의 시트명 순서가 차례대로 "제1작업", "제2작업", "제3작업", "제4작업"이 되도록 할 것.

7회 기출유형 모의고사

과목	코드	문제유형	시험시간	수험번호	성 명
한글엑셀	1122	A	60분	12342007	

수 험 자 유 의 사 항

- 수험자는 문제지를 받는 즉시 문제지와 **수험표상의 시험과목(프로그램), 버전이 동일한지 반드시 확인**하여야 합니다.
- 파일명은 본인의 "수험번호-성명"으로 입력하여 답안폴더(내 PC\문서\ITQ)에 하나의 파일로 저장해야 하며, 답안문서 파일명이 "수험번호-성명"과 일치하지 않거나, 답안파일을 전송하지 않아 미제출로 처리될 경우 실격입니다(예 : 12345678-홍길동.xlsx).
- 답안 작성을 마치면 파일을 저장하고, '답안 전송' 버튼을 선택하여 감독위원 PC로 답안을 전송하십시오. 수험생 정보와 저장한 파일명이 다를 경우 전송되지 않으므로 주의하시기 바랍니다.
- 답안 작성 중에도 **주기적으로 저장하고 답안을 전송**하여야 문제 발생을 줄일 수 있습니다. 작업한 내용을 저장하지 않고 전송할 경우 이전에 저장된 내용이 전송되오니 이점 유의하시기 바랍니다.
- 답안문서는 지정된 경로 외의 다른 보조기억장치에 저장하는 경우, 지정된 시험 시간 외에 작성된 파일을 활용할 경우, 기타 통신수단(이메일, 메신저, 네트워크 등)을 이용하여 타인에게 전달 또는 외부 반출하는 경우는 부정 처리합니다.
- 시험 중 부주의 또는 고의로 시스템을 파손한 경우는 수험자가 변상해야 하며, 〈수험자 유의사항〉에 기재된 방법대로 이행하지 않아 생기는 불이익은 수험생 당사자의 책임임을 알려 드립니다.
- 문제의 조건은 MS오피스 2021 버전으로 설정되어 있으며 MS오피스 2016은【 】에 표기되어 있습니다. 이와 관련하여 작성한 답안의 출력형태가 문제지와 다를 수 있습니다.
- 시험을 완료한 수험자는 답안파일이 전송되었는지 확인한 후 감독위원의 지시에 따라 문제지를 제출하고 퇴실합니다.

답 안 작 성 요 령

- 온라인 답안 작성 절차
  수험자 등록 ⇒ 시험 시작 ⇒ 답안파일 저장 ⇒ 답안 전송 ⇒ 시험 종료
- 문제는 총 4단계, 즉 제1작업부터 제4작업까지 구성되어 있으며 반드시 제1작업부터 순서대로 작성하고 조건대로 작업하시오.
- 모든 작업시트의 A열은 열 너비 '1'로, 나머지 열은 적당하게 조절하시오.
- 모든 작업시트의 테두리는 《출력형태》와 같이 작업하시오.
- 해당 작업란에서는 각각 제시된 조건에 따라 《출력형태》와 같이 작업하시오.
- 답안 시트 이름은 "제1작업", "제2작업", "제3작업", "제4작업"이어야 하며 답안 시트 이외의 것은 감점 처리됩니다.
- 각 시트를 파일로 나누어 작업해서 저장할 경우 실격 처리됩니다.

The Insight KPC
kpc 한국생산성본부

☞ 다음은 '여성 의류 판매실적 현황'에 대한 자료이다. 자료를 입력하고 조건에 맞도록 작업하시오.

출력형태

	담당	팀장	본부장
결재			

여성 의류 판매실적 현황

상품코드	분류	상품명	담당자	상반기목표 (단위:천원)	상반기실적 (단위:천원)	반품건수	협찬	반품순위
VS-21A	원피스	퓨엘르 반팔	홍용호	22,730	30,130	25	(1)	(2)
FS-11S	가디건	레이슨 로브	김성은	31,130	41,190	34	(1)	(2)
FE-32A	티셔츠	벨버른 레터링	천정우	43,030	30,430	8	(1)	(2)
MS-02S	원피스	플라워 러브	방서찬	67,740	52,830	15	(1)	(2)
CE-89B	가디건	린넨 7부	김진영	10,180	10,300	6	(1)	(2)
MS-37A	원피스	컨시 하이텍 버클	길현지	15,730	15,030	23	(1)	(2)
CA-34S	티셔츠	버터플라이 호일티	김시내	61,330	91,790	17	(1)	(2)
EX-36B	티셔츠	하트레터링 라운드	한여정	21,770	19,830	21	(1)	(2)
원피스 상반기목표(단위:천원) 평균			(3)		가디건 상반기실적(단위:천원) 합계			(5)
티셔츠 개수			(4)		상품코드	VS-21A	반품건수	(6)

조건

○ 모든 데이터의 서식에는 글꼴(굴림, 11pt), 정렬은 숫자 및 회계 서식은 오른쪽 정렬, 나머지 서식은 가운데 정렬로 작성하며 예외적인 것은 ≪출력형태≫를 참조하시오.

○ 제목 ⇒ 도형(화살표: 갈매기형 수장)과 그림자(오프셋: 오른쪽)를 이용하여 작성하고 "여성 의류 판매실적 현황"을 입력한 후 다음 서식을 적용하시오(글꼴-굴림, 24pt, 검정, 굵게, 채우기-노랑).

○ 임의의 셀에 결재란을 작성하여 그림복사 기능을 이용하여 붙이기 하시오(단, 원본 삭제).

○ 「B4:J4, G14, I14」 영역은 '주황'으로 채우기 하시오.

○ 유효성 검사를 이용하여 「H14」 셀에 상품코드(「B5:B12」 영역)가 선택 표시되도록 하시오.

○ 셀 서식⇒「H5:H12」 영역에 셀 서식을 이용하여 숫자 뒤에 '건'을 표시하시오(예 : 25건).

○ 「H5:H12」 영역에 대해 '반품건수'로 이름정의를 하시오.

◎ (1)~(6) 셀은 반드시 <u>주어진 함수</u>를 이용하여 값을 구하시오(결과값을 직접 입력하면 해당 셀은 0점 처리됨).

(1) 협찬 ⇒ 상품코드의 마지막 글자가 S이면 '연예인 협찬', 그 외에는 공백으로 구하시오(IF, RIGHT 함수).

(2) 반품순위 ⇒ 정의된 이름(반품건수)을 이용하여 반품건수의 내림차순 순위를 구한 결과값에 '위'를 붙이시오 (RANK.EQ 함수, & 연산자)(예 : 1위).

(3) 원피스 상반기목표(단위:천원) 평균 ⇒ 내림하여 천원 단위로 구하시오. 단, 조건은 입력 데이터를 이용하시오 (ROUNDDOWN, DAVERAGE 함수)(예 : 12,365 → 12,000).

(4) 티셔츠 개수 ⇒ (COUNTIF 함수)

(5) 가디건 상반기실적(단위:천원) 합계 ⇒ (SUMIF 함수)

(6) 반품건수 ⇒ 「H14」 셀에서 선택한 상품코드에 대한 반품건수를 표시하시오(VLOOKUP 함수).

(7) 조건부 서식의 수식을 이용하여 상반기목표(단위:천원)가 '60,000' 이상인 행 전체에 다음의 서식을 적용하시오(글꼴 : 파랑, 굵게).

☞ "제1작업" 시트의 「B4:H12」 영역을 복사하여 "제2작업" 시트의 「B2」 셀부터 모두 붙여넣기를 한 후 다음의 조건과 같이 작업하시오.

조건

(1) 목표값 찾기 – 「B11:G11」 셀을 병합하고 가운데 맞춤한 후 "상반기실적(단위:천원)의 전체 평균"을 입력하고, 「H11」 셀에 상반기실적(단위:천원)의 전체 평균을 구하시오(AVERAGE 함수, 테두리).
　　　　　　 – '상반기실적(단위:천원)의 전체 평균'이 '36,500'이 되려면 린넨 7부의 상반기실적(단위:천원)이 얼마가 되어야 하는지 목표값을 구하시오.

(2) 고급 필터 – 분류가 '원피스'이면서, 반품건수가 '20' 이상인 자료의 상품명, 상반기목표(단위:천원), 상반기실적(단위:천원), 반품건수의 데이터만 추출하시오.
　　　　　 – 조건 범위 : 「B14」 셀부터 입력하시오.
　　　　　 – 복사 위치 : 「B18」 셀부터 나타나도록 하시오.

☞ "제1작업" 시트의 「B4:H12」 영역을 복사하여 "제3작업" 시트의 「B2」 셀부터 모두 붙여넣기를 한 후 다음의 조건과 같이 작업하시오.

조건

(1) 부분합– ≪출력형태≫처럼 정렬하고, 담당자의 개수와 상반기목표(단위:천원)의 평균을 구하시오.
(2) 개요 – 지우시오.
(3) 나머지 사항은 ≪출력형태≫에 맞게 작성하시오.

출력형태

	상품코드	분류	상품명	담당자	상반기목표 (단위:천원)	상반기실적 (단위:천원)	반품건수
	FE-32A	티셔츠	벨버른 레터링	천정우	43,030	30,430	8건
	CA-34S	티셔츠	버터플라이 호일티	김시내	61,330	91,790	17건
	EX-36B	티셔츠	하트레터링 라운드	한여정	21,770	19,830	21건
		티셔츠 평균			42,043		
		티셔츠 개수		3			
	VS-21A	원피스	퓨엘르 반팔	홍용호	22,730	30,130	25건
	MS-02S	원피스	플라워 러브	방서찬	67,740	52,830	15건
	MS-37A	원피스	컨시 하이텍 버클	길현지	15,730	15,030	23건
		원피스 평균			35,400		
		원피스 개수		3			
	FS-11S	가디건	레이슨 로브	김성은	31,130	41,190	34건
	CE-89B	가디건	린넨 7부	김진영	10,180	10,300	6건
		가디건 평균			20,655		
		가디건 개수		2			
		전체 평균			34,205		
		전체 개수		8			

☞ "제1작업" 시트를 이용하여 조건에 따라 ≪출력형태≫와 같이 작업하시오.

조건

(1) 차트 종류 ⇒ 〈묶은 세로 막대형〉으로 작업하시오.

(2) 데이터 범위 ⇒ "제1작업" 시트의 내용을 이용하여 작업하시오.

(3) 위치 ⇒ "새 시트"로 이동하고, "제4작업"으로 시트 이름을 바꾸시오.

(4) 차트 디자인 도구 ⇒ 레이아웃 3, 스타일 14를 선택하여 ≪출력형태≫에 맞게 작업하시오.

(5) 영역 서식 ⇒ 차트 : 글꼴(굴림, 11pt), 채우기 효과(질감-분홍 박엽지)

             그림 : 채우기(흰색, 배경 1)

(6) 제목 서식 ⇒ 차트 제목 : 글꼴(굴림, 굵게, 20pt), 채우기(흰색, 배경 1), 테두리

(7) 서식 ⇒ 상반기실적(단위:천원) 계열의 차트 종류를 〈표식이 있는 꺾은선형〉으로 변경한 후 보조 축으로 지정하시오.

          계열 : ≪출력형태≫를 참조하여 표식(세모, 크기 8)과 레이블 값을 표시하시오.

          눈금선 : 선 스타일 –파선

          축 : ≪출력형태≫를 참조하시오.

(8) 범례 ⇒ 범례명을 변경하고 ≪출력형태≫를 참조하시오.

(9) 도형 ⇒ '말풍선: 모서리가 둥근 사각형'을 삽입하고 ≪출력형태≫와 같이 내용을 입력하시오.

(10) 나머지 사항은 ≪출력형태≫에 맞게 작성하시오.

출력형태

주의   시트명 순서가 차례대로 "제1작업", "제2작업", "제3작업", "제4작업"이 되도록 할 것.

8회 기출유형 모의고사

과목	코드	문제유형	시험시간	수험번호	성 명
한글엑셀	1122	A	60분	12342008	

수 험 자 유 의 사 항

● 수험자는 문제지를 받는 즉시 문제지와 **수험표상의 시험과목(프로그램), 버전이 동일한지 반드시 확인**하여야 합니다.

● 파일명은 본인의 "수험번호−성명"으로 입력하여 답안폴더(내 PC\문서\ITQ)에 하나의 파일로 저장해야 하며, 답안문서 파일명이 "수험번호−성명"과 일치하지 않거나, 답안파일을 전송하지 않아 미제출로 처리될 경우 실격입니다(예 : 12345678−홍길동.xlsx).

● 답안 작성을 마치면 파일을 저장하고, '답안 전송' 버튼을 선택하여 감독위원 PC로 답안을 전송하십시오. 수험생 정보와 저장한 파일명이 다를 경우 전송되지 않으므로 주의하시기 바랍니다.

● 답안 작성 중에도 **주기적으로 저장하고 답안을 전송**하여야 문제 발생을 줄일 수 있습니다. 작업한 내용을 저장하지 않고 전송할 경우 이전에 저장된 내용이 전송되오니 이점 유의하시기 바랍니다.

● 답안문서는 지정된 경로 외의 다른 보조기억장치에 저장하는 경우, 지정된 시험 시간 외에 작성된 파일을 활용할 경우, 기타 통신수단(이메일, 메신저, 네트워크 등)을 이용하여 타인에게 전달 또는 외부 반출하는 경우는 부정 처리합니다.

● 시험 중 부주의 또는 고의로 시스템을 파손한 경우는 수험자가 변상해야 하며, <수험자 유의사항>에 기재된 방법대로 이행하지 않아 생기는 불이익은 수험생 당사자의 책임임을 알려 드립니다.

● 문제의 조건은 MS오피스 2021 버전으로 설정되어 있으며 MS오피스 2016은【 】에 표기되어 있습니다. 이와 관련하여 작성한 답안의 출력형태가 문제지와 다를 수 있습니다.

● 시험을 완료한 수험자는 답안파일이 전송되었는지 확인한 후 감독위원의 지시에 따라 문제지를 제출하고 퇴실합니다.

답 안 작 성 요 령

● 온라인 답안 작성 절차
  수험자 등록 ⇒ 시험 시작 ⇒ 답안파일 저장 ⇒ 답안 전송 ⇒ 시험 종료

● 문제는 총 4단계, 즉 제1작업부터 제4작업까지 구성되어 있으며 반드시 제1작업부터 순서대로 작성하고 조건대로 작업하시오.

● 모든 작업시트의 A열은 열 너비 '1'로, 나머지 열은 적당하게 조절하시오.

● 모든 작업시트의 테두리는《출력형태》와 같이 작업하시오.

● 해당 작업란에서는 각각 제시된 조건에 따라《출력형태》와 같이 작업하시오.

● 답안 시트 이름은 "제1작업", "제2작업", "제3작업", "제4작업"이어야 하며 답안 시트 이외의 것은 감점 처리됩니다.

● 각 시트를 파일로 나누어 작업해서 저장할 경우 실격 처리됩니다.

The Insight KPC
kpc 한국생산성본부

☞ 다음은 '국내 수상 태양광 설치 현황'에 대한 자료이다. 자료를 입력하고 조건에 맞도록 작업하시오.

출력형태

	사업장	형태	설치 시공사	설치일	용량 (Kw)	발전규모 (Kw)	설치비용	보조 지원금	설치 요일
								담당	팀장	부장
				국내 수상 태양광 설치 현황			결재			
	경남합천댐	부력일체형	그린에너지	2024-03-08	800	2,100	15,360,000	(1)	(2)
	지평저수지	구조체형	미래전자	2025-03-15	1,500	4,200	27,860,000	(1)	(2)
	운문댐	부력일체형	한국전자	2025-04-13	500	1,830	8,830,000	(1)	(2)
	청호저수지	구조체형	미래전자	2023-10-09	300	1,150	5,500,000	(1)	(2)
	보령댐	부력일체형	그린에너지	2024-11-15	1,800	4,540	32,760,000	(1)	(2)
	오창저수지	프레임형	그린에너지	2023-11-10	200	870	4,520,000	(1)	(2)
	용당저수지	프레임형	한국전자	2024-02-10	1,350	3,950	21,960,000	(1)	(2)
	당진화력발전소	구조체형	미래전자	2025-06-12	1,000	3,540	18,120,000	(1)	(2)
	부력일체형 설치비용의 평균			(3)		최저 용량(Kw)			(5)
	용당저수지의 발전규모(Kw) 순위			(4)	사업장	경남합천댐	설치일		(6)

조건

○ 모든 데이터의 서식에는 글꼴(굴림, 11pt), 정렬은 숫자 및 회계 서식은 오른쪽 정렬, 나머지 서식은 가운데 정렬로 작성하며 예외적인 것은 ≪출력형태≫를 참조하시오.

○ 제목 ⇒ 도형(사다리꼴)과 그림자(오프셋: 오른쪽)를 이용하여 작성하고 "국내 수상 태양광 설치 현황"을 입력한 후 다음 서식을 적용하시오(글꼴 – 굴림, 24pt, 검정, 굵게, 채우기 – 노랑).

○ 임의의 셀에 결재란을 작성하여 그림복사 기능을 이용하여 붙이기 하시오(단, 원본 삭제).

○「B4:J4, G14, I14」영역은 '주황'으로 채우기 하시오.

○ 유효성 검사를 이용하여「H14」셀에 사업장「B5:B12」영역이 선택 표시되도록 하시오.

○ 셀 서식 ⇒「H5:H12」영역에 셀 서식을 이용하여 숫자 뒤에 '원'을 표시하시오(예 : 15,360,000원).

○「F5:F12」영역에 대해 '용량'으로 이름정의를 하시오.

◎ (1)~(6) 셀은 반드시 <u>주어진 함수</u>를 이용하여 값을 구하시오(결과값을 직접 입력하면 해당 셀은 0점 처리됨).

(1) 보조 지원금 ⇒「설치비용×지원비율」로 구하되, 지원비율은 용량(Kw)이 1,000 이상이면 '50%', 500 이상이면 '30%', 그 외에는 '20%'로 지정하여 구하시오(IF 함수).

(2) 설치 요일 ⇒ 설치일의 요일을 구하시오(CHOOSE, WEEKDAY 함수)(예 : 월요일).

(3) 부력일체형 설치비용의 평균 ⇒ 반올림하여 천원 단위까지 구하시오. 단, 조건은 입력 데이터를 이용하시오(ROUND, DAVERAGE 함수)(예 : 23,456,700 → 23,457,000).

(4) 용당저수지의 발전규모(Kw) 순위 ⇒ 내림차순으로 구한 결과값 뒤에 '위'를 붙이시오(RANK.EQ 함수, & 연산자)(예 : 2위).

(5) 최저 용량(Kw) ⇒ 정의된 이름(용량)을 이용하여 구하시오(SMALL 함수).

(6) 설치일 ⇒「H14」셀에서 선택한 사업장에 대한 설치일을 구하시오(VLOOKUP 함수)(예 : 2024-03-08).

(7) 조건부 서식의 수식을 이용하여 용량(Kw)이 '1,000' 이상인 행 전체에 다음 서식을 적용하시오(글꼴 : 파랑, 굵게).

☞ "제1작업" 시트의 「B4:H12」 영역을 복사하여 "제2작업" 시트의 「B2」 셀부터 모두 붙여넣기를 한 후 다음의 조건과 같이 작업하시오.

【 조건 】

(1) 고급 필터 – 설치 시공사가 '미래전자'가 아니면서, 용량(Kw)이 '1,000' 이하이거나 발전규모(Kw)가 '4,000' 이상인 자료의 사업장, 설치 시공사, 설치일, 발전규모(Kw), 설치비용 데이터만 추출하시오.
      – 조건 범위 : 「B13」 셀부터 입력하시오.
      – 복사 위치 : 「B18」 셀부터 나타나도록 하시오.

(2) 표 서식 – 고급 필터의 결과 셀을 채우기 없음으로 설정한 후 '파랑, 표 스타일 보통 9'의 서식을 적용하시오.
      – 머리글 행, 줄무늬 행을 적용하시오.

☞ "제1작업" 시트를 이용하여 "제3작업" 시트에 조건에 따라 《출력형태》와 같이 작업하시오.

【 조건 】

(1) 설치일 및 형태별 사업장의 개수와 발전규모(Kw)의 최대값을 구하시오.
(2) 설치일을 그룹화하고, 형태를 《출력형태》와 같이 정렬하시오.
(3) 레이블이 있는 셀 병합 및 가운데 맞춤 적용과 빈 셀은 '**'로 표시하시오.
(4) 행의 총합계를 지우고, 나머지 사항은 《출력형태》에 맞게 작성하시오.

【 출력형태 】

	형태 ▼	프레임형		부력일체형		구조체형	
설치일 ▼	개수 : 사업장	최대 : 발전규모(Kw)	개수 : 사업장	최대 : 발전규모(Kw)	개수 : 사업장	최대 : 발전규모(Kw)
2023년	1	870	**	**	1	1,150
2024년	1	3,950	2	4,540	**	**
2025년	**	**	1	1,830	2	4,200
총합계	2	3,950	3	4,540	3	4,200

☞ "제1작업" 시트를 이용하여 조건에 따라 ≪출력형태≫와 같이 작업하시오.

[조건]

(1) 차트 종류 ⇒ 〈묶은 세로 막대형〉으로 작업하시오.

(2) 데이터 범위 ⇒ "제1작업" 시트의 내용을 이용하여 작업하시오.

(3) 위치 ⇒ "새 시트"로 이동하고, "제4작업"으로 시트 이름을 바꾸시오.

(4) 차트 디자인 도구 ⇒ 레이아웃 3, 스타일 14를 선택하여 ≪출력형태≫에 맞게 작업하시오.

(5) 영역 서식 ⇒ 차트 : 글꼴(굴림, 11pt), 채우기 효과(질감-파랑 박엽지)
　　　　　　　　　그림 : 채우기(흰색, 배경 1)

(6) 제목 서식 ⇒ 차트 제목 : 글꼴(굴림, 굵게, 20pt), 채우기(흰색, 배경 1), 테두리

(7) 서식 ⇒ 발전규모(Kw) 계열의 차트 종류를 〈표식이 있는 꺾은선형〉으로 변경한 후 보조 축으로 지정하시오.
　　　　계열 : ≪출력형태≫를 참조하여 표식(마름모, 크기 10)과 레이블 값을 표시하시오.
　　　　눈금선 : 선 스타일-파선
　　　　축 : ≪출력형태≫를 참조하시오.

(8) 범례 ⇒ 범례명을 변경하고 ≪출력형태≫를 참조하시오.

(9) 도형 ⇒ '말풍선: 모서리가 둥근 사각형'을 삽입하고 ≪출력형태≫와 같이 내용을 입력하시오.

(10) 나머지 사항은 ≪출력형태≫에 맞게 작성하시오.

[출력형태]

주의 시트명 순서가 차례대로 "제1작업", "제2작업", "제3작업", "제4작업"이 되도록 할 것.

9회 기출유형 모의고사

과목	코드	문제유형	시험시간	수험번호	성 명
한글엑셀	1122	A	60분	12342009	

수 험 자 유 의 사 항

- 수험자는 문제지를 받는 즉시 문제지와 **수험표상의 시험과목(프로그램), 버전이 동일한지 반드시 확인**하여야 합니다.
- 파일명은 본인의 "수험번호-성명"으로 입력하여 답안폴더(내 PC\문서\ITQ)에 하나의 파일로 저장해야 하며, 답안문서 파일명이 "수험번호-성명"과 일치하지 않거나, 답안파일을 전송하지 않아 미제출로 처리될 경우 실격입니다(예 : 12345678-홍길동.xlsx).
- 답안 작성을 마치면 파일을 저장하고, '답안 전송' 버튼을 선택하여 감독위원 PC로 답안을 전송하십시오. 수험생 정보와 저장한 파일명이 다를 경우 전송되지 않으므로 주의하시기 바랍니다.
- 답안 작성 중에도 **주기적으로 저장하고 답안을 전송**하여야 문제 발생을 줄일 수 있습니다. 작업한 내용을 저장하지 않고 전송할 경우 이전에 저장된 내용이 전송되오니 이점 유의하시기 바랍니다.
- 답안문서는 지정된 경로 외의 다른 보조기억장치에 저장하는 경우, 지정된 시험 시간 외에 작성된 파일을 활용할 경우, 기타 통신수단(이메일, 메신저, 네트워크 등)을 이용하여 타인에게 전달 또는 외부 반출하는 경우는 부정 처리합니다.
- 시험 중 부주의 또는 고의로 시스템을 파손한 경우는 수험자가 변상해야 하며, 〈수험자 유의사항〉에 기재된 방법대로 이행하지 않아 생기는 불이익은 수험생 당사자의 책임임을 알려 드립니다.
- 문제의 조건은 MS오피스 2021 버전으로 설정되어 있으며 MS오피스 2016은【 】에 표기되어 있습니다. 이와 관련하여 작성한 답안의 출력형태가 문제지와 다를 수 있습니다.
- 시험을 완료한 수험자는 답안파일이 전송되었는지 확인한 후 감독위원의 지시에 따라 문제지를 제출하고 퇴실합니다.

답 안 작 성 요 령

- 온라인 답안 작성 절차
  수험자 등록 ⇒ 시험 시작 ⇒ 답안파일 저장 ⇒ 답안 전송 ⇒ 시험 종료
- 문제는 총 4단계, 즉 제1작업부터 제4작업까지 구성되어 있으며 반드시 제1작업부터 순서대로 작성하고 조건대로 작업하시오.
- 모든 작업시트의 A열은 열 너비 '1'로, 나머지 열은 적당하게 조절하시오.
- 모든 작업시트의 테두리는 《출력형태》와 같이 작업하시오.
- 해당 작업란에서는 각각 제시된 조건에 따라 《출력형태》와 같이 작업하시오.
- 답안 시트 이름은 "제1작업", "제2작업", "제3작업", "제4작업"이어야 하며 답안 시트 이외의 것은 감점 처리됩니다.
- 각 시트를 파일로 나누어 작업해서 저장할 경우 실격 처리됩니다.

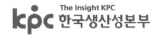

The Insight KPC
kpc 한국생산성본부

☞ 다음은 '학부모 추천 도서 구입 현황'에 대한 자료이다. 자료를 입력하고 조건에 맞도록 작업하시오.

출력형태

관리코드	도서명	지은이	구입권수(권)	출판사	구입일자	구입가격	학부모 추천 인기도	구입월
							담당 / 과장 / 부장 (결재)	
	학부모 추천 도서 구입 현황							
D141	오직 두 사람	김영하	4	문학동네	2025-07-23	10,500	(1)	(2)
C323	보이나? 보이네!	이상희	5	웅진	2025-07-21	7,500	(1)	(2)
A204	토토를 찾아라	홍건국	4	한국헤밍웨이	2025-07-06	8,500	(1)	(2)
D141	달님의 선물	홍윤희	5	한국헤밍웨이	2025-09-01	9,500	(1)	(2)
B141	수상한 북클럽	박현희	4	문학동네	2025-08-25	11,500	(1)	(2)
A322	도깨비 콘서트	다무라 시게루	3	웅진	2025-08-15	8,700	(1)	(2)
A932	만약은 없다	남궁인	2	문학동네	2025-08-21	10,800	(1)	(2)
B204	종지기 할아버지	김현정	3	한국헤밍웨이	2025-09-02	9,800	(1)	(2)
웅진 도서 종류 개수			(3)		최고 구입가격			(5)
문학동네 도서 평균 구입가격			(4)		도서명	오직 두 사람	총구입금액	(6)

조건

○ 모든 데이터의 서식에는 글꼴(굴림, 11pt), 정렬은 숫자 및 회계 서식은 오른쪽 정렬, 나머지 서식은 가운데 정렬로 작성하며 예외적인 것은 ≪출력형태≫를 참조하시오.

○ 제목 ⇒ 도형(배지)과 그림자(오프셋: 왼쪽 아래)를 이용하여 작성하고 "학부모 추천 도서 구입 현황"을 입력한 후 다음 서식을 적용하시오(글꼴 – 굴림, 24pt, 검정, 굵게, 채우기 – 노랑).

○ 임의의 셀에 결재란을 작성하여 그림복사 기능을 이용하여 붙이기 하시오(단, 원본 삭제).

○ 「B4:J4, G14, I14」 영역은 '주황'으로 채우기 하시오.

○ 유효성 검사를 이용하여 「H14」 셀에 도서명 「C5:C12」 영역이 선택 표시되도록 하시오.

○ 셀 서식 ⇒ 「H5:H12」 영역에 셀 서식을 이용하여 숫자 뒤에 '원'을 표시하시오(예: 10,500원).

○ 「F5:F12」 영역에 대해 '출판사'로 이름정의를 하시오.

◉ (1)~(6) 셀은 반드시 주어진 함수를 이용하여 값을 구하시오(결과 값을 직접 입력하면 해당 셀은 0점 처리됨).

(1) 학부모 추천 인기도 ⇒ 관리코드의 첫 번째 글자가 A이면 '★★', B이면 '★', 그 외에는 공백으로 구하시오(IF, LEFT 함수).

(2) 구입월 ⇒ 구입일자의 월을 추출하여 결과값에 '월'을 붙이시오(MONTH 함수, & 연산자)(예 : 2025-07-23 → 7월).

(3) 웅진 도서 종류 개수 ⇒ 정의된 이름(출판사)을 이용하여 구하시오(COUNTIF 함수).

(4) 문학동네 도서 평균 구입가격 ⇒ 반올림하여 백원 단위까지 구하시오. 단, 조건은 입력 데이터를 이용하시오 (ROUND, DAVERAGE 함수)(예 : 10,567 → 10,600).

(5) 최고 구입가격 ⇒ (MAX 함수)

(6) 총구입금액 ⇒ 「H14」 셀에서 선택한 도서명에 대한 총구입금액을 「구입권수(권)×구입가격」으로 구하시오 (VLOOKUP 함수).

(7) 조건부 서식의 수식을 이용하여 구입가격이 '10,000' 이상인 행 전체에 다음 서식을 적용하시오(글꼴: 파랑, 굵게)

☞ "제1작업" 시트의 「B4:H12」 영역을 복사하여 "제2작업" 시트의 「B2」 셀부터 모두 붙여넣기를 한 후 다음의 조건과 같이 작업하시오.

조건

(1) 고급 필터 – 출판사가 '한국헤밍웨이'이면서 구입가격이 '9,000' 이상이거나, 출판사가 '웅진'인 자료의 '도서명', '지은이', '구입권수(권)', '구입가격' 데이터만 추출하시오.

　　　　　– 조건 범위 : 「B13」 셀부터 입력하시오.

　　　　　– 복사 위치 : 「B18」 셀부터 나타나도록 하시오.

(2) 표 서식 – 고급 필터의 결과 셀을 채우기 없음으로 설정한 후 '녹색, 표 스타일 보통 7'의 서식을 적용하시오.

　　　　　– 머리글 행, 줄무늬 행을 적용하시오.

[제 3 작업]　　　피벗 테이블　　　　　　　　　　　　　　　　　80점

☞ "제1작업" 시트를 이용하여 "제3작업" 시트에 조건에 따라 《출력형태》와 같이 작업하시오.

조건

(1) 구입일자 및 출판사별 관리코드의 개수와 구입권수(권)의 평균을 구하시오.

(2) 구입일자를 그룹화하고, 출판사를 《출력형태》와 같이 정렬하시오.

(3) 레이블이 있는 셀 병합 및 가운데 맞춤 적용과 빈 셀은 '**'로 표시하시오.

(4) 행의 총합계를 지우고, 나머지 사항은 《출력형태》에 맞게 작성하시오.

출력형태

| 구입일자 | 출판사 한국헤밍웨이 | | 웅진 | | 문학동네 | |
	개수 : 관리코드	평균 : 구입권수(권)	개수 : 관리코드	평균 : 구입권수(권)	개수 : 관리코드	평균 : 구입권수(권)
7월	1	4	1	5	1	4
8월	**	**	1	3	2	3
9월	2	4	**	**	**	**
총합계	3	4	2	4	3	3

☞ "제1작업" 시트를 이용하여 조건에 따라 ≪출력형태≫와 같이 작업하시오.

조건

(1) 차트 종류 ⇒ 〈묶은 세로 막대형〉으로 작업하시오.

(2) 데이터 범위 ⇒ "제1작업" 시트의 내용을 이용하여 작업하시오.

(3) 위치 ⇒ "새 시트"로 이동하고, "제4작업"으로 시트 이름을 바꾸시오.

(4) 차트 디자인 도구 ⇒ 레이아웃 3, 스타일 6을 선택하여 ≪출력형태≫에 맞게 작업하시오.

(5) 영역 서식 ⇒ 차트 : 글꼴(굴림, 11pt), 채우기 효과(질감-분홍 박엽지)
　　　　　　　　그림 : 채우기(흰색, 배경 1)

(6) 제목 서식 ⇒ 차트 제목 : 글꼴(굴림, 굵게, 20pt), 채우기(흰색, 배경 1), 테두리

(7) 서식 ⇒ 구입권수(권) 계열의 차트 종류를 〈표식이 있는 꺾은선형〉으로 변경한 후 보조 축으로 지정하시오.
　　　　계열 : ≪출력형태≫를 참조하여 표식(마름모, 크기 10)과 레이블 값을 표시하시오.
　　　　눈금선 : 선 스타일-파선
　　　　축 : ≪출력형태≫를 참조하시오.

(8) 범례 ⇒ 범례명을 변경하고 ≪출력형태≫를 참조하시오.

(9) 도형 ⇒ '말풍선: 타원형'을 삽입하고 ≪출력형태≫와 같이 내용을 입력하시오.

⑩ 나머지 사항은 ≪출력형태≫에 맞게 작성하시오.

출력형태

주의 시트명 순서가 차례대로 "제1작업", "제2작업", "제3작업", "제4작업"이 되도록 할 것.

과목	코드	문제유형	시험시간	수험번호	성 명
한글엑셀	1122	A	60분	12342010	

수 험 자 유 의 사 항

● 수험자는 문제지를 받는 즉시 문제지와 <u>수험표상의 시험과목(프로그램), 버전이 동일한지 반드시 확인</u>하여야 합니다.

● 파일명은 본인의 "수험번호-성명"으로 입력하여 답안폴더(내 PC\문서\ITQ)에 하나의 파일로 저장해야 하며, 답안문서 파일명이 "수험번호-성명"과 일치하지 않거나, 답안파일을 전송하지 않아 미제출로 처리될 경우 실격입니다(예 : 12345678-홍길동.xlsx).

● 답안 작성을 마치면 파일을 저장하고, '답안 전송' 버튼을 선택하여 감독위원 PC로 답안을 전송하십시오. 수험생 정보와 저장한 파일명이 다를 경우 전송되지 않으므로 주의하시기 바랍니다.

● 답안 작성 중에도 <u>주기적으로 저장하고 답안을 전송</u>하여야 문제 발생을 줄일 수 있습니다. 작업한 내용을 저장하지 않고 전송할 경우 이전에 저장된 내용이 전송되오니 이점 유의하시기 바랍니다.

● 답안문서는 지정된 경로 외의 다른 보조기억장치에 저장하는 경우, 지정된 시험 시간 외에 작성된 파일을 활용할 경우, 기타 통신수단(이메일, 메신저, 네트워크 등)을 이용하여 타인에게 전달 또는 외부 반출하는 경우는 부정 처리합니다.

● 시험 중 부주의 또는 고의로 시스템을 파손한 경우는 수험자가 변상해야 하며, <수험자 유의사항>에 기재된 방법대로 이행하지 않아 생기는 불이익은 수험생 당사자의 책임임을 알려 드립니다.

● 문제의 조건은 MS오피스 2021 버전으로 설정되어 있으며 MS오피스 2016은【 】에 표기되어 있습니다. 이와 관련하여 작성한 답안의 출력형태가 문제지와 다를 수 있습니다.

● 시험을 완료한 수험자는 답안파일이 전송되었는지 확인한 후 감독위원의 지시에 따라 문제지를 제출하고 퇴실합니다.

답 안 작 성 요 령

● 온라인 답안 작성 절차
  수험자 등록 ⇒ 시험 시작 ⇒ 답안파일 저장 ⇒ 답안 전송 ⇒ 시험 종료

● 문제는 총 4단계, 즉 제1작업부터 제4작업까지 구성되어 있으며 반드시 제1작업부터 순서대로 작성하고 조건대로 작업하시오.

● 모든 작업시트의 A열은 열 너비 '1'로, 나머지 열은 적당하게 조절하시오.

● 모든 작업시트의 테두리는《출력형태》와 같이 작업하시오.

● 해당 작업란에서는 각각 제시된 조건에 따라《출력형태》와 같이 작업하시오.

● 답안 시트 이름은 "제1작업", "제2작업", "제3작업", "제4작업"이어야 하며 답안 시트 이외의 것은 감점 처리됩니다.

● 각 시트를 파일로 나누어 작업해서 저장할 경우 실격 처리됩니다.

The Insight KPC
kpc 한국생산성본부

☞ 다음은 '해외 어학연수 모집 현황'에 대한 자료이다. 자료를 입력하고 조건에 맞도록 작업하시오.

출력형태

	A	B	C	D	E	F	G	H	I	J	K
1									담당	팀장	과장
2		해외 어학연수 모집 현황						결재			
3											
4		연수국가	도시	대상	출발일	연수기간	모집인원	연수비용(단위:원)	순위	출발요일	
5		미국	보스턴	초등학생	2024-12-20	8주	76	4,500,000	(1)	(2)	
6		영국	런던	대학생	2024-12-30	8주	54	4,600,000	(1)	(2)	
7		호주	시드니	중등학생	2025-01-01	4주	135	2,800,000	(1)	(2)	
8		필리핀	세부	중등학생	2024-12-10	6주	180	1,500,000	(1)	(2)	
9		호주	골드코스트	대학생	2024-11-30	8주	60	3,950,000	(1)	(2)	
10		캐나다	토론토	초등학생	2025-01-10	6주	35	3,800,000	(1)	(2)	
11		영국	이스트본	대학생	2024-12-01	8주	80	4,200,000	(1)	(2)	
12		필리핀	마닐라	초등학생	2024-12-26	8주	100	2,200,000	(1)	(2)	
13		최대 연수비용(단위:원)			(3)			초등학생 평균 모집인원		(5)	
14		총 연수비용(단위:원)			(4)		도시	보스턴	연수기간	(6)	
15											

조건

○ 모든 데이터의 서식에는 글꼴(굴림, 11pt), 정렬은 숫자 및 회계 서식은 오른쪽 정렬, 나머지 서식은 가운데 정렬로 작성하며 예외적인 것은 ≪출력형태≫를 참조하시오.

○ 제목 ⇒ 도형(사각형: 둥근 모서리)과 그림자(오프셋: 왼쪽 위)를 이용하여 작성하고 "해외 어학연수 모집 현황"을 입력한 후 다음 서식을 적용하시오(글꼴 -굴림, 24pt, 검정, 굵게, 채우기-노랑).

○ 임의의 셀에 결재란을 작성하여 그림복사 기능을 이용하여 붙이기 하시오(단, 원본 삭제).

○ 「B4:J4, G14, I14」 영역은 '주황'으로 채우기 하시오.

○ 유효성 검사를 이용하여 「H14」 셀에 도시(「C5:C12」 영역)가 선택 표시되도록 하시오.

○ 셀 서식 ⇒ 「G5:G12」 영역에 셀 서식을 이용하여 '명'을 표시하시오(예 : 25 → 25명).

○ 「G5:G12」 영역에 대해 '모집인원'으로 이름정의를 하시오.

◉ (1)~(6) 셀은 반드시 주어진 함수를 이용하여 값을 구하시오(결과 값을 직접 입력하면 해당 셀은 0점 처리됨).

(1) 순위 ⇒ 모집인원의 내림차순 순위를 구하시오(RANK.EQ 함수).

(2) 출발요일 ⇒ 출발일의 요일을 예와 같이 구하시오(CHOOSE, WEEKDAY 함수)(예 : 월요일).

(3) 최대 연수비용(단위:원) ⇒ (MAX 함수)

(4) 총 연수비용(단위:원) ⇒ 정의된 이름(모집인원)을 이용하여 「모집인원×연수비용(단위:원)」의 합계를 구하고, 천 단위 콤마 형식으로 표시하시오(SUMPRODUCT 함수).

(5) 초등학생 평균 모집인원 ⇒ 결과값을 반올림하여 정수로 구하시오. 단, 조건은 입력 데이터를 이용하시오(ROUND, DAVERAGE 함수)(예 : 12.3 → 12).

(6) 연수기간 ⇒ 「H14」 셀에서 선택한 도시에 대한 연수기간을 표시하시오(VLOOKUP 함수).

(7) 조건부 서식의 수식을 이용하여 모집인원이 '100' 이상인 행 전체에 다음의 서식을 적용하시오.(글꼴 : 파랑, 굵게).

☞ "제1작업" 시트의 「B4:H12」 영역을 복사하여 "제2작업" 시트의 「B2」 셀부터 모두 붙여넣기를 한 후 다음의 조건과 같이 작업하시오.

[조건]

(1) 고급 필터 – 대상이 '초등학생'이 아니면서 모집인원이 '60명' 이상인 자료의 데이터만 추출하시오.
      – 조건 범위 : 「B13」 셀부터 입력하시오.
      – 복사 위치 : 「B18」 셀부터 나타나도록 하시오.

(2) 표 서식 – 고급 필터의 결과 셀을 채우기 없음으로 설정한 후 '밝은 회색, 표 스타일 보통 11'의 서식을 적용하시오.
      – 머리글 행, 줄무늬 행을 적용하시오.

☞ "제1작업" 시트를 이용하여 "제3작업" 시트에 조건에 따라 《출력형태》와 같이 작업하시오.

[조건]

(1) 연수국가 및 출발일별 모집인원과 연수비용(단위:원)의 평균을 구하시오.
(2) 출발일을 그룹화하고, 연수국가를 《출력형태》와 같이 정렬하시오.
(3) 레이블이 있는 셀 병합 및 가운데 맞춤 적용과 빈 셀은 '**'로 표시하시오.
(4) 행의 총합계를 지우고, 나머지 사항은 《출력형태》에 맞게 작성하시오.

[출력형태]

연수국가	출발일					
	1월		11월		12월	
	평균 : 모집인원	평균 : 연수비용(단위:원)	평균 : 모집인원	평균 : 연수비용(단위:원)	평균 : 모집인원	평균 : 연수비용(단위:원)
호주	135	2,800,000	60	3,950,000	**	**
필리핀	**	**	**	**	140	1,850,000
캐나다	35	3,800,000	**	**	**	**
영국	**	**	**	**	67	4,400,000
미국	**	**	**	**	76	4,500,000
총합계	85	3,300,000	60	3,950,000	98	3,400,000

☞ "제1작업" 시트를 이용하여 조건에 따라 ≪출력형태≫와 같이 작업하시오.

조건

(1) 차트 종류 ⇒ 〈묶은 세로 막대형〉으로 작업하시오.

(2) 데이터 범위 ⇒ "제1작업" 시트의 내용을 이용하여 작업하시오.

(3) 위치 ⇒ "새 시트"로 이동하고, "제4작업"으로 시트 이름을 바꾸시오.

(4) 차트 디자인 도구 ⇒ 레이아웃 3, 스타일 5를 선택하여 ≪출력형태≫에 맞게 작업하시오.

(5) 영역 서식 ⇒ 차트 : 글꼴(굴림, 11pt), 채우기 효과(질감−신문 용지)

　　　　　　　그림 : 채우기(흰색, 배경 1)

(6) 제목 서식 ⇒ 차트 제목 : 글꼴(굴림, 굵게, 20pt), 채우기(흰색, 배경 1), 테두리

(7) 서식 ⇒ 연수비용(단위:원) 계열의 차트 종류를 〈표식이 있는 꺾은선형〉으로 변경한 후 보조 축으로 지정하시오.

　　　　계열 : ≪출력형태≫를 참조하여 표식(동그라미, 크기 10)과 레이블 값을 표시하시오.

　　　　눈금선 : 선 스타일 − 파선

　　　　축 : ≪출력형태≫를 참조하시오.

(8) 범례 ⇒ 범례명을 변경하고 ≪출력형태≫를 참조하시오.

(9) 도형 ⇒ '생각 풍선: 구름 모양'을 삽입하고 ≪출력형태≫와 같이 내용을 입력하시오.

(10) 나머지 사항은 ≪출력형태≫에 맞게 작성하시오.

출력형태

주의 시트명 순서가 차례대로 "제1작업", "제2작업", "제3작업", "제4작업"이 되도록 할 것.

MEMO

PART 3

기출문제

기출문제를 풀어봄으로써 최근 출제경향을 파악하고
수검자의 실력을 확인하도록 합니다.

※정답 파일과 동영상 강의는 [자료실]에서 다운로드하세요.

기출문제

과목	코드	문제유형	시험시간	수험번호	성 명
한글엑셀	1122	A	60분	12342021	

수 험 자 유 의 사 항

- 수험자는 문제지를 받는 즉시 문제지와 **수험표상의 시험과목(프로그램), 버전이 동일한지 반드시 확인**하여야 합니다.
- 파일명은 본인의 "수험번호-성명"으로 입력하여 답안폴더(내 PC\문서\ITQ)에 하나의 파일로 저장해야 하며, 답안문서 파일명이 "수험번호-성명"과 일치하지 않거나, 답안파일을 전송하지 않아 미제출로 처리될 경우 실격입니다(예 : 12345678-홍길동.xlsx).
- 답안 작성을 마치면 파일을 저장하고, '답안 전송' 버튼을 선택하여 감독위원 PC로 답안을 전송하십시오. 수험생 정보와 저장한 파일명이 다를 경우 전송되지 않으므로 주의하시기 바랍니다.
- 답안 작성 중에도 **주기적으로 저장하고 답안을 전송**하여야 문제 발생을 줄일 수 있습니다. 작업한 내용을 저장하지 않고 전송할 경우 이전에 저장된 내용이 전송되오니 이점 유의하시기 바랍니다.
- 답안문서는 지정된 경로 외의 다른 보조기억장치에 저장하는 경우, 지정된 시험 시간 외에 작성된 파일을 활용할 경우, 기타 통신수단(이메일, 메신저, 네트워크 등)을 이용하여 타인에게 전달 또는 외부 반출하는 경우는 부정 처리합니다.
- 시험 중 부주의 또는 고의로 시스템을 파손한 경우는 수험자가 변상해야 하며, <수험자 유의사항>에 기재된 방법대로 이행하지 않아 생기는 불이익은 수험생 당사자의 책임임을 알려 드립니다.
- 문제의 조건은 MS오피스 2021 버전으로 설정되어 있으며 MS오피스 2016은【 】에 표기되어 있습니다. 이와 관련하여 작성한 답안의 출력형태가 문제지와 다를 수 있습니다.
- 시험을 완료한 수험자는 답안파일이 전송되었는지 확인한 후 감독위원의 지시에 따라 문제지를 제출하고 퇴실합니다.

답 안 작 성 요 령

- 온라인 답안 작성 절차
  수험자 등록 ⇒ 시험 시작 ⇒ 답안파일 저장 ⇒ 답안 전송 ⇒ 시험 종료
- 문제는 총 4단계, 즉 제1작업부터 제4작업까지 구성되어 있으며 반드시 제1작업부터 순서대로 작성하고 조건대로 작업하시오.
- 모든 작업시트의 A열은 열 너비 '1'로, 나머지 열은 적당하게 조절하시오.
- 모든 작업시트의 테두리는 ≪출력형태≫와 같이 작업하시오.
- 해당 작업란에서는 각각 제시된 조건에 따라 ≪출력형태≫와 같이 작업하시오.
- 답안 시트 이름은 "제1작업", "제2작업", "제3작업", "제4작업"이어야 하며 답안 시트 이외의 것은 감점 처리됩니다.
- 각 시트를 파일로 나누어 작업해서 저장할 경우 실격 처리됩니다.

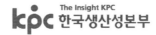

☞ 다음은 '달수 동물원 관리 현황'에 대한 자료이다. 자료를 입력하고 조건에 맞도록 작업하시오.

출력형태

	식별번호	동물명	위치	마리 수	평균 몸무게	월별 사료비용 (단위:원)	동물 투입 연도	순위	구분
							달수 동물원 관리 현황 결재	담당	대리	과장
	RJ-001	코끼리	사랑마을	2	2,500kg	634,000	2023년	(1)	(2)
	SM-001	판다	숲속마을	3	120kg	765,000	2023년	(1)	(2)
	SH-002	사자	숲속마을	5	250kg	1,205,000	2023년	(1)	(2)
	QJ-001	양	우정마을	6	223kg	232,000	2022년	(1)	(2)
	ER-001	사슴	사랑마을	5	121kg	372,000	2023년	(1)	(2)
	FE-001	얼룩말	우정마을	2	116kg	348,000	2022년	(1)	(2)
	AU-001	기린	우정마을	4	1,000kg	560,000	2024년	(1)	(2)
	SD-002	호랑이	숲속마을	6	332kg	1,501,000	2024년	(1)	(2)
	우정마을의 월별 사료비용(단위:원) 평균			(3)		가장 큰 평균 몸무게			(5)
	사랑마을 마리 수 합계			(4)		동물명	코끼리	동물 투입 연도	(6)

조건

○ 모든 데이터의 서식에는 글꼴(굴림, 11pt), 정렬은 숫자 및 회계 서식은 오른쪽 정렬, 나머지 서식은 가운데 정렬로 작성하며 예외적인 것은 ≪출력형태≫를 참조하시오.

○ 제 목 ⇒ 도형(사다리꼴)과 그림자(오프셋: 오른쪽)를 이용하여 작성하고 "달수 동물원 관리 현황"을 입력한 후 다음 서식을 적용하시오(글꼴–굴림, 24pt, 검정, 굵게, 채우기–노랑).

○ 임의의 셀에 결재란을 작성하여 그림으로 복사 기능을 이용하여 붙이기 하시오(단, 원본 삭제).

○ 「B4:J4, G14, I14」 영역은 '주황'으로 채우기 하시오.

○ 유효성 검사를 이용하여 「H14」 셀에 동물명(「C5:C12」 영역)이 선택 표시되도록 하시오.

○ 셀 서식 ⇒ 「F5:F12」 영역에 셀 서식을 이용하여 숫자 뒤에 'kg'을 표시하시오(예 : 2,500kg).

○ 「F5:F12」 영역에 대해 '몸무게'로 이름정의를 하시오.

◉ (1)~(6) 셀은 반드시 주어진 함수를 이용하여 값을 구하시오(결과 값을 직접 입력하면 해당 셀은 0점 처리됨).

(1) 순위 ⇒ 월별 사료비용(단위:원)의 내림차순 순위를 구하시오(RANK.EQ 함수).

(2) 구분 ⇒ 식별번호의 마지막 글자가 1이면 '초식성', 2이면 '육식성'으로 구하시오(CHOOSE, RIGHT 함수).

(3) 우정마을의 월별 사료비용(단위:원) 평균 ⇒ (SUMIF, COUNTIF 함수)

(4) 사랑마을 마리 수 합계 ⇒ 결과값에 '마리'를 붙이시오. 단, 조건은 입력 데이터를 이용하시오(DSUM 함수, & 연산자)(예 : 1마리).

(5) 가장 큰 평균 몸무게 ⇒ 정의된 이름(몸무게)을 이용하여 구하시오(MAX 함수).

(6) 동물 투입 연도 ⇒ 「H14」 셀에서 선택한 동물명에 대한 동물 투입 연도를 구하시오(VLOOKUP 함수).

(7) 조건부 서식의 수식을 이용하여 평균 몸무게가 '1,000' 이상인 행 전체에 다음의 서식을 적용하시오 (글꼴 : 파랑, 굵게).

☞ "제1작업" 시트의 「B4:H12」 영역을 복사하여 "제2작업" 시트의 「B2」 셀부터 모두 붙여넣기를 한 후 다음의 조건과 같이 작업하시오.

【조건】

(1) 목표값 찾기 – 「B11:G11」 셀을 병합하고 가운데 맞춤한 후 "사랑마을 월별 사료비용(단위:원) 평균"을 입력하고, 「H11」 셀에 사랑마을 월별 사료비용(단위:원) 평균을 구하시오. 단, 조건은 입력 데이터를 이용하시오 (DAVERAGE 함수, 테두리).

    – '사랑마을 월별 사료비용(단위:원) 평균'이 '500,000'이 되려면 코끼리의 월별 사료비용(단위:원)이 얼마가 되어야 하는지 목표값을 구하시오.

(2) 고급 필터 – 위치가 '사랑마을'이 아니면서 평균 몸무게가 '300' 이하인 자료의 동물명, 마리 수, 평균 몸무게, 월별 사료비용(단위:원) 데이터만 추출하시오.

    – 조건 범위 : 「B14」 셀부터 입력하시오.

    – 복사 위치 : 「B18」 셀부터 나타나도록 하시오.

☞ "제1작업" 시트의 「B4:H12」 영역을 복사하여 "제3작업" 시트의 「B2」 셀부터 모두 붙여넣기를 한 후 다음의 조건과 같이 작업하시오.

【조건】

(1) 부분합 – ≪출력형태≫처럼 정렬하고, 동물명의 개수와 월별 사료비용(단위:원)의 평균을 구하시오.

(2) 개요 – 지우시오.

(3) 나머지 사항은 ≪출력형태≫에 맞게 작성하시오.

【출력형태】

	B	C	D	E	F	G	H
2	식별번호	동물명	위치	마리 수	평균 몸무게	월별 사료비용 (단위:원)	동물 투입 연도
3	QJ-001	양	우정마을	6	223kg	232,000	2022년
4	FE-001	얼룩말	우정마을	2	116kg	348,000	2022년
5	AU-001	기린	우정마을	4	1,000kg	560,000	2024년
6			우정마을 평균			380,000	
7		3	우정마을 개수				
8	SM-001	판다	숲속마을	3	120kg	765,000	2023년
9	SH-002	사자	숲속마을	5	250kg	1,205,000	2023년
10	SD-002	호랑이	숲속마을	6	332kg	1,501,000	2024년
11			숲속마을 평균			1,157,000	
12		3	숲속마을 개수				
13	RJ-001	코끼리	사랑마을	2	2,500kg	634,000	2023년
14	ER-001	사슴	사랑마을	5	121kg	372,000	2023년
15			사랑마을 평균			503,000	
16		2	사랑마을 개수				
17			전체 평균			702,125	
18		8	전체 개수				

☞ "제1작업" 시트를 이용하여 조건에 따라 ≪출력형태≫와 같이 작업하시오.

조건

(1) 차트 종류 ⇒ 〈묶은 세로 막대형〉으로 작업하시오.

(2) 데이터 범위 ⇒ "제1작업" 시트의 내용을 이용하여 작업하시오.

(3) 위치 ⇒ "새 시트"로 이동하고, "제4작업"으로 시트 이름을 바꾸시오.

(4) 차트 디자인 도구 ⇒ 레이아웃 3, 스타일 1을 선택하여 ≪출력형태≫에 맞게 작업하시오.

(5) 영역 서식 ⇒ 차트 : 글꼴(굴림, 11pt), 채우기 효과(질감–파랑 박엽지)

                그림 : 채우기(흰색, 배경 1)

(6) 제목 서식 ⇒ 차트 제목 : 글꼴(굴림, 굵게, 20pt), 채우기(흰색, 배경 1), 테두리

(7) 서식 ⇒ 월별 사료비용(단위:원) 계열의 차트 종류를 〈표식이 있는 꺾은선형〉으로 변경한 후 보조 축으로 지정하시오.

              계열 : ≪출력형태≫를 참조하여 표식(마름모, 크기 10)과 레이블 값을 표시하시오.

              눈금선 : 선 스타일 –파선

              축 : ≪출력형태≫를 참조하시오.

(8) 범례 ⇒ 범례명을 변경하고 ≪출력형태≫를 참조하시오.

(9) 도형 ⇒ '말풍선: 모서리가 둥근 사각형'을 삽입하고 ≪출력형태≫와 같이 내용을 입력하시오.

(10) 나머지 사항은 ≪출력형태≫에 맞게 작성하시오.

출력형태

주의 시트명 순서가 차례대로 "제1작업", "제2작업", "제3작업", "제4작업"이 되도록 할 것.

2회 기출문제

과목	코드	문제유형	시험시간	수험번호	성 명
한글엑셀	1122	A	60분	12342022	

수 험 자 유 의 사 항

- 수험자는 문제지를 받는 즉시 문제지와 **수험표상의 시험과목(프로그램), 버전이 동일한지 반드시 확인**하여야 합니다.

- 파일명은 본인의 "수험번호-성명"으로 입력하여 답안폴더(내 PC\문서\ITQ)에 하나의 파일로 저장해야 하며, 답안문서 파일명이 "수험번호-성명"과 일치하지 않거나, 답안파일을 전송하지 않아 미제출로 처리될 경우 실격입니다(예 : 12345678-홍길동.xlsx).

- 답안 작성을 마치면 파일을 저장하고, '답안 전송' 버튼을 선택하여 감독위원 PC로 답안을 전송하십시오. 수험생 정보와 저장한 파일명이 다를 경우 전송되지 않으므로 주의하시기 바랍니다.

- 답안 작성 중에도 **주기적으로 저장하고 답안을 전송**하여야 문제 발생을 줄일 수 있습니다. 작업한 내용을 저장하지 않고 전송할 경우 이전에 저장된 내용이 전송되오니 이점 유의하시기 바랍니다.

- 답안문서는 지정된 경로 외의 다른 보조기억장치에 저장하는 경우, 지정된 시험 시간 외에 작성된 파일을 활용할 경우, 기타 통신수단(이메일, 메신저, 네트워크 등)을 이용하여 타인에게 전달 또는 외부 반출하는 경우는 부정 처리합니다.

- 시험 중 부주의 또는 고의로 시스템을 파손한 경우는 수험자가 변상해야 하며, 〈수험자 유의사항〉에 기재된 방법대로 이행하지 않아 생기는 불이익은 수험생 당사자의 책임임을 알려 드립니다.

- 문제의 조건은 MS오피스 2021 버전으로 설정되어 있으며 MS오피스 2016은【 】에 표기되어 있습니다. 이와 관련하여 작성한 답안의 출력형태가 문제지와 다를 수 있습니다.

- 시험을 완료한 수험자는 답안파일이 전송되었는지 확인한 후 감독위원의 지시에 따라 문제지를 제출하고 퇴실합니다.

답 안 작 성 요 령

- 온라인 답안 작성 절차
  수험자 등록 ⇒ 시험 시작 ⇒ 답안파일 저장 ⇒ 답안 전송 ⇒ 시험 종료

- 문제는 총 4단계, 즉 제1작업부터 제4작업까지 구성되어 있으며 반드시 제1작업부터 순서대로 작성하고 조건대로 작업하시오.

- 모든 작업시트의 A열은 열 너비 '1'로, 나머지 열은 적당하게 조절하시오.

- 모든 작업시트의 테두리는 《출력형태》와 같이 작업하시오.

- 해당 작업란에서는 각각 제시된 조건에 따라 《출력형태》와 같이 작업하시오.

- 답안 시트 이름은 "제1작업", "제2작업", "제3작업", "제4작업"이어야 하며 답안 시트 이외의 것은 감점 처리됩니다.

- 각 시트를 파일로 나누어 작업해서 저장할 경우 실격 처리됩니다.

The Insight KPC
kpc 한국생산성본부

☞ 다음은 '사원 실비보험 가입 현황'에 대한 자료이다. 자료를 입력하고 조건에 맞도록 작업하시오.

출력형태

사원코드	사원명	생년월일	가입연수	구분	월 보험료 (단위:원)	자기부담금 (치료시)	근무지	나이
						담당	팀장	센터장
						결 재		
SK8-122	정은지	1982-04-12	14	단체	43,600	10,000원	(1)	(2)
DP8-234	성희도	1979-03-16	7	가족	50,000	5,000원	(1)	(2)
EP7-145	안영자	1984-01-07	8	가족	109,000	11,500원	(1)	(2)
SP7-165	금희윤	1976-05-14	9	개인	26,000	10,000원	(1)	(2)
DP7-221	박승호	1991-08-15	11	단체	57,000	5,000원	(1)	(2)
EP8-145	정재량	1990-12-03	6	개인	82,000	5,000원	(1)	(2)
DP6-288	이승아	1989-09-19	10	가족	32,000	12,000원	(1)	(2)
EP6-137	김지호	1985-04-08	12	개인	25,000	10,000원	(1)	(2)
월 보험료(단위:원) 최고 금액			(3)			단체 가입자 수		(5)
10년 이상된 가입자 수			(4)		사원코드	SK8-122	가입연수	(6)

제목: **사원 실비보험 가입 현황**

조건

○ 모든 데이터의 서식에는 글꼴(굴림, 11pt), 정렬은 숫자 및 회계 서식은 오른쪽 정렬, 나머지 서식은 가운데 정렬로 작성하며 예외적인 것은 ≪출력형태≫를 참조하시오.

○ 제 목 ⇒ 도형(십자형)과 그림자(오프셋: 오른쪽)를 이용하여 작성하고 "사원 실비보험 가입 현황"을 입력한 후 다음 서식을 적용하시오 (글꼴–굴림, 24pt, 검정, 굵게, 채우기–노랑).

○ 임의의 셀에 결재란을 작성하여 그림으로 복사 기능을 이용하여 붙이기 하시오(단, 원본 삭제).

○ 「B4:J4, G14, I14」 영역은 '주황'으로 채우기 하시오.

○ 유효성 검사를 이용하여 「H14」 셀에 사원코드(「B5:B12」 영역)가 선택 표시되도록 하시오.

○ 셀 서식 ⇒ 「H5:H12」 영역에 셀 서식을 이용하여 숫자 뒤에 '원'을 표시하시오(예 : 10,000원).

○ 「G5:G12」 영역에 대해 '보험료'로 이름정의를 하시오.

◉ (1)~(6) 셀은 반드시 <u>주어진 함수를 이용</u>하여 값을 구하시오(결과 값을 직접 입력하면 해당 셀은 0점 처리됨).

(1) 근무지 ⇒ 사원코드의 첫 번째 글자가 S이면 '본부', D이면 '연수원', 그 외에는 '센터'로 구하시오(IF, LEFT 함수).

(2) 나이 ⇒ 「현재 시스템의 연도–생년월일의 연도」로 구하시오(TODAY, YEAR 함수).

(3) 월 보험료(단위:원) 최고 금액 ⇒ 정의된 이름(보험료)을 이용하여 구하시오(MAX 함수).

(4) 10년 이상된 가입자 수 ⇒ 가입연수가 10 이상인 수를 구한 결과값 뒤에 '명'을 붙이시오(COUNTIF 함수, & 연산자)(예 : 2명).

(5) 단체 가입자 수 ⇒ 조건은 입력 데이터를 이용하시오(DCOUNTA 함수).

(6) 가입연수 ⇒ 「H14」 셀에서 선택한 사원코드에 대한 가입연수를 구하시오(VLOOKUP 함수).

(7) 조건부 서식의 수식을 이용하여 가입연수가 '10' 이상인 행 전체에 다음의 서식을 적용하시오(글꼴 : 파랑, 굵게).

☞ "제1작업" 시트의 「B4:H12」 영역을 복사하여 "제2작업" 시트의 「B2」 셀부터 모두 붙여넣기를 한 후 다음의 조건과 같이 작업하시오.

조건

(1) 고급 필터 – 생년월일이 '1990-01-01' 이후(해당일 포함)이거나 구분이 '단체'인 자료의 사원코드, 가입연수, 월 보험료(단위:원), 자기부담금(치료시) 데이터만 추출하시오.

　　　　　 – 조건 범위 : 「B14」 셀부터 입력하시오.

　　　　　 – 복사 위치 : 「B18」 셀부터 나타나도록 하시오.

(2) 표 서식 – 고급 필터의 결과 셀을 채우기 없음으로 설정한 후 '녹색, 표 스타일 보통 7'의 서식을 적용하시오.

　　　　　 – 머리글 행, 줄무늬 행을 적용하시오.

☞ "제1작업" 시트를 이용하여 "제3작업" 시트에 조건에 따라 ≪출력형태≫와 같이 작업하시오.

조건

(1) 가입연수 및 구분별 사원명의 개수와 월 보험료(단위:원)의 평균을 구하시오.

(2) 가입연수를 그룹화하고, 구분을 ≪출력형태≫와 같이 정렬하시오.

(3) 레이블이 있는 셀 병합 및 가운데 맞춤 적용과 빈 셀은 '***'로 표시하시오.

(4) 행의 총합계는 지우고, 나머지 사항은 ≪출력형태≫에 맞게 작성하시오.

출력형태

가입연수	단체		개인		가족	
	개수 : 사원명	평균 : 월 보험료(단위:원)	개수 : 사원명	평균 : 월 보험료(단위:원)	개수 : 사원명	평균 : 월 보험료(단위:원)
6-8	***	***	1	82,000	2	79,500
9-11	1	57,000	1	26,000	1	32,000
12-14	1	43,600	1	25,000	***	***
총합계	2	50,300	3	44,333	3	63,667

☞ "제1작업" 시트를 이용하여 조건에 따라 ≪출력형태≫와 같이 작업하시오.

조건

(1) 차트 종류 ⇒ 〈묶은 세로 막대형〉으로 작업하시오.

(2) 데이터 범위 ⇒ "제1작업" 시트의 내용을 이용하여 작업하시오.

(3) 위치 ⇒ "새 시트"로 이동하고, "제4작업"으로 시트 이름을 바꾸시오.

(4) 차트 디자인 도구 ⇒ 레이아웃 3, 스타일 1을 선택하여 ≪출력형태≫에 맞게 작업하시오.

(5) 영역 서식 ⇒ 차트 : 글꼴(굴림, 11pt), 채우기 효과(질감−분홍 박엽지)

               그림 : 채우기(흰색, 배경 1)

(6) 제목 서식 ⇒ 차트 제목 : 글꼴(굴림, 굵게, 20pt), 채우기(흰색, 배경 1), 테두리

(7) 서식 ⇒ 가입연수 계열의 차트 종류를 〈표식이 있는 꺾은선형〉으로 변경한 후 보조 축으로 지정하시오.

        계열 : ≪출력형태≫를 참조하여 표식(세모, 크기 10)과 레이블 값을 표시하시오.

        눈금선 : 선 스타일 −파선

        축 : ≪출력형태≫를 참조하시오.

(8) 범례 ⇒ 범례명을 변경하고 ≪출력형태≫를 참조하시오.

(9) 도형 ⇒ '말풍선: 모서리가 둥근 사각형'을 삽입하고 ≪출력형태≫와 같이 내용을 입력하시오.

(10) 나머지 사항은 ≪출력형태≫에 맞게 작성하시오.

출력형태

주의   시트명 순서가 차례대로 "제1작업", "제2작업", "제3작업", "제4작업"이 되도록 할 것.

3회 기출문제

과목	코드	문제유형	시험시간	수험번호	성 명
한글엑셀	1122	A	60분	12342023	

수 험 자 유 의 사 항

- 수험자는 문제지를 받는 즉시 문제지와 **수험표상의 시험과목(프로그램), 버전이 동일한지 반드시 확인**하여야 합니다.
- 파일명은 본인의 "수험번호-성명"으로 입력하여 답안폴더(내 PC\문서\ITQ)에 하나의 파일로 저장해야 하며, 답안문서 파일명이 "수험번호-성명"과 일치하지 않거나, 답안파일을 전송하지 않아 미제출로 처리될 경우 실격입니다(예 : 12345678-홍길동.xlsx).
- 답안 작성을 마치면 파일을 저장하고, '답안 전송' 버튼을 선택하여 감독위원 PC로 답안을 전송하십시오. 수험생 정보와 저장한 파일명이 다를 경우 전송되지 않으므로 주의하시기 바랍니다.
- 답안 작성 중에도 **주기적으로 저장하고 답안을 전송**하여야 문제 발생을 줄일 수 있습니다. 작업한 내용을 저장하지 않고 전송할 경우 이전에 저장된 내용이 전송되오니 이점 유의하시기 바랍니다.
- 답안문서는 지정된 경로 외의 다른 보조기억장치에 저장하는 경우, 지정된 시험 시간 외에 작성된 파일을 활용할 경우, 기타 통신수단(이메일, 메신저, 네트워크 등)을 이용하여 타인에게 전달 또는 외부 반출하는 경우는 부정 처리합니다.
- 시험 중 부주의 또는 고의로 시스템을 파손한 경우는 수험자가 변상해야 하며, 〈수험자 유의사항〉에 기재된 방법대로 이행하지 않아 생기는 불이익은 수험생 당사자의 책임임을 알려 드립니다.
- 문제의 조건은 MS오피스 2021 버전으로 설정되어 있으며 MS오피스 2016은【 】에 표기되어 있습니다. 이와 관련하여 작성한 답안의 출력형태가 문제지와 다를 수 있습니다.
- 시험을 완료한 수험자는 답안파일이 전송되었는지 확인한 후 감독위원의 지시에 따라 문제지를 제출하고 퇴실합니다.

답 안 작 성 요 령

- 온라인 답안 작성 절차
  수험자 등록 ⇒ 시험 시작 ⇒ 답안파일 저장 ⇒ 답안 전송 ⇒ 시험 종료
- 문제는 총 4단계, 즉 제1작업부터 제4작업까지 구성되어 있으며 반드시 제1작업부터 순서대로 작성하고 조건대로 작업하시오.
- 모든 작업시트의 A열은 열 너비 '1'로, 나머지 열은 적당하게 조절하시오.
- 모든 작업시트의 테두리는 ≪출력형태≫와 같이 작업하시오.
- 해당 작업란에서는 각각 제시된 조건에 따라 ≪출력형태≫와 같이 작업하시오.
- 답안 시트 이름은 "제1작업", "제2작업", "제3작업", "제4작업"이어야 하며 답안 시트 이외의 것은 감점 처리됩니다.
- 각 시트를 파일로 나누어 작업해서 저장할 경우 실격 처리됩니다.

The Insight KPC
kpc 한국생산성본부

☞ 다음은 '웨어러블 디바이스 판매 현황'에 대한 자료이다. 자료를 입력하고 조건에 맞도록 작업하시오.

출력형태

코드	상품명	분류	원산지	판매수량 (단위:개)	재고수량 (단위:개)	판매가격	판매수량 순위	배송기간
						확인 담당	팀장	부장
JN-323	스마트 링	주얼리	국내	2,450	550	84,320원	(1)	(2)
WE-131	에어엑스워치	시계	국외	1,325	675	48,000원	(1)	(2)
SN-212	교정밸런스	신발용품	국내	763	1,235	109,000원	(1)	(2)
JN-312	멘탈플러스	주얼리	국내	3,250	750	107,800원	(1)	(2)
WN-132	미 밴드5	시계	국외	1,089	911	51,000원	(1)	(2)
SA-213	깔창 핏가이더	신발용품	국내	567	433	112,970원	(1)	(2)
WE-134	애플워치 SE	시계	국외	987	1,013	309,000원	(1)	(2)
WN-231	갤럭시 워치5	시계	국내	1,830	1,166	439,000원	(1)	(2)
시계 판매수량(단위:개) 평균			(3)		최소 재고수량(단위:개)			(5)
멘탈플러스의 판매가격			(4)		상품명	스마트링	판매가격	(6)

조건

○ 모든 데이터의 서식에는 글꼴(굴림, 11pt), 정렬은 숫자 및 회계 서식은 오른쪽 정렬, 나머지 서식은 가운데 정렬로 작성하며 예외적인 것은 ≪출력형태≫를 참조하시오.

○ 제 목 ⇒ 도형(사다리꼴)과 그림자(오프셋: 오른쪽)를 이용하여 작성하고 "웨어러블 디바이스 판매 현황"을 입력한 후 다음 서식을 적용하시오(글꼴-굴림, 24pt, 검정, 굵게, 채우기-노랑).

○ 임의의 셀에 결재란을 작성하여 그림으로 복사 기능을 이용하여 붙이기 하시오(단, 원본 삭제).

○ 「B4:J4, G14, I14」 영역은 '주황'으로 채우기 하시오.

○ 유효성 검사를 이용하여 「H14」 셀에 상품명(「C5:C12」 영역)이 선택 표시되도록 하시오.

○ 셀 서식 ⇒ 「H5:H12」 영역에 셀 서식을 이용하여 숫자 뒤에 '원'을 표시하시오(예 : 84,320원).

○ 「G5:G12」 영역에 대해 '재고수량'으로 이름정의를 하시오.

⊙ (1)~(6) 셀은 반드시 <u>주어진 함수를 이용</u>하여 값을 구하시오(결과 값을 직접 입력하면 해당 셀은 0점 처리됨).

(1) 판매수량순위 ⇒ 판매수량(단위:개)의 내림차순 순위를 구한 결과에 '위'를 붙이시오(RANK.EQ 함수, & 연산자)(예 : 1위).

(2) 배송기간 ⇒ 원산지가 국내이면 '4일', 그 외에는 '14일'로 구하시오(IF 함수).

(3) 시계 판매수량(단위:개) 평균 ⇒ 시계 상품의 판매수량(단위:개) 평균을 구하시오(SUMIF, COUNTIF 함수).

(4) 멘탈플러스의 판매가격 ⇒ (INDEX, MATCH 함수)

(5) 최소 재고수량(단위:개) ⇒ 정의된 이름(재고수량)을 이용하여 구하시오(SMALL 함수).

(6) 판매가격 ⇒ 「H14」 셀에서 선택한 상품명에 대한 판매가격을 구하시오(VLOOKUP 함수).

(7) 조건부 서식의 수식을 이용하여 판매수량(단위:개)이 '1,500' 이상인 행 전체에 다음의 서식을 적용하시오(글꼴 : 파랑, 굵게).

☞ "제1작업" 시트의 「B4:H12」 영역을 복사하여 "제2작업" 시트의 「B2」 셀부터 모두 붙여넣기를 한 후 다음의
　조건과 같이 작업하시오.

▌조건▐

(1) 목표값 찾기 – 「B11:G11」 셀을 병합하고 가운데 맞춤한 후 "국내 원산지 상품의 판매수량(단위:개) 평균"을 입력하고,
　　　　　　　「H11」 셀에 국내 원산지 상품의 판매수량(단위:개) 평균을 구하시오. 단, 조건은 입력 데이터를
　　　　　　　이용하시오(DAVERAGE 함수, 테두리).
　　　　　　 – '국내 원산지 상품의 판매수량(단위:개) 평균'이 '1,800'이 되려면 교정밸런스의 판매수량(단위:개)이 얼마가
　　　　　　　되어야 하는지 목표값을 구하시오.
(2) 고급 필터 – 원산지가 '국내'이면서 재고수량(단위:개)이 '500' 이상인 자료의 상품명, 분류, 판매수량(단위:개), 판매가격
　　　　　　　데이터만 추출하시오.
　　　　　　 – 조건 범위 : 「B14」 셀부터 입력하시오.
　　　　　　 – 복사 위치 : 「B18」 셀부터 나타나도록 하시오.

☞ "제1작업" 시트의 「B4:H12」 영역을 복사하여 "제3작업" 시트의 「B2」 셀부터 모두 붙여넣기를 한 후 다음의
　조건과 같이 작업하시오.

▌조건▐

(1) 부분합– ≪출력형태≫처럼 정렬하고, 상품명의 개수와 판매가격의 평균을 구하시오.
(2) 개요 – 지우시오.
(3) 나머지 사항은 ≪출력형태≫에 맞게 작성하시오.

▌출력형태▐

	A	B	C	D	E	F	G	H
1								
2		코드	상품명	분류	원산지	판매수량 (단위:개)	재고수량 (단위:개)	판매가격
3		WE-131	에어엑스워치	시계	국외	1,325	675	48,000원
4		WN-132	미 밴드5	시계	국외	1,089	911	51,000원
5		WE-134	애플워치 SE	시계	국외	987	1013	309,000원
6		WN-231	갤럭시 워치5	시계	국내	1,830	1166	439,000원
7				시계 평균				211,750원
8			4	시계 개수				
9		SN-212	교정밸런스	신발용품	국내	763	1235	109,000원
10		SA-213	깔창 핏가이더	신발용품	국내	567	433	112,970원
11				신발용품 평균				110,985원
12			2	신발용품 개수				
13		JN-323	스마트 링	주얼리	국내	2,450	550	84,320원
14		JN-312	멘탈플러스	주얼리	국내	3,250	750	107,800원
15				주얼리 평균				96,060원
16			2	주얼리 개수				
17				전체 평균				157,636원
18			8	전체 개수				

☞ "제1작업" 시트를 이용하여 조건에 따라 ≪출력형태≫와 같이 작업하시오.

조건

(1) 차트 종류 ⇒ 〈묶은 세로 막대형〉으로 작업하시오.

(2) 데이터 범위 ⇒ "제1작업" 시트의 내용을 이용하여 작업하시오.

(3) 위치 ⇒ "새 시트"로 이동하고, "제4작업"으로 시트 이름을 바꾸시오.

(4) 차트 디자인 도구 ⇒ 레이아웃 3, 스타일 1을 선택하여 ≪출력형태≫에 맞게 작업하시오.

(5) 영역 서식 ⇒ 차트 : 글꼴(굴림, 11pt), 채우기 효과(질감–파랑 박엽지)

　　　　　　　 그림 : 채우기(흰색, 배경 1)

(6) 제목 서식 ⇒ 차트 제목 : 글꼴(굴림, 굵게, 20pt), 채우기(흰색, 배경 1), 테두리

(7) 서식 ⇒ 판매가격 계열의 차트 종류를 〈표식이 있는 꺾은선형〉으로 변경한 후 보조 축으로 지정하시오.

　　　　 계열 : ≪출력형태≫를 참조하여 표식(세모, 크기 10)과 레이블 값을 표시하시오.

　　　　 눈금선 : 선 스타일–파선

　　　　 축 : ≪출력형태≫를 참조하시오.

(8) 범례 ⇒ 범례명을 변경하고 ≪출력형태≫를 참조하시오.

(9) 도형 ⇒ '말풍선: 모서리가 둥근 사각형'을 삽입한 후 ≪출력형태≫와 같이 내용을 입력하시오.

(10) 나머지 사항은 ≪출력형태≫에 맞게 작성하시오

출력형태

주의 시트명 순서가 차례대로 "제1작업", "제2작업", "제3작업", "제4작업"이 되도록 할 것.

과목	코드	문제유형	시험시간	수험번호	성 명
한글엑셀	1122	A	60분	12342024	

수 험 자 유 의 사 항

- 수험자는 문제지를 받는 즉시 문제와 **수험표상의 시험과목(프로그램), 버전이 동일한지 반드시 확인**하여야 합니다.
- 파일명은 본인의 "수험번호-성명"으로 입력하여 답안폴더(내 PC\문서\ITQ)에 하나의 파일로 저장해야 하며, 답안문서 파일명이 "수험번호-성명"과 일치하지 않거나, 답안파일을 전송하지 않아 미제출로 처리될 경우 실격입니다(예 : 12345678-홍길동.xlsx).
- 답안 작성을 마치면 파일을 저장하고, '답안 전송' 버튼을 선택하여 감독위원 PC로 답안을 전송하십시오. 수험생 정보와 저장한 파일명이 다를 경우 전송되지 않으므로 주의하시기 바랍니다.
- 답안 작성 중에도 **주기적으로 저장하고 답안을 전송**하여야 문제 발생을 줄일 수 있습니다. 작업한 내용을 저장하지 않고 전송할 경우 이전에 저장된 내용이 전송되오니 이점 유의하시기 바랍니다.
- 답안문서는 지정된 경로 외의 다른 보조기억장치에 저장하는 경우, 지정된 시험 시간 외에 작성된 파일을 활용할 경우, 기타 통신수단(이메일, 메신저, 네트워크 등)을 이용하여 타인에게 전달 또는 외부 반출하는 경우는 부정 처리합니다.
- 시험 중 부주의 또는 고의로 시스템을 파손한 경우는 수험자가 변상해야 하며, 〈수험자 유의사항〉에 기재된 방법대로 이행하지 않아 생기는 불이익은 수험생 당사자의 책임임을 알려 드립니다.
- 문제의 조건은 MS오피스 2021 버전으로 설정되어 있으며 MS오피스 2016은【 】에 표기되어 있습니다. 이와 관련하여 작성한 답안의 출력형태가 문제지와 다를 수 있습니다.
- 시험을 완료한 수험자는 답안파일이 전송되었는지 확인한 후 감독위원의 지시에 따라 문제지를 제출하고 퇴실합니다.

답 안 작 성 요 령

- 온라인 답안 작성 절차
  수험자 등록 ⇒ 시험 시작 ⇒ 답안파일 저장 ⇒ 답안 전송 ⇒ 시험 종료
- 문제는 총 4단계, 즉 제1작업부터 제4작업까지 구성되어 있으며 반드시 제1작업부터 순서대로 작성하고 조건대로 작업하시오.
- 모든 작업시트의 A열은 열 너비 '1'로, 나머지 열은 적당하게 조절하시오.
- 모든 작업시트의 테두리는 ≪출력형태≫와 같이 작업하시오.
- 해당 작업란에서는 각각 제시된 조건에 따라 ≪출력형태≫와 같이 작업하시오.
- 답안 시트 이름은 "제1작업", "제2작업", "제3작업", "제4작업"이어야 하며 답안 시트 이외의 것은 감점 처리됩니다.
- 각 시트를 파일로 나누어 작업해서 저장할 경우 실격 처리됩니다.

The Insight KPC
kpc 한국생산성본부

☞ 다음은 '모래수송선 실적 현황'에 대한 자료이다. 자료를 입력하고 조건에 맞도록 작업하시오.

출력형태

코드	선박명	대리점	입항항	항차	입항일	화물량 (단위:톤)	입항 요일	비고
					모래수송선 실적 현황		확인 담당 대리 과장	
A6362	천곡211호	신일해운	목포	75	2024-01-13	7,820	(1)	(2)
B8325	추암203호	승호해운	인천	82	2024-03-01	5,064	(1)	(2)
C3296	평릉402호	승호해운	인천	11	2024-03-04	6,322	(1)	(2)
B1287	백석105호	신일해운	부산	6	2024-02-21	4,368	(1)	(2)
B1554	삼봉902호	태현이앤씨	인천	4	2024-01-27	5,239	(1)	(2)
C2281	비천107호	승호해운	부산	68	2024-03-03	3,640	(1)	(2)
A7732	해동323호	신일해운	인천	5	2024-02-12	4,325	(1)	(2)
A6528	대진704호	태현이앤씨	인천	48	2024-02-16	2,418	(1)	(2)
최소 화물량(단위:톤)			(3)		신일해운 선박의 항차 평균			(5)
승호해운의 선박개수			(4)		코드	A6362	항차	(6)

조건

○ 모든 데이터의 서식에는 글꼴(굴림, 11pt), 정렬은 숫자 및 회계 서식은 오른쪽 정렬, 나머지 서식은 가운데 정렬로 작성하며 예외적인 것은 《출력형태》를 참조하시오.

○ 제목 ⇒ 도형(사각형: 잘린 한쪽 모서리)과 그림자(오프셋: 오른쪽)를 이용하여 작성하고 "모래수송선 실적 현황"을 입력한 후 다음 서식을 적용하시오(글꼴-굴림, 24pt, 검정, 굵게, 채우기-노랑).

○ 임의의 셀에 결재란을 작성하여 그림으로 복사 기능을 이용하여 붙이기 하시오(단, 원본 삭제).

○ 「B4:J4, G14, I14」영역은 '주황'으로 채우기 하시오.

○ 유효성 검사를 이용하여 「H14」셀에 코드(「B5:B12」영역)가 선택 표시되도록 하시오.

○ 셀 서식 ⇒ 「F5:F12」영역에 셀 서식을 이용하여 숫자 뒤에 '항차'를 표시하시오(예 : 75항차).

○ 「D5:D12」영역에 대해 '대리점'으로 이름정의를 하시오.

◎ (1)~(6) 셀은 반드시 <u>주어진 함수를 이용하여 값을 구하시오</u>(결과값을 직접 입력하면 해당 셀은 0점 처리됨).

(1) 입항요일 ⇒ 입항일의 요일을 예와 같이 구하시오(CHOOSE, WEEKDAY 함수)(예 : 월요일).

(2) 비고 ⇒ 항차의 내림차순 순위를 구한 결과값에 '위'를 붙이시오(RANK.EQ 함수, & 연산자)(예 : 1위).

(3) 최소 화물량(단위:톤) ⇒ (MIN 함수)

(4) 승호해운의 선박개수 ⇒ 정의된 이름(대리점)을 이용하여 구하시오(COUNTIF 함수).

(5) 신일해운 선박의 항차 평균 ⇒ 소수점 아래는 버리고 정수로 구하시오. 단, 조건은 입력 데이터를 이용하시오(INT, DAVERAGE 함수)(예 : 43.65 → 43).

(6) 항차 ⇒ 「H14」셀에서 선택한 코드에 대한 항차를 표시하시오(VLOOKUP 함수).

(7) 조건부 서식의 수식을 이용하여 항차가 '10' 이하인 행 전체에 다음의 서식을 적용하시오(글꼴 : 파랑, 굵게).

☞ "제1작업" 시트의 「B4:H12」 영역을 복사하여 "제2작업" 시트의 「B2」 셀부터 모두 붙여넣기를 한 후 다음의 조건과 같이 작업하시오.

조건

(1) 고급 필터 – 코드가 'C'로 시작하거나, 화물량(단위:톤)이 '6,000' 이상인 자료의 코드, 선박명, 항차, 화물량(단위:톤) 데이터만 추출하시오.
　　　　　　– 조건 범위 : 「B14」 셀부터 입력하시오.
　　　　　　– 복사 위치 : 「B18」 셀부터 나타나도록 하시오.

(2) 표 서식 – 고급 필터의 결과 셀을 채우기 없음으로 설정한 후 '파랑, 표 스타일 보통 6'의 서식을 적용하시오.
　　　　　　– 머리글 행, 줄무늬 행을 적용하시오.

☞ "제1작업" 시트를 이용하여 "제3작업" 시트에 조건에 따라 ≪출력형태≫와 같이 작업하시오.

조건

(1) 입항일 및 대리점별 선박명의 개수와 화물량(단위:톤)의 평균을 구하시오.

(2) 입항일은 그룹화하고, 대리점을 ≪출력형태≫와 같이 정렬하시오.

(3) 레이블이 있는 셀 병합 및 가운데 맞춤 적용과 빈 셀은 '**'로 표시하시오.

(4) 행의 총합계는 지우고, 나머지 사항은 ≪출력형태≫에 맞게 작성하시오.

출력형태

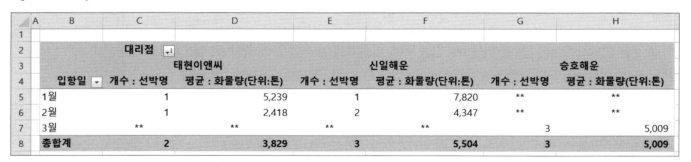

입항일	대리점 태현이앤씨 개수 : 선박명	태현이앤씨 평균 : 화물량(단위:톤)	신일해운 개수 : 선박명	신일해운 평균 : 화물량(단위:톤)	승호해운 개수 : 선박명	승호해운 평균 : 화물량(단위:톤)
1월	1	5,239	1	7,820	**	**
2월	1	2,418	2	4,347	**	**
3월	**	**	**	**	3	5,009
총합계	2	3,829	3	5,504	3	5,009

☞ "제1작업" 시트를 이용하여 조건에 따라 ≪출력형태≫와 같이 작업하시오.

조건

(1) 차트 종류 ⇒ 〈묶은 세로 막대형〉으로 작업하시오.

(2) 데이터 범위 ⇒ "제1작업" 시트의 내용을 이용하여 작업하시오.

(3) 위치 ⇒ "새 시트"로 이동하고, "제4작업"으로 시트 이름을 바꾸시오.

(4) 차트 디자인 도구 ⇒ 레이아웃 3, 스타일 1을 선택하여 ≪출력형태≫에 맞게 작업하시오.

(5) 영역 서식 ⇒ 차트 : 글꼴(굴림, 11pt), 채우기 효과(질감−파랑 박엽지)
　　　　　　　　그림 : 채우기(흰색, 배경 1)

(6) 제목 서식 ⇒ 차트 제목 : 글꼴(굴림, 굵게, 20pt), 채우기(흰색, 배경 1), 테두리

(7) 서식 ⇒ 항차 계열의 차트 종류를 〈표식이 있는 꺾은선형〉으로 변경한 후 보조 축으로 지정하시오.
　　　　계열 : ≪출력형태≫를 참조하여 표식(세모, 크기 10)과 레이블 값을 표시하시오.
　　　　눈금선 : 선 스타일−파선
　　　　축 : ≪출력형태≫를 참조하시오.

(8) 범례 ⇒ 범례명을 변경하고 ≪출력형태≫를 참조하시오.

(9) 도형 ⇒ '말풍선: 모서리가 둥근 사각형'을 삽입한 후 ≪출력형태≫와 같이 내용을 입력하시오.

(10) 나머지 사항은 ≪출력형태≫에 맞게 작성하시오.

출력형태

주의 시트명 순서가 차례대로 "제1작업", "제2작업", "제3작업", "제4작업"이 되도록 할 것.

5_회 기출문제

과목	코드	문제유형	시험시간	수험번호	성 명
한글엑셀	1122	A	60분	12342025	

수 험 자 유 의 사 항

- 수험자는 문제지를 받는 즉시 문제지와 **수험표상의 시험과목(프로그램), 버전이 동일한지 반드시 확인**하여야 합니다.
- 파일명은 본인의 "수험번호-성명"으로 입력하여 답안폴더(내 PC\문서\ITQ)에 하나의 파일로 저장해야 하며, 답안문서 파일명이 "수험번호-성명"과 일치하지 않거나, 답안파일을 전송하지 않아 미제출로 처리될 경우 실격입니다(예 : 12345678-홍길동.xlsx).
- 답안 작성을 마치면 파일을 저장하고, '답안 전송' 버튼을 선택하여 감독위원 PC로 답안을 전송하십시오. 수험생 정보와 저장한 파일명이 다를 경우 전송되지 않으므로 주의하시기 바랍니다.
- 답안 작성 중에도 **주기적으로 저장하고 답안을 전송**하여야 문제 발생을 줄일 수 있습니다. 작업한 내용을 저장하지 않고 전송할 경우 이전에 저장된 내용이 전송되오니 이점 유의하시기 바랍니다.
- 답안문서는 지정된 경로 외의 다른 보조기억장치에 저장하는 경우, 지정된 시험 시간 외에 작성된 파일을 활용할 경우, 기타 통신수단(이메일, 메신저, 네트워크 등)을 이용하여 타인에게 전달 또는 외부 반출하는 경우는 부정 처리합니다.
- 시험 중 부주의 또는 고의로 시스템을 파손한 경우는 수험자가 변상해야 하며, 〈수험자 유의사항〉에 기재된 방법대로 이행하지 않아 생기는 불이익은 수험생 당사자의 책임임을 알려 드립니다.
- 문제의 조건은 MS오피스 2021 버전으로 설정되어 있으며 MS오피스 2016은【 】에 표기되어 있습니다. 이와 관련하여 작성한 답안의 출력형태가 문제지와 다를 수 있습니다.
- 시험을 완료한 수험자는 답안파일이 전송되었는지 확인한 후 감독위원의 지시에 따라 문제지를 제출하고 퇴실합니다.

답 안 작 성 요 령

- 온라인 답안 작성 절차
  수험자 등록 ⇒ 시험 시작 ⇒ 답안파일 저장 ⇒ 답안 전송 ⇒ 시험 종료
- 문제는 총 4단계, 즉 제1작업부터 제4작업까지 구성되어 있으며 반드시 제1작업부터 순서대로 작성하고 조건대로 작업하시오.
- 모든 작업시트의 A열은 열 너비 '1'로, 나머지 열은 적당하게 조절하시오.
- 모든 작업시트의 테두리는 ≪출력형태≫와 같이 작업하시오.
- 해당 작업란에서는 각각 제시된 조건에 따라 ≪출력형태≫와 같이 작업하시오.
- 답안 시트 이름은 "제1작업", "제2작업", "제3작업", "제4작업"이어야 하며 답안 시트 이외의 것은 감점 처리됩니다.
- 각 시트를 파일로 나누어 작업해서 저장할 경우 실격 처리됩니다.

The Insight KPC
kpc 한국생산성본부

☞ 다음은 '패션 쥬얼리 구매 현황'에 대한 자료이다. 자료를 입력하고 조건에 맞도록 작업하시오.

출력형태

	코드	상품명	품목	컬러	리뷰 (개)	판매가격 (원)	연령	회원구분	순위
						확인	담당	팀장	부장
	EW150	크리스탈드롭	귀걸이	화이트	346	27,000	40대	(1)	(2)
	BR147	트위스트	팔찌	로즈	10	41,000	20대	(1)	(2)
	RR251	심플투라인	반지	로즈	40	39,000	20대	(1)	(2)
	NY239	볼드체인	목걸이	옐로우	131	98,000	50대	(1)	(2)
	EY145	미니하트	귀걸이	옐로우	79	55,000	30대	(1)	(2)
	NR236	이니셜스틱	목걸이	로즈	73	63,000	40대	(1)	(2)
	RW143	행운물고기	반지	화이트	98	71,000	20대	(1)	(2)
	ER128	블랙플라워	귀걸이	로즈	150	34,000	60대	(1)	(2)
	로즈 컬러 개수			(3)		최대 판매가격(원)			(5)
	귀걸이 품목의 판매가격(원) 평균			(4)		상품명	크리스탈드롭	리뷰 (개)	(6)

조건

○ 모든 데이터의 서식에는 글꼴(굴림, 11pt), 정렬은 숫자 및 회계 서식은 오른쪽 정렬, 나머지 서식은 가운데 정렬로 작성하며 예외적인 것은 ≪출력형태≫를 참조하시오.

○ 제 목 ⇒ 도형(사다리꼴)과 그림자(오프셋: 오른쪽)를 이용하여 작성하고 "패션 쥬얼리 구매 현황"을 입력한 후 다음 서식을 적용하시오(글꼴-굴림, 24pt, 검정, 굵게, 채우기-노랑).

○ 임의의 셀에 결재란을 작성하여 그림으로 복사 기능을 이용하여 붙이기 하시오(단, 원본 삭제).

○ 「B4:J4, G14, I14」 영역은 '주황'으로 채우기 하시오.

○ 유효성 검사를 이용하여 「H14」 셀에 상품명(「C5:C12」 영역)이 선택 표시되도록 하시오.

○ 셀 서식 ⇒ 「H5:H12」 영역에 셀 서식을 이용하여 숫자 뒤에 '대'를 표시하시오(예 : 40대).

○ 「E5:E12」 영역에 대해 '컬러'로 이름정의를 하시오.

◎ (1)~(6) 셀은 반드시 <u>주어진 함수를 이용</u>하여 값을 구하시오(결과값을 직접 입력하면 해당 셀은 0점 처리됨).

(1) 회원구분 ⇒ 코드의 세 번째 값이 1이면 '회원', 그 외에는 '비회원'으로 표시하시오(IF, MID 함수).

(2) 순위 ⇒ 리뷰(개)의 내림차순 순위를 구한 결과값에 '위'를 붙이시오(RANK.EQ 함수, & 연산자)(예 : 1위).

(3) 로즈 컬러 개수 ⇒ 정의된 이름(컬러)을 이용하여 구하시오(COUNTIF 함수).

(4) 귀걸이 품목의 판매가격(원) 평균 ⇒ 반올림하여 천원 단위까지 구하고, 조건은 입력 데이터를 이용하시오(ROUND, DAVERAGE 함수)(예 : 37,657→38,000).

(5) 최대 판매가격(원) ⇒ (MAX 함수)

(6) 리뷰(개) ⇒ 「H14」 셀에서 선택한 상품명에 대한 리뷰(개)를 구하시오(VLOOKUP 함수).

(7) 조건부 서식의 수식을 이용하여 판매가격(원)이 '60,000' 이상인 행 전체에 다음의 서식을 적용하시오(글꼴 : 파랑, 굵게)

☞ "제1작업" 시트의 「B4:H12」 영역을 복사하여 "제2작업" 시트의 「B2」 셀부터 모두 붙여넣기를 한 후 다음의 조건과 같이 작업하시오.

조건

(1) 목표값 찾기 – 「B11:G11」 셀을 병합하고 가운데 맞춤한 후 "판매가격(원) 전체평균"을 입력하고, 「H11」 셀에 판매가격(원)의 전체평균을 구하시오(AVERAGE 함수, 테두리).

　　　 – '판매가격(원) 전체평균'이 '54,000'이 되려면 크리스탈드롭의 판매가격(원)이 얼마가 되어야 하는지 목표값을 구하시오.

(2) 고급 필터 – 코드가 'R'로 시작하거나 리뷰(개)가 '50' 이하인 자료의 상품명, 컬러, 판매가격(원), 연령 데이터만 추출하시오.

　　　 – 조건 범위 : 「B14」 셀부터 입력하시오.

　　　 – 복사 위치 : 「B18」 셀부터 나타나도록 하시오.

☞ "제1작업" 시트의 「B4:H12」 영역을 복사하여 "제3작업" 시트의 「B2」 셀부터 모두 붙여넣기를 한 후 다음의 조건과 같이 작업하시오.

조건

(1) 부분합– ≪출력형태≫처럼 정렬하고, 상품명의 개수와 판매가격(원)의 평균을 구하시오.

(2) 개요 – 지우시오.

(3) 나머지 사항은 ≪출력형태≫에 맞게 작성하시오.

출력형태

	A	B	C	D	E	F	G	H
1								
2		코드	상품명	품목	컬러	리뷰 (개)	판매가격 (원)	연령
3		EW150	크리스탈드롭	귀걸이	화이트	346	27,000	40대
4		RW143	행운물고기	반지	화이트	98	71,000	20대
5					화이트 평균		49,000	
6			2		화이트 개수			
7		NY239	볼드체인	목걸이	옐로우	131	98,000	50대
8		EY145	미니하트	귀걸이	옐로우	79	55,000	30대
9					옐로우 평균		76,500	
10			2		옐로우 개수			
11		BR147	트위스트	팔찌	로즈	10	41,000	20대
12		RR251	심플투라인	반지	로즈	40	39,000	20대
13		NR236	이니셜스틱	목걸이	로즈	73	63,000	40대
14		ER128	블랙플라워	귀걸이	로즈	150	34,000	60대
15					로즈 평균		44,250	
16			4		로즈 개수			
17					전체 평균		53,500	
18			8		전체 개수			
19								

☞ "제1작업" 시트를 이용하여 조건에 따라 《출력형태》와 같이 작업하시오.

조건

(1) 차트 종류 ⇒ 〈묶은 세로 막대형〉으로 작업하시오.

(2) 데이터 범위 ⇒ "제1작업" 시트의 내용을 이용하여 작업하시오.

(3) 위치 ⇒ "새 시트"로 이동하고, "제4작업"으로 시트 이름을 바꾸시오.

(4) 차트 디자인 도구 ⇒ 레이아웃 3, 스타일 1을 선택하여 《출력형태》에 맞게 작업하시오.

(5) 영역 서식 ⇒ 차트 : 글꼴(굴림, 11pt), 채우기 효과(질감–파랑 박엽지)

　　　　　　　그림 : 채우기(흰색, 배경 1)

(6) 제목 서식 ⇒ 차트 제목 : 글꼴(굴림, 굵게, 20pt), 채우기(흰색, 배경 1), 테두리

(7) 서식 ⇒ 판매가격(원) 계열의 차트 종류를 〈표식이 있는 꺾은선형〉으로 변경한 후 보조 축으로 지정하시오.

　　　　계열 : 《출력형태》를 참조하여 표식(마름모, 크기 10)과 레이블 값을 표시하시오.

　　　　눈금선 : 선 스타일 –파선

　　　　축 : 《출력형태》를 참조하시오.

(8) 범례 ⇒ 범례명을 변경하고 《출력형태》를 참조하시오.

(9) 도형 ⇒ '말풍선: 모서리가 둥근 사각형'을 삽입하고 《출력형태》와 같이 내용을 입력하시오.

(10) 나머지 사항은 《출력형태》에 맞게 작성하시오.

출력형태

주의　시트명 순서가 차례대로 "제1작업", "제2작업", "제3작업", "제4작업"이 되도록 할 것.

6회 기출문제

과목	코드	문제유형	시험시간	수험번호	성 명
한글엑셀	1122	A	60분	12342026	

수 험 자 유 의 사 항

◎ 수험자는 문제지를 받는 즉시 문제지와 **수험표상의 시험과목(프로그램), 버전이 동일한지 반드시 확인**하여야 합니다.

◎ 파일명은 본인의 "수험번호-성명"으로 입력하여 답안폴더(내 PC\문서\ITQ)에 하나의 파일로 저장해야 하며, 답안문서 파일명이 "수험번호-성명"과 일치하지 않거나, 답안파일을 전송하지 않아 미제출로 처리될 경우 실격입니다(예 : 12345678-홍길동.xlsx).

◎ 답안 작성을 마치면 파일을 저장하고, '답안 전송' 버튼을 선택하여 감독위원 PC로 답안을 전송하십시오. 수험생 정보와 저장한 파일명이 다를 경우 전송되지 않으므로 주의하시기 바랍니다.

◎ 답안 작성 중에도 **주기적으로 저장하고 답안을 전송**하여야 문제 발생을 줄일 수 있습니다. 작업한 내용을 저장하지 않고 전송할 경우 이전에 저장된 내용이 전송되오니 이점 유의하시기 바랍니다.

◎ 답안문서는 지정된 경로 외의 다른 보조기억장치에 저장하는 경우, 지정된 시험 시간 외에 작성된 파일을 활용할 경우, 기타 통신수단(이메일, 메신저, 네트워크 등)을 이용하여 타인에게 전달 또는 외부 반출하는 경우는 부정 처리합니다.

◎ 시험 중 부주의 또는 고의로 시스템을 파손한 경우는 수험자가 변상해야 하며, 〈수험자 유의사항〉에 기재된 방법대로 이행하지 않아 생기는 불이익은 수험생 당사자의 책임임을 알려 드립니다.

◎ 문제의 조건은 MS오피스 2021 버전으로 설정되어 있으며 MS오피스 2016은【 】에 표기되어 있습니다. 이와 관련하여 작성한 답안의 출력형태가 문제지와 다를 수 있습니다.

◎ 시험을 완료한 수험자는 답안파일이 전송되었는지 확인한 후 감독위원의 지시에 따라 문제지를 제출하고 퇴실합니다.

답 안 작 성 요 령

◎ 온라인 답안 작성 절차
  수험자 등록 ⇒ 시험 시작 ⇒ 답안파일 저장 ⇒ 답안 전송 ⇒ 시험 종료

◎ 문제는 총 4단계, 즉 제1작업부터 제4작업까지 구성되어 있으며 반드시 제1작업부터 순서대로 작성하고 조건대로 작업하시오.

◎ 모든 작업시트의 A열은 열 너비 '1'로, 나머지 열은 적당하게 조절하시오.

◎ 모든 작업시트의 테두리는 《출력형태》와 같이 작업하시오.

◎ 해당 작업란에서는 각각 제시된 조건에 따라 《출력형태》와 같이 작업하시오.

◎ 답안 시트 이름은 "제1작업", "제2작업", "제3작업", "제4작업"이어야 하며 답안 시트 이외의 것은 감점 처리됩니다.

◎ 각 시트를 파일로 나누어 작업해서 저장할 경우 실격 처리됩니다.

The Insight KPC
kpc 한국생산성본부

☞ 다음은 'AI 여행사 여행상품 현황'에 대한 자료이다. 자료를 입력하고 조건에 맞도록 작업하시오.

출력형태

	담당	팀장	부장
확인			

AI 여행사 여행상품 현황

코드	여행지	분류	여행기간	출발일	출발인원	여행경비 (단위:원)	적립금	출발 시간
AS213	울릉도	섬여행	3박4일	2024-05-23	30명	295,000	(1)	(2)
AE131	방콕 파타야	해외여행	4박6일	2024-04-20	20명	639,000	(1)	(2)
AS122	제주도	섬여행	3박4일	2024-03-15	25명	459,000	(1)	(2)
AT213	부산 명소 탐방	기차여행	1박2일	2024-05-12	30명	324,000	(1)	(2)
AE231	북인도	해외여행	5박6일	2024-03-18	20명	1,799,900	(1)	(2)
AE311	필리핀 세부	해외여행	4박5일	2024-06-01	25명	799,000	(1)	(2)
AS223	독도	섬여행	2박3일	2024-04-10	30명	239,000	(1)	(2)
AT132	남도 맛기행	기차여행	1박2일	2024-03-19	25명	355,000	(1)	(2)
섬여행 여행경비(단위:원) 평균			(3)		최대 여행경비(단위:원)			(5)
5월 이후 출발하는 여행상품 수			(4)		여행지	울릉도	출발인원	(6)

조건

○ 모든 데이터의 서식에는 글꼴(굴림, 11pt), 정렬은 숫자 및 회계 서식은 오른쪽 정렬, 나머지 서식은 가운데 정렬로 작성하며 예외적인 것은 ≪출력형태≫를 참조하시오.

○ 제 목 ⇒ 도형(평행 사변형)과 그림자(오프셋: 오른쪽)를 이용하여 작성하고 "AI 여행사 여행상품 현황"을 입력한 후 다음 서식을 적용하시오(글꼴─굴림, 24pt, 검정, 굵게, 채우기─노랑).

○ 임의의 셀에 결재란을 작성하여 그림으로 복사 기능을 이용하여 붙이기 하시오(단, 원본 삭제).

○ 「B4:J4, G14, I14」 영역은 '주황'으로 채우기 하시오.

○ 유효성 검사를 이용하여 「H14」 셀에 여행지(「C5:C12」 영역)가 선택 표시되도록 하시오.

○ 셀 서식 ⇒ 「G5:G12」 영역에 셀 서식을 이용하여 숫자 뒤에 '명'을 표시하시오(예 : 10명).

○ 「H5:H12」 영역에 대해 '여행경비'로 이름정의를 하시오.

◉ (1)~(6) 셀은 반드시 주어진 함수를 이용하여 값을 구하시오(결과 값을 직접 입력하면 해당 셀은 0점 처리됨).

(1) 적립금 ⇒ 「여행경비(단위:원)×적립률」로 구하시오. 단, 적립률은 코드의 마지막 글자가 1이면 '1%', 2이면 '0.5%', 3이면 '0%'로 지정하여 구하시오(CHOOSE, RIGHT 함수).

(2) 출발시간 ⇒ 출발일이 평일이면 '오전 8시', 주말이면 '오전 10시'로 구하시오(IF, WEEKDAY 함수).

(3) 섬여행 여행경비(단위:원) 평균 ⇒ 단, 조건은 입력 데이터를 이용하시오(DAVERAGE 함수).

(4) 5월 이후 출발하는 여행상품 수 ⇒ 5월도 포함하여 구하고, 결과값 뒤에 '개'를 붙이시오(COUNTIF 함수, & 연산자)
(예 : 1개).

(5) 최대 여행경비(단위:원) ⇒ 정의된 이름(여행경비)을 이용하여 구하시오(LARGE 함수).

(6) 출발인원 ⇒ 「H14」 셀에서 선택한 여행지에 대한 출발인원을 구하시오(VLOOKUP 함수).

(7) 조건부 서식의 수식을 이용하여 여행경비(단위:원)가 '600,000' 이상인 행 전체에 다음의 서식을 적용하시오(글꼴 : 파랑, 굵게).

☞ "제1작업" 시트의 「B4:H12」 영역을 복사하여 "제2작업" 시트의 「B2」 셀부터 모두 붙여넣기를 한 후 다음의
　　조건과 같이 작업하시오.

조건

(1) 고급 필터 – 분류가 '기차여행'이거나, 여행경비(단위:원)가 '600,000' 이상인 자료의 여행지, 여행기간, 출발일,
　　　　　　　 여행경비(단위:원) 데이터만 추출하시오.
　　　　　　 – 조건 범위 : 「B14」 셀부터 입력하시오.
　　　　　　 – 복사 위치 : 「B18」 셀부터 나타나도록 하시오.
(2) 표 서식 – 고급 필터의 결과 셀을 채우기 없음으로 설정한 후 '흰색, 표 스타일 보통 4'의 서식을 적용하시오.
　　　　　　 – 머리글 행, 줄무늬 행을 적용하시오.

☞ "제1작업" 시트를 이용하여 "제3작업" 시트에 조건에 따라 ≪출력형태≫와 같이 작업하시오.

조건

(1) 출발일 및 분류별 여행지의 개수와 여행경비(단위:원)의 평균을 구하시오.
(2) 출발일을 그룹화하고, 분류를 ≪출력형태≫와 같이 정렬하시오.
(3) 레이블이 있는 셀 병합 및 가운데 맞춤 적용과 빈 셀은 '**'로 표시하시오.
(4) 행의 총합계는 지우고, 나머지 사항은 ≪출력형태≫에 맞게 작성하시오.

출력형태

출발일	분류 해외여행 개수 : 여행지	평균 : 여행경비(단위:원)	섬여행 개수 : 여행지	평균 : 여행경비(단위:원)	기차여행 개수 : 여행지	평균 : 여행경비(단위:원)
3월	1	1,799,900	1	459,000	1	355,000
4월	1	639,000	1	239,000	**	**
5월	**	**	1	295,000	1	324,000
6월	1	799,000	**	**	**	**
총합계	3	1,079,300	3	331,000	2	339,500

☞ "제1작업" 시트를 이용하여 조건에 따라 ≪출력형태≫와 같이 작업하시오.

조건

(1) 차트 종류 ⇒ 〈묶은 세로 막대형〉으로 작업하시오.

(2) 데이터 범위 ⇒ "제1작업" 시트의 내용을 이용하여 작업하시오.

(3) 위치 ⇒ "새 시트"로 이동하고, "제4작업"으로 시트 이름을 바꾸시오.

(4) 차트 디자인 도구 ⇒ 레이아웃 3, 스타일 1을 선택하여 ≪출력형태≫에 맞게 작업하시오.

(5) 영역 서식 ⇒ 차트 : 글꼴(굴림, 11pt), 채우기 효과(질감-파랑 박엽지)

                       그림 : 채우기(흰색, 배경 1)

(6) 제목 서식 ⇒ 차트 제목 : 글꼴(굴림, 굵게, 20pt), 채우기(흰색, 배경 1), 테두리

(7) 서식 ⇒ 여행경비(단위:원) 계열의 차트 종류를 〈표식이 있는 꺾은선형〉으로 변경한 후 보조 축으로 지정하시오.

        계열 : ≪출력형태≫를 참조하여 표식(마름모, 크기 10)과 레이블 값을 표시하시오.

        눈금선 : 선 스타일-파선

        축 : ≪출력형태≫를 참조하시오.

(8) 범례 ⇒ 범례명을 변경하고 ≪출력형태≫를 참조하시오.

(9) 도형 ⇒ '말풍선: 모서리가 둥근 사각형'을 삽입한 후 ≪출력형태≫와 같이 내용을 입력하시오.

(10) 나머지 사항은 ≪출력형태≫에 맞게 작성하시오.

출력형태

주의   시트명 순서가 차례대로 "제1작업", "제2작업", "제3작업", "제4작업"이 되도록 할 것.

과목	코드	문제유형	시험시간	수험번호	성 명
한글엑셀	1122	A	60분	12342027	

수 험 자 유 의 사 항

- 수험자는 문제지를 받는 즉시 문제지와 **수험표상의 시험과목(프로그램), 버전이 동일한지 반드시 확인**하여야 합니다.
- 파일명은 본인의 "수험번호-성명"으로 입력하여 답안폴더(내 PC\문서\ITQ)에 하나의 파일로 저장해야 하며, 답안문서 파일명이 "수험번호-성명"과 일치하지 않거나, 답안파일을 전송하지 않아 미제출로 처리될 경우 실격입니다(예 : 12345678-홍길동.xlsx).
- 답안 작성을 마치면 파일을 저장하고, '답안 전송' 버튼을 선택하여 감독위원 PC로 답안을 전송하십시오. 수험생 정보와 저장한 파일명이 다를 경우 전송되지 않으므로 주의하시기 바랍니다.
- 답안 작성 중에도 **주기적으로 저장하고 답안을 전송**하여야 문제 발생을 줄일 수 있습니다. 작업한 내용을 저장하지 않고 전송할 경우 이전에 저장된 내용이 전송되오니 이점 유의하시기 바랍니다.
- 답안문서는 지정된 경로 외의 다른 보조기억장치에 저장하는 경우, 지정된 시험 시간 외에 작성된 파일을 활용할 경우, 기타 통신수단(이메일, 메신저, 네트워크 등)을 이용하여 타인에게 전달 또는 외부 반출하는 경우는 부정 처리합니다.
- 시험 중 부주의 또는 고의로 시스템을 파손한 경우는 수험자가 변상해야 하며, 〈수험자 유의사항〉에 기재된 방법대로 이행하지 않아 생기는 불이익은 수험생 당사자의 책임임을 알려 드립니다.
- 문제의 조건은 MS오피스 2021 버전으로 설정되어 있으며 MS오피스 2016은【 】에 표기되어 있습니다. 이와 관련하여 작성한 답안의 출력형태가 문제지와 다를 수 있습니다.
- 시험을 완료한 수험자는 답안파일이 전송되었는지 확인한 후 감독위원의 지시에 따라 문제지를 제출하고 퇴실합니다.

답 안 작 성 요 령

- 온라인 답안 작성 절차
  수험자 등록 ⇒ 시험 시작 ⇒ 답안파일 저장 ⇒ 답안 전송 ⇒ 시험 종료
- 문제는 총 4단계, 즉 제1작업부터 제4작업까지 구성되어 있으며 반드시 제1작업부터 순서대로 작성하고 조건대로 작업하시오.
- 모든 작업시트의 A열은 열 너비 '1'로, 나머지 열은 적당하게 조절하시오.
- 모든 작업시트의 테두리는 ≪출력형태≫와 같이 작업하시오.
- 해당 작업란에서는 각각 제시된 조건에 따라 ≪출력형태≫와 같이 작업하시오.
- 답안 시트 이름은 "제1작업", "제2작업", "제3작업", "제4작업"이어야 하며 답안 시트 이외의 것은 감점 처리됩니다.
- 각 시트를 파일로 나누어 작업해서 저장할 경우 실격 처리됩니다.

The Insight KPC
kpc 한국생산성본부

☞ 다음은 '우리 인테리어 공사현황보고'에 대한 자료이다. 자료를 입력하고 조건에 맞도록 작업하시오.

출력형태

관리번호	주택명	지역	공사기간(일)	총공사비	공사시작일	공사내용	구분	선수금(단위:원)
						결재	점장	부장	대표
B2-001	화이트빌	경기	5	8,558,000원	2024-02-06	욕실	(1)	(2)
K1-001	푸르지오	서울	4	10,250,000원	2024-03-20	주방	(1)	(2)
K3-002	시그마	경기	3	7,870,000원	2024-01-30	주방	(1)	(2)
A1-001	아이파크	인천	13	28,850,000원	2024-02-20	전체	(1)	(2)
B1-002	파크타운	서울	5	5,778,000원	2024-03-06	욕실	(1)	(2)
B3-003	트레스빌	경기	6	9,560,000원	2024-02-13	욕실	(1)	(2)
A2-002	그린빌	서울	17	32,170,000원	2024-02-27	전체	(1)	(2)
K2-003	한솔마을	인천	4	6,768,000원	2024-03-08	주방	(1)	(2)
서울지역 총 공사건수			(3)		가장 긴 공사기간(일)			(5)
욕실 총공사비 합계			(4)		관리번호	B2-001	총공사비	(6)

조건

○ 모든 데이터의 서식에는 글꼴(굴림, 11pt), 정렬은 숫자 및 회계 서식은 오른쪽 정렬, 나머지 서식은 가운데 정렬로 작성하며 예외적인 것은 《출력형태》를 참조하시오.

○ 제 목 ⇒ 도형(배지)과 그림자(오프셋: 오른쪽)를 이용하여 작성하고 "우리 인테리어 공사현황보고"를 입력한 후 다음 서식을 적용하시오(글꼴-굴림, 24pt, 검정, 굵게, 채우기-노랑).

○ 임의의 셀에 결재란을 작성하여 그림으로 복사 기능을 이용하여 붙이기 하시오(단, 원본 삭제).

○ 「B4:J4, G14, I14」 영역은 '주황'으로 채우기 하시오.

○ 유효성 검사를 이용하여 「H14」 셀에 관리번호(「B5:B12」 영역)가 선택 표시되도록 하시오.

○ 셀 서식 ⇒ 「F5:F12」 영역에 셀 서식을 이용하여 숫자 뒤에 '원'을 표시하시오(예 : 8,558,000원).

○ 「E5:E12」 영역에 대해 '공사기간'으로 이름정의를 하시오.

◎ (1)~(6) 셀은 반드시 <u>주어진 함수를 이용하여</u> 값을 구하시오(결과값을 직접 입력하면 해당 셀은 0점 처리됨).

(1) 구분 ⇒ 관리번호 2번째 글자가 1이면 '아파트', 2이면 '빌라', 3이면 '오피스텔'로 구하시오(CHOOSE, MID 함수).

(2) 선수금(단위:원) ⇒ 공사내용이 전체이면 「총공사비×30%」, 그 외에는 「총공사비×20%」로 반올림하여 십만 단위까지 구하시오(ROUND, IF 함수)(예 : 1,456,273 → 1,500,000).

(3) 서울지역 총 공사건수 ⇒ 결과값에 '건'을 붙이시오(COUNTIF 함수, & 연산자)(예 : 1건).

(4) 욕실 총공사비 합계 ⇒ 공사내용이 욕실인 공사의 총공사비 합계를 구하시오. 단, 조건은 입력 데이터를 이용하시오 (DSUM 함수).

(5) 가장 긴 공사기간(일) ⇒ 정의된 이름(공사기간)을 이용하여 구하시오(MAX 함수).

(6) 총공사비 ⇒ 「H14」 셀에서 선택한 관리번호에 대한 총공사비를 구하시오(VLOOKUP 함수).

(7) 조건부 서식의 수식을 이용하여 총공사비가 '8,000,000' 이하인 행 전체에 다음의 서식을 적용하시오(글꼴 : 파랑, 굵게).

☞ "제1작업" 시트의 「B4:H12」 영역을 복사하여 "제2작업" 시트의 「B2」 셀부터 모두 붙여넣기를 한 후 다음의
　　조건과 같이 작업하시오.

［조건］

(1) 목표값 찾기 – 「B11:G11」 셀을 병합하고 가운데 맞춤한 후 "욕실의 총공사비 평균"을 입력하고, 「H11」 셀에 욕실의
　　　　　　　　　총공사비 평균을 구하시오. 단 조건은 입력 데이터를 이용하시오(DAVERAGE 함수, 테두리, 가운데 맞춤).
　　　　　　　– '욕실의 총공사비 평균'이 '8,000,000'이 되려면 화이트빌의 총공사비가 얼마가 되어야 하는지 목표값을
　　　　　　　　구하시오.

(2) 고급 필터 – 지역이 '서울'이 아니면서 공사기간(일)이 '5' 이상인 자료의 관리번호, 주택명, 공사시작일, 공사내용
　　　　　　　데이터만 추출하시오.
　　　　　　　　– 조건 범위 : 「B14」 셀부터 입력하시오.
　　　　　　　　– 복사 위치 : 「B18」 셀부터 나타나도록 하시오.

☞ "제1작업" 시트의 「B4:H12」 영역을 복사하여 "제3작업" 시트의 「B2」 셀부터 모두 붙여넣기를 한 후 다음의
　　조건과 같이 작업하시오.

［조건］

(1) 부분합 – ≪출력형태≫처럼 정렬하고, 주택명의 개수와 총공사비의 평균을 구하시오.

(2) 개요 – 지우시오.

(3) 나머지 사항은 ≪출력형태≫에 맞게 작성하시오.

［출력형태］

	A	B	C	D	E	F	G	H	I
1									
2		관리번호	주택명	지역	공사기간(일)	총공사비	공사시작일	공사내용	
3		A1-001	아이파크	인천	13	28,850,000원	2024-02-20	전체	
4		K2-003	한솔마을	인천	4	6,768,000원	2024-03-08	주방	
5				인천 평균		17,809,000원			
6			2	인천 개수					
7		K1-001	푸르지오	서울	4	10,250,000원	2024-03-20	주방	
8		B1-002	파크타운	서울	5	5,778,000원	2024-03-06	욕실	
9		A2-002	그린빌	서울	17	32,170,000원	2024-02-27	전체	
10				서울 평균		16,066,000원			
11			3	서울 개수					
12		B2-001	화이트빌	경기	5	8,558,000원	2024-02-06	욕실	
13		K3-002	시그마	경기	3	7,870,000원	2024-01-30	주방	
14		B3-003	트레스벨	경기	6	9,560,000원	2024-02-13	욕실	
15				경기 평균		8,662,667원			
16			3	경기 개수					
17				전체 평균		13,725,500원			
18			8	전체 개수					
19									

☞ "제1작업" 시트를 이용하여 조건에 따라 ≪출력형태≫와 같이 작업하시오.

조건

(1) 차트 종류 ⇒ 〈묶은 세로 막대형〉으로 작업하시오.

(2) 데이터 범위 ⇒ "제1작업" 시트의 내용을 이용하여 작업하시오.

(3) 위치 ⇒ "새 시트"로 이동하고, "제4작업"으로 시트 이름을 바꾸시오.

(4) 차트 디자인 도구 ⇒ 레이아웃 3, 스타일 1을 선택하여 ≪출력형태≫에 맞게 작업하시오.

(5) 영역 서식 ⇒ 차트 : 글꼴(굴림, 11pt), 채우기 효과(질감-파랑 박엽지)

　　　　　　　그림 : 채우기(흰색, 배경 1)

(6) 제목 서식 ⇒ 차트 제목 : 글꼴(굴림, 굵게, 20pt), 채우기(흰색, 배경 1), 테두리

(7) 서식 ⇒ 공사기간(일) 계열의 차트 종류를 〈표식이 있는 꺾은선형〉으로 변경한 후 보조 축으로 지정하시오.

　　　　계열 : ≪출력형태≫를 참조하여 표식(세모, 크기 10)과 레이블 값을 표시하시오.

　　　　눈금선 : 선 스타일-파선

　　　　축 : ≪출력형태≫를 참조하시오.

(8) 범례 ⇒ 범례명을 변경하고 ≪출력형태≫를 참조하시오.

(9) 도형 ⇒ '말풍선: 모서리가 둥근 사각형'을 삽입한 후 ≪출력형태≫와 같이 내용을 입력하시오.

(10) 나머지 사항은 ≪출력형태≫에 맞게 작성하시오.

출력형태

주의 시트명 순서가 차례대로 "제1작업", "제2작업", "제3작업", "제4작업"이 되도록 할 것.

8회 기출문제

과목	코드	문제유형	시험시간	수험번호	성 명
한글엑셀	1122	A	60분	12342028	

수 험 자 유 의 사 항

- 수험자는 문제지를 받는 즉시 문제지와 **수험표상의 시험과목(프로그램), 버전이 동일한지 반드시 확인**하여야 합니다.
- 파일명은 본인의 "수험번호-성명"으로 입력하여 답안폴더(내 PC\문서\ITQ)에 하나의 파일로 저장해야 하며, 답안문서 파일명이 "수험번호-성명"과 일치하지 않거나, 답안파일을 전송하지 않아 미제출로 처리될 경우 실격입니다(예 : 12345678-홍길동.xlsx).
- 답안 작성을 마치면 파일을 저장하고, '답안 전송' 버튼을 선택하여 감독위원 PC로 답안을 전송하십시오. 수험생 정보와 저장한 파일명이 다를 경우 전송되지 않으므로 주의하시기 바랍니다.
- 답안 작성 중에도 **주기적으로 저장하고 답안을 전송**하여야 문제 발생을 줄일 수 있습니다. 작업한 내용을 저장하지 않고 전송할 경우 이전에 저장된 내용이 전송되오니 이점 유의하시기 바랍니다.
- 답안문서는 지정된 경로 외의 다른 보조기억장치에 저장하는 경우, 지정된 시험 시간 외에 작성된 파일을 활용할 경우, 기타 통신수단(이메일, 메신저, 네트워크 등)을 이용하여 타인에게 전달 또는 외부 반출하는 경우는 부정 처리합니다.
- 시험 중 부주의 또는 고의로 시스템을 파손한 경우는 수험자가 변상해야 하며, <수험자 유의사항>에 기재된 방법대로 이행하지 않아 생기는 불이익은 수험생 당사자의 책임임을 알려 드립니다.
- 문제의 조건은 MS오피스 2021 버전으로 설정되어 있으며 MS오피스 2016은【 】에 표기되어 있습니다. 이와 관련하여 작성한 답안의 출력형태가 문제지와 다를 수 있습니다.
- 시험을 완료한 수험자는 답안파일이 전송되었는지 확인한 후 감독위원의 지시에 따라 문제지를 제출하고 퇴실합니다.

답 안 작 성 요 령

- 온라인 답안 작성 절차
  수험자 등록 ⇒ 시험 시작 ⇒ 답안파일 저장 ⇒ 답안 전송 ⇒ 시험 종료
- 문제는 총 4단계, 즉 제1작업부터 제4작업까지 구성되어 있으며 반드시 제1작업부터 순서대로 작성하고 조건대로 작업하시오.
- 모든 작업시트의 A열은 열 너비 '1'로, 나머지 열은 적당하게 조절하시오.
- 모든 작업시트의 테두리는 ≪출력형태≫와 같이 작업하시오.
- 해당 작업란에서는 각각 제시된 조건에 따라 ≪출력형태≫와 같이 작업하시오.
- 답안 시트 이름은 "제1작업", "제2작업", "제3작업", "제4작업"이어야 하며 답안 시트 이외의 것은 감점 처리됩니다.
- 각 시트를 파일로 나누어 작업해서 저장할 경우 실격 처리됩니다.

The Insight KPC
kpc 한국생산성본부

☞ 다음은 '주민자치센터 강좌 현황'에 대한 자료이다. 자료를 입력하고 조건에 맞도록 작업하시오.

출력형태

	강의코드	강좌명	분류	개강일	차시	수강인원	수강료 (단위:원)	강사료	인기 강좌
							결재	담당	팀장	본부장
	YA2-11	대바늘 인형	바느질	2024-08-05	3	38	100,000	(1)	(2)
	ZA1-23	화훼장식	플라워	2024-08-15	8	32	230,000	(1)	(2)
	CB2-14	마크라메	공예	2024-08-21	3	23	120,000	(1)	(2)
	ZP1-23	티피스트리 위빙	바느질	2024-08-19	2	19	100,000	(1)	(2)
	BE2-34	꽃바구니	플라워	2024-08-05	4	24	150,000	(1)	(2)
	VN1-22	드라이 플라워	플라워	2024-08-17	6	37	80,000	(1)	(2)
	EL3-21	캔들공예	공예	2024-08-04	2	15	70,000	(1)	(2)
	RA1-31	코바늘 가방	바느질	2024-08-10	10	11	210,000	(1)	(2)
	바느질 강좌의 평균 수강인원			(3)			가장 빠른 개강일		(5)
	플라워 강좌 개수			(4)			강좌명	대바늘 인형	수강인원	(6)

조건

○ 모든 데이터의 서식에는 글꼴(굴림, 11pt), 정렬은 숫자 및 회계 서식은 오른쪽 정렬, 나머지 서식은 가운데 정렬로 작성하며 예외적인 것은 ≪출력형태≫를 참조하시오.

○ 제 목 ⇒ 도형(사다리꼴)과 그림자(오프셋: 오른쪽)를 이용하여 작성하고 "주민자치센터 강좌 현황"을 입력한 후 다음 서식을 적용하시오(글꼴-굴림, 24pt, 검정, 굵게, 채우기-노랑).

○ 임의의 셀에 결재란을 작성하여 그림으로 복사 기능을 이용하여 붙이기 하시오(단, 원본 삭제).

○ 「B4:J4, G14, I14」 영역은 '주황'으로 채우기 하시오.

○ 유효성 검사를 이용하여 「H14」 셀에 강좌명(「C5:C12」 영역)이 선택 표시되도록 하시오.

○ 셀 서식 ⇒ 「G5:G12」 영역에 셀 서식을 이용하여 숫자 뒤에 '명'을 표시하시오(예 : 38명).

○ 「D5:D12」 영역에 대해 '분류'로 이름정의를 하시오.

◎ (1)~(6) 셀은 반드시 <u>주어진 함수를 이용</u>하여 값을 구하시오(결과값을 직접 입력하면 해당 셀은 0점 처리됨).

⑴ 강사료 ⇒ 수강인원의 첫 번째 숫자가 1이면 '50천원', 2이면 '52천원', 3이면 '55천원'으로 표시하시오(CHOOSE, LEFT 함수).

⑵ 인기강좌 ⇒ 수강인원이 '30' 이상이면 '☆', 그 외에는 공백으로 구하시오(IF 함수).

⑶ 바느질 강좌의 평균 수강인원 ⇒ 내림하여 정수로 구하시오. 단, 조건은 입력 데이터를 이용하시오(ROUNDDOWN, DAVERAGE 함수)(예 : 12.83 → 12).

⑷ 플라워 강좌 개수 ⇒ 정의된 이름(분류)을 이용하여 구한 결과값에 '개'를 붙이시오(COUNTIF 함수, & 연산자)(예 : 1개).

⑸ 가장 빠른 개강일 ⇒ 날짜로 표시하시오(MIN 함수)(예 : 2024-08-05).

⑹ 수강인원 ⇒ 「H14」 셀에서 선택한 강좌명에 대한 수강인원을 구하시오(VLOOKUP 함수).

⑺ 조건부 서식의 수식을 이용하여 수강료(단위:원)가 '200,000' 이상인 행 전체에 다음의 서식을 적용하시오(글꼴 : 파랑, 굵게).

☞ "제1작업" 시트의 「B4:H12」 영역을 복사하여 "제2작업" 시트의 「B2」 셀부터 모두 붙여넣기를 한 후 다음의 조건과 같이 작업하시오.

[조건]

(1) 고급 필터 – 분류가 '공예'이거나 개강일이 '2024-08-15' 이후인(해당일 포함) 자료의 강의코드, 강좌명, 수강인원, 수강료(단위:원) 데이터만 추출하시오.
　　　　　 – 조건 범위 : 「B13」 셀부터 입력하시오.
　　　　　 – 복사 위치 : 「B18」 셀부터 나타나도록 하시오.

(2) 표 서식 – 고급 필터의 결과 셀을 채우기 없음으로 설정한 후 '파랑, 표 스타일 보통 6'의 서식을 적용하시오.
　　　　　 – 머리글 행, 줄무늬 행을 적용하시오.

☞ "제1작업" 시트를 이용하여 "제3작업" 시트에 조건에 따라 ≪출력형태≫와 같이 작업하시오.

[조건]

(1) 수강료(단위:원) 및 분류별 강좌명의 개수와 수강인원의 평균을 구하시오.
(2) 수강료(단위:원)을 그룹화하고, 분류를 ≪출력형태≫와 같이 정렬하시오.
(3) 레이블이 있는 셀 병합 및 가운데 맞춤 적용과 빈 셀은 '***'로 표시하시오.
(4) 행의 총합계는 지우고, 나머지 사항은 ≪출력형태≫에 맞게 작성하시오.

[출력형태]

수강료(단위:원) ▼	분류 ▼ 플라워 개수 : 강좌명	평균 : 수강인원	바느질 개수 : 강좌명	평균 : 수강인원	공예 개수 : 강좌명	평균 : 수강인원
1-100000	1	37	2	29	1	15
100001-200000	1	24	***	***	1	23
200001-300000	1	32	1	11	***	***
총합계	3	31	3	23	2	19

☞ "제1작업" 시트를 이용하여 조건에 따라 ≪출력형태≫와 같이 작업하시오.

「조건」

(1) 차트 종류 ⇒ 〈묶은 세로 막대형〉으로 작업하시오.

(2) 데이터 범위 ⇒ "제1작업" 시트의 내용을 이용하여 작업하시오.

(3) 위치 ⇒ "새 시트"로 이동하고, "제4작업"으로 시트 이름을 바꾸시오.

(4) 차트 디자인 도구 ⇒ 레이아웃 3, 스타일 1을 선택하여 ≪출력형태≫에 맞게 작업하시오.

(5) 영역 서식 ⇒ 차트 : 글꼴(굴림, 11pt), 채우기 효과(질감−파랑 박엽지)
　　　　　　　　 그림 : 채우기(흰색, 배경 1)

(6) 제목 서식 ⇒ 차트 제목 : 글꼴(굴림, 굵게, 20pt), 채우기(흰색, 배경 1), 테두리

(7) 서식 ⇒ 수강료(단위:원) 계열의 차트 종류를 〈표식이 있는 꺾은선형〉으로 변경한 후 보조 축으로 지정하시오.

　　　　계열 : ≪출력형태≫를 참조하여 표식(세모, 크기 10)과 레이블 값을 표시하시오.

　　　　눈금선 : 선 스타일−파선

　　　　축 : ≪출력형태≫를 참조하시오.

(8) 범례 ⇒ 범례명을 변경하고 ≪출력형태≫를 참조하시오.

(9) 도형 ⇒ '말풍선: 모서리가 둥근 사각형'을 삽입한 후 ≪출력형태≫와 같이 내용을 입력하시오.

(10) 나머지 사항은 ≪출력형태≫에 맞게 작성하시오.

「출력형태」

주의 시트명 순서가 차례대로 "제1작업", "제2작업", "제3작업", "제4작업"이 되도록 할 것.

9회 기출문제

과목	코드	문제유형	시험시간	수험번호	성 명
한글엑셀	1122	A	60분	12342029	

수 험 자 유 의 사 항

- 수험자는 문제지를 받는 즉시 문제지와 **수험표상의 시험과목(프로그램), 버전이 동일한지 반드시 확인**하여야 합니다.
- 파일명은 본인의 "수험번호-성명"으로 입력하여 답안폴더(내 PC\문서\ITQ)에 하나의 파일로 저장해야 하며, 답안문서 파일명이 "수험번호-성명"과 일치하지 않거나, 답안파일을 전송하지 않아 미제출로 처리될 경우 실격입니다(예 : 12345678-홍길동.xlsx).
- 답안 작성을 마치면 파일을 저장하고, '답안 전송' 버튼을 선택하여 감독위원 PC로 답안을 전송하십시오. 수험생 정보와 저장한 파일명이 다를 경우 전송되지 않으므로 주의하시기 바랍니다.
- 답안 작성 중에도 **주기적으로 저장하고 답안을 전송**하여야 문제 발생을 줄일 수 있습니다. 작업한 내용을 저장하지 않고 전송할 경우 이전에 저장된 내용이 전송되오니 이점 유의하시기 바랍니다.
- 답안문서는 지정된 경로 외의 다른 보조기억장치에 저장하는 경우, 지정된 시험 시간 외에 작성된 파일을 활용할 경우, 기타 통신수단(이메일, 메신저, 네트워크 등)을 이용하여 타인에게 전달 또는 외부 반출하는 경우는 부정 처리합니다.
- 시험 중 부주의 또는 고의로 시스템을 파손한 경우는 수험자가 변상해야 하며, 〈수험자 유의사항〉에 기재된 방법대로 이행하지 않아 생기는 불이익은 수험생 당사자의 책임임을 알려 드립니다.
- 문제의 조건은 MS오피스 2021 버전으로 설정되어 있으며 MS오피스 2016은【 】에 표기되어 있습니다. 이와 관련하여 작성한 답안의 출력형태가 문제지와 다를 수 있습니다.
- 시험을 완료한 수험자는 답안파일이 전송되었는지 확인한 후 감독위원의 지시에 따라 문제지를 제출하고 퇴실합니다.

답 안 작 성 요 령

- 온라인 답안 작성 절차
  수험자 등록 ⇒ 시험 시작 ⇒ 답안파일 저장 ⇒ 답안 전송 ⇒ 시험 종료
- 문제는 총 4단계, 즉 제1작업부터 제4작업까지 구성되어 있으며 반드시 제1작업부터 순서대로 작성하고 조건대로 작업하시오.
- 모든 작업시트의 A열은 열 너비 '1'로, 나머지 열은 적당하게 조절하시오.
- 모든 작업시트의 테두리는 ≪출력형태≫와 같이 작업하시오.
- 해당 작업란에서는 각각 제시된 조건에 따라 ≪출력형태≫와 같이 작업하시오.
- 답안 시트 이름은 "제1작업", "제2작업", "제3작업", "제4작업"이어야 하며 답안 시트 이외의 것은 감점 처리됩니다.
- 각 시트를 파일로 나누어 작업해서 저장할 경우 실격 처리됩니다.

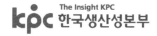

The Insight KPC
kpc 한국생산성본부

☞ 다음은 '컵라면 가격 및 판매수량'에 대한 자료이다. 자료를 입력하고 조건에 맞도록 작업하시오.

출력형태

제품코드	제품명	제조사	용기	판매가격	환산가격(1g)	판매수량(단위:개)	순위	뚜껑
						확인	담당	대리	과장
NG43-411	너구리	농심	종이(외면)	1,240원	6.8	1,562	(1)	(2)
NP96-451	신라면	농심	폴리스틸렌	800원	7.7	2,465	(1)	(2)
PL11-542	롯데라면컵	팔도	종이(외면)	750원	7.6	954	(1)	(2)
RT27-251	진라면순한맛	오뚜기	종이(외면)	950원	7.0	2,056	(1)	(2)
DT49-211	참깨라면	오뚜기	종이(외면)	840원	8.6	1,625	(1)	(2)
PL13-252	손짬뽕컵	팔도	폴리스틸렌수지	1,280원	11.0	865	(1)	(2)
PL11-422	공화춘짬뽕	팔도	폴리스틸렌	1,280원	11.1	1,245	(1)	(2)
NA21-451	육개장	농심	폴리스틸렌	850원	11.0	1,432	(1)	(2)
종이(외면) 용기 제품의 개수			(3)			최저 판매수량(단위:개)		(5)
오뚜기 제품의 판매가격 평균			(4)			제품코드	NG43-411	판매가격	(6)

조건

○ 모든 데이터의 서식에는 글꼴(굴림, 11pt), 정렬은 숫자 및 회계 서식은 오른쪽 정렬, 나머지 서식은 가운데 정렬로 작성하며 예외적인 것은 ≪출력형태≫를 참조하시오.

○ 제목 ⇒ 도형(사각형 : 잘린 위쪽 모서리)과 그림자(오프셋: 오른쪽)를 이용하여 작성하고 "컵라면 가격 및 판매수량"을 입력한 후 다음 서식을 적용하시오(글꼴–굴림, 24pt, 검정, 굵게, 채우기–노랑).

○ 임의의 셀에 결재란을 작성하여 그림으로 복사 기능을 이용하여 붙이기 하시오(단, 원본 삭제).

○ 「B4:J4, G14, I14」 영역은 '주황'으로 채우기 하시오.

○ 유효성 검사를 이용하여 「H14」 셀에 제품코드(「B5:B12」 영역)가 선택 표시되도록 하시오.

○ 셀 서식 ⇒ 「F5:F12」 영역에 셀 서식을 이용하여 숫자 뒤에 '원'을 표시하시오(예 : 1,240원).

○ 「F5:F12」 영역에 대해 '판매가격'으로 이름정의를 하시오.

◎ (1)~(6) 셀은 반드시 <u>주어진 함수</u>를 이용하여 값을 구하시오(결과값을 직접 입력하면 해당 셀은 0점 처리됨).

(1) 순위 ⇒ 판매수량의 내림차순 순위를 구하시오(RANK.EQ 함수).

(2) 뚜껑 ⇒ 제품코드의 마지막 글자가 1이면 '폴리에틸렌', 2이면 '에틸렌초산비닐'로 구하시오(CHOOSE, RIGHT 함수).

(3) 종이(외면) 용기 제품의 개수 ⇒ 결과값에 '개'를 붙이시오. 단, 조건은 입력 데이터를 이용하시오(DCOUNTA 함수, & 연산자)(예 : 1개).

(4) 오뚜기 제품의 판매가격 평균 ⇒ 정의된 이름(판매가격)을 이용하여 구하시오(SUMIF, COUNTIF 함수)

(5) 최저 판매수량(단위:개) ⇒ (MIN 함수)

(6) 판매가격 ⇒ 「H14」 셀에서 선택한 제품코드에 대한 판매가격을 구하시오(VLOOKUP 함수).

(7) 조건부 서식의 수식을 이용하여 판매가격이 '1,000' 이상인 행 전체에 다음의 서식을 적용하시오(글꼴 : 파랑, 굵게).

☞ "제1작업" 시트의 「B4:H12」 영역을 복사하여 "제2작업" 시트의 「B2」 셀부터 모두 붙여넣기를 한 후 다음의 조건과 같이 작업하시오.

조건

(1) 목표값 찾기 – 「B11:G11」 셀을 병합하고 가운데 맞춤한 후 "농심의 판매가격 평균"을 입력하고, 「H11」 셀에 농심의 판매가격 평균을 구하시오. 단, 조건은 입력 데이터를 이용하시오(DAVERAGE 함수, 테두리).

     – '농심의 판매가격 평균'이 '970'이 되려면 너구리의 판매가격이 얼마가 되어야 하는지 목표값을 구하시오.

(2) 고급 필터 – 제품코드가 'P'로 시작하면서 환산가격(1g)이 '11' 이상인 자료의 제품명, 제조사, 판매가격, 환산가격(1g), 판매수량(단위:개) 데이터만 추출하시오.

     – 조건 범위 : 「B14」 셀부터 입력하시오.

     – 복사 위치 : 「B18」 셀부터 나타나도록 하시오.

☞ "제1작업" 시트의 「B4:H12」 영역을 복사하여 "제3작업" 시트의 「B2」 셀부터 모두 붙여넣기를 한 후 다음의 조건과 같이 작업하시오.

조건

(1) 부분합 – ≪출력형태≫처럼 정렬하고, 제품명의 개수와 판매수량(단위:개)의 평균을 구하시오.

(2) 개요 – 지우시오.

(3) 나머지 사항은 ≪출력형태≫에 맞게 작성하시오.

출력형태

A	B	C	D	E	F	G	H
1							
2	제품코드	제품명	제조사	용기	판매가격	환산가격(1g)	판매수량(단위:개)
3	PL11-542	롯데라면컵	팔도	종이(외면)	750원	7.6	954
4	PL13-252	손짬뽕컵	팔도	폴리스틸렌수지	1,280원	11.0	865
5	PL11-422	공화춘짬뽕	팔도	폴리스틸렌	1,280원	11.1	1,245
6			팔도 평균				1,021
7		3	팔도 개수				
8	RT27-251	진라면순한맛	오뚜기	종이(외면)	950원	7.0	2,056
9	DT49-211	참깨라면	오뚜기	종이(외면)	840원	8.6	1,625
10			오뚜기 평균				1,841
11		2	오뚜기 개수				
12	NG43-411	너구리	농심	종이(외면)	1,240원	6.8	1,562
13	NP96-451	신라면	농심	폴리스틸렌	800원	7.7	2,465
14	NA21-451	육개장	농심	폴리스틸렌	850원	11.0	1,432
15			농심 평균				1,820
16		3	농심 개수				
17			전체 평균				1,526
18		8	전체 개수				

☞ "제1작업" 시트를 이용하여 조건에 따라 ≪출력형태≫와 같이 작업하시오.

▌조건 ▌

(1) 차트 종류 ⇒ 〈묶은 세로 막대형〉으로 작업하시오.

(2) 데이터 범위 ⇒ "제1작업" 시트의 내용을 이용하여 작업하시오.

(3) 위치 ⇒ "새 시트"로 이동하고, "제4작업"으로 시트 이름을 바꾸시오.

(4) 차트 디자인 도구 ⇒ 레이아웃 3, 스타일 1을 선택하여 ≪출력형태≫에 맞게 작업하시오.

(5) 영역 서식 ⇒ 차트 : 글꼴(굴림, 11pt), 채우기 효과(질감–파랑 박엽지)
             그림 : 채우기(흰색, 배경 1)

(6) 제목 서식 ⇒ 차트 제목 : 글꼴(굴림, 굵게, 20pt), 채우기(흰색, 배경 1), 테두리

(7) 서식 ⇒ 판매수량(단위:개) 계열의 차트 종류를 〈표식이 있는 꺾은선형〉으로 변경한 후 보조 축으로 지정하시오.

       계열 : ≪출력형태≫를 참조하여 표식(세모, 크기 10)과 레이블 값을 표시하시오.

       눈금선 : 선 스타일–파선

       축 : ≪출력형태≫를 참조하시오.

(8) 범례 ⇒ 범례명을 변경하고 ≪출력형태≫를 참조하시오.

(9) 도형 ⇒ '말풍선: 모서리가 둥근 사각형'을 삽입한 후 ≪출력형태≫와 같이 내용을 입력하시오.

⑽ 나머지 사항은 ≪출력형태≫에 맞게 작성하시오.

▌출력형태 ▌

주의 시트명 순서가 차례대로 "제1작업", "제2작업", "제3작업", "제4작업"이 되도록 할 것.

과목	코드	문제유형	시험시간	수험번호	성 명
한글엑셀	1122	A	60분	12342030	

수 험 자 유 의 사 항

- 수험자는 문제지를 받는 즉시 문제지와 **수험표상의 시험과목(프로그램), 버전이 동일한지 반드시 확인**하여야 합니다.

- 파일명은 본인의 "수험번호–성명"으로 입력하여 답안폴더(내 PC\문서\ITQ)에 하나의 파일로 저장해야 하며, 답안문서 파일명이 "수험번호–성명"과 일치하지 않거나, 답안파일을 전송하지 않아 미제출로 처리될 경우 실격입니다(예 : 12345678–홍길동.xlsx).

- 답안 작성을 마치면 파일을 저장하고, '답안 전송' 버튼을 선택하여 감독위원 PC로 답안을 전송하십시오. 수험생 정보와 저장한 파일명이 다를 경우 전송되지 않으므로 주의하시기 바랍니다.

- 답안 작성 중에도 **주기적으로 저장하고 답안을 전송**하여야 문제 발생을 줄일 수 있습니다. 작업한 내용을 저장하지 않고 전송할 경우 이전에 저장된 내용이 전송되오니 이점 유의하시기 바랍니다.

- 답안문서는 지정된 경로 외의 다른 보조기억장치에 저장하는 경우, 지정된 시험 시간 외에 작성된 파일을 활용할 경우, 기타 통신수단(이메일, 메신저, 네트워크 등)을 이용하여 타인에게 전달 또는 외부 반출하는 경우는 부정 처리합니다.

- 시험 중 부주의 또는 고의로 시스템을 파손한 경우는 수험자가 변상해야 하며, <수험자 유의사항>에 기재된 방법대로 이행하지 않아 생기는 불이익은 수험생 당사자의 책임임을 알려 드립니다.

- 문제의 조건은 MS오피스 2021 버전으로 설정되어 있으며 MS오피스 2016은【 】에 표기되어 있습니다. 이와 관련하여 작성한 답안의 출력형태가 문제지와 다를 수 있습니다.

- 시험을 완료한 수험자는 답안파일이 전송되었는지 확인한 후 감독위원의 지시에 따라 문제지를 제출하고 퇴실합니다.

답 안 작 성 요 령

- 온라인 답안 작성 절차
  수험자 등록 ⇒ 시험 시작 ⇒ 답안파일 저장 ⇒ 답안 전송 ⇒ 시험 종료

- 문제는 총 4단계, 즉 제1작업부터 제4작업까지 구성되어 있으며 반드시 제1작업부터 순서대로 작성하고 조건대로 작업하시오.

- 모든 작업시트의 A열은 열 너비 '1'로, 나머지 열은 적당하게 조절하시오.

- 모든 작업시트의 테두리는 ≪출력형태≫와 같이 작업하시오.

- 해당 작업란에서는 각각 제시된 조건에 따라 ≪출력형태≫와 같이 작업하시오.

- 답안 시트 이름은 "제1작업", "제2작업", "제3작업", "제4작업"이어야 하며 답안 시트 이외의 것은 감점 처리됩니다.

- 각 시트를 파일로 나누어 작업해서 저장할 경우 실격 처리됩니다.

The Insight KPC
kpc 한국생산성본부

☞ 다음은 '주요 국제 영화제 개최 현황'에 대한 자료이다. 자료를 입력하고 조건에 맞도록 작업하시오.

출력형태

	결재	선임	책임	팀장

주요 국제 영화제 개최 현황

관리코드	영화제 명칭	주최국	대륙	1회 개막일자	예상 관객수	개최 횟수 (단위:회)	개최 순위	비고
T6522	토론토 국제	캐나다	북미	1976-10-18	500,000명	47	(1)	(2)
B8241	베를린 국제	독일	유럽	1951-06-06	500,000명	72	(1)	(2)
B1543	베이징 국제	중국	아시아	2011-04-23	300,000명	12	(1)	(2)
B1453	부산 국제	한국	아시아	1996-09-13	180,000명	27	(1)	(2)
J6653	전주 국제	한국	아시아	2000-04-28	80,000명	23	(1)	(2)
S6323	선댄스	미국	북미	1985-01-20	70,000명	38	(1)	(2)
F7351	칸	프랑스	유럽	1946-09-20	650,000명	75	(1)	(2)
V2411	베네치아 국제	이탈리아	유럽	1932-08-06	700,000명	79	(1)	(2)
최대 개최 횟수(단위:회)		(3)			북미 대륙 예상 관객수 평균			(5)
한국 영화제 개최 횟수(단위:회) 평균		(4)			관리코드	T6522	주최국	(6)

조건

○ 모든 데이터의 서식에는 글꼴(굴림, 11pt), 정렬은 숫자 및 회계 서식은 오른쪽 정렬, 나머지 서식은 가운데 정렬로 작성하며 예외적인 것은 ≪출력형태≫를 참조하시오.

○ 제 목 ⇒ 도형(평행 사변형)과 그림자(오프셋: 아래쪽)를 이용하여 작성하고 "주요 국제 영화제 개최 현황"을 입력한 후 다음 서식을 적용하시오(글꼴–굴림, 24pt, 검정, 굵게, 채우기–노랑).

○ 임의의 셀에 결재란을 작성하여 그림으로 복사 기능을 이용하여 붙이기 하시오(단, 원본 삭제).

○ 「B4:J4, G14, I14」 영역은 '주황'으로 채우기 하시오.

○ 유효성 검사를 이용하여 「H14」 셀에 관리코드(「B5:B12」 영역)가 선택 표시되도록 하시오.

○ 셀 서식 ⇒ 「G5:G12」 영역에 셀 서식을 이용하여 숫자 뒤에 '명'을 표시하시오(예 : 500,000명).

○ 「D5:D12」 영역에 대해 '주최국'으로 이름정의를 하시오.

◎ (1)~(6)셀은 반드시 <u>주어진 함수를 이용</u>하여 값을 구하시오(결과 값을 직접 입력하면 해당 셀은 0점 처리됨).

(1) 개최 순위 ⇒ 1회 개막일자의 오름차순 순위를 구한 결과값에 '위'를 붙이시오(RANK.EQ 함수 , & 연산자)(예 : 1위).

(2) 비고 ⇒ 관리코드의 마지막 글자가 1이면 '세계3대', 2이면 '세계4대' 그 외에는 공백으로 구하시오(IF, RIGHT 함수).

(3) 최대 개최 횟수(단위:회) ⇒ (MAX 함수)

(4) 한국 영화제 개최 횟수(단위:회) 평균 ⇒ 정의된 이름 주최국(주최국)을 이용하여 구하시오(SUMIF, COUNTIF 함수).

(5) 북미 대륙 예상 관객수 평균 ⇒ 조건은 입력 데이터를 이용하시오(DAVERAGE 함수).

(6) 주최국 ⇒ 「H14」 셀에서 선택한 관리코드에 대한 주최국을 구하시오(VLOOKUP 함수).

(7) 조건부 서식의 수식을 이용하여 예상 관객수가 '100,000' 이하인 행 전체에 다음의 서식을 적용하시오(글꼴 : 파랑, 굵게).

☞ "제1작업" 시트의 「B4:H12」 영역을 복사하여 "제2작업" 시트의 「B2」 셀부터 모두 붙여넣기를 한 후 다음의 조건과 같이 작업하시오.

조건

(1) 고급 필터 – 대륙이 '북미'이거나, 개최 횟수(단위:회)가 '20' 이하인 자료의 영화제 명칭, 주최국, 예상 관객수, 개최 횟수(단위:회) 데이터만 추출하시오.
　　　　－조건 범위 : 「B14」 셀부터 입력하시오.
　　　　－복사 위치 : 「B18」 셀부터 나타나도록 하시오.
(2) 표 서식 – 고급 필터의 결과 셀을 채우기 없음으로 설정한 후 '황금색, 표 스타일 보통 5'의 서식을 적용하시오.
　　　　－ 머리글 행, 줄무늬 행을 적용하시오.

[제 3 작업]　피벗 테이블　80점

☞ "제1작업" 시트를 이용하여 "제3작업" 시트에 조건에 따라 ≪출력형태≫와 같이 작업하시오.

조건

(1) 개최 횟수(단위:회) 및 대륙별 관리코드의 개수와 예상 관객수의 평균을 구하시오.
(2) 개최 횟수(단위:회)를 그룹화하고 대륙을 ≪출력형태≫와 같이 정렬하시오.
(3) 레이블이 있는 셀 병합 및 가운데 맞춤 적용과 빈 셀은 '**'로 표시하시오.
(4) 행의 총합계는 지우고 나머지 사항은 ≪출력형태≫에 맞게 작성하시오.

출력형태

개최 횟수(단위:회)	유럽		아시아		북미	
	개수 : 관리코드	평균 : 예상 관객수	개수 : 관리코드	평균 : 예상 관객수	개수 : 관리코드	평균 : 예상 관객수
1-30	**	**	3	186,667	**	**
31-60	**	**	**	**	2	285,000
61-90	3	616,667	**	**	**	**
총합계	3	616,667	3	186,667	2	285,000

☞ "제1작업" 시트를 이용하여 조건에 따라 ≪출력형태≫와 같이 작업하시오.

조건

(1) 차트 종류 ⇒ 〈묶은 세로 막대형〉으로 작업하시오.

(2) 데이터 범위 ⇒ "제1작업" 시트의 내용을 이용하여 작업하시오.

(3) 위치 ⇒ "새 시트"로 이동하고, "제4작업"으로 시트 이름을 바꾸시오.

(4) 차트 디자인 도구 ⇒ 레이아웃 3, 스타일 1을 선택하여 ≪출력형태≫에 맞게 작업하시오.

(5) 영역 서식 ⇒ 차트 : 글꼴(굴림, 11pt), 채우기 효과(질감-파랑 박엽지)

　　　　　　　　　그림 : 채우기(흰색, 배경 1)

(6) 제목 서식 ⇒ 차트 제목 : 글꼴(굴림, 굵게, 20pt), 채우기(흰색, 배경 1), 테두리

(7) 서식 ⇒ 개최 횟수(단위:회) 계열의 차트 종류를 〈표식이 있는 꺾은선형〉으로 변경한 후 보조 축으로 지정하시오.

　　　　계열 : ≪출력형태≫를 참조하여 표식(세모, 크기 10)과 레이블 값을 표시하시오.

　　　　눈금선 : 선 스타일-파선

　　　　축 : ≪출력형태≫를 참조하시오.

(8) 범례 ⇒ 범례명을 변경하고 ≪출력형태≫를 참조하시오.

(9) 도형 ⇒ '말풍선: 모서리가 둥근 사각형'을 삽입한 후 ≪출력형태≫와 같이 내용을 입력하시오.

(10) 나머지 사항은 ≪출력형태≫에 맞게 작성하시오.

출력형태

주의 시트명 순서가 차례대로 "제1작업", "제2작업", "제3작업", "제4작업"이 되도록 할 것.

교재로 채택하여 강의 중인 **컴퓨터학원입니다.**

[서울특별시]

한양IT전문학원(서대문구 홍제동 330-54)
유림컴퓨터학원(성동구 성수1가 1동 656-251)
아이콘컴퓨터학원(은평구 갈현동 390-8)
송파컴퓨터회계학원(송파구 송파동 195-6)
강북정보처리학원(은평구 대조동 6-9호)
아이탑컴퓨터학원(구로구 개봉1동 65-5)
신영진컴퓨터학원(구로구 신도림동 437-1)
방학컴퓨터학원(도봉구 방학3동 670)
아람컴퓨터학원(동작구 사당동 우성2차 09상가)
국제컴퓨터학원(서초구 서초대로73길54 디오빌 209호)
백상컴퓨터학원(구로구 구로1동 314-1 극동상가 4층)
엔젤컴퓨터학원(도봉구 창2동 581-28)
독립문컴퓨터학원(종로구 무악동 47-4)
문성컴퓨터학원(동작구 대방동 335-16 대방빌딩 2층)
대건정보처리학원(강동구 명일동 347-3)
제6세대컴퓨터학원(송파구 석촌동 252-5)
명문컴퓨터학원(도봉구 쌍문2동 56)
영우컴퓨터학원(도봉구 방학1동 680-8)
바로컴퓨터학원(강북구 수유2동 245-4)
뚝섬컴퓨터학원(성동구 성수1가2동)
오성컴퓨터학원(광진구 자양3동 553-41)
해인컴퓨터학원(광진구 구의2동 30-15)
푸른솔컴퓨터학원(광진구 자양2동 645-5)
희망컴퓨터학원(광진구 구의동)
경일웹컴퓨터학원(중량구 신내동 665)
현대정보컴퓨터학원(양천구 신정5동 940-38)
보노컴퓨터학원(관악구 서림동 96-48)
스마트컴퓨터학원(도봉구 창동 9-1)
모드산업디자인학원(노원구 상계동 724)
미주컴퓨터학원(구로구 구로5동 528-7)
미래컴퓨터학원(구로구 개봉2동 403-217)
중앙컴퓨터학원(구로구 구로동 437-1 성보빌딩 3층)
고려아트컴퓨터학원(송파구 거여동 554-3)
노노스창업교육학원(서초구 양재동 16-6)
우신컴퓨터학원(성동구 홍익동 210)
무궁화컴퓨터학원(성동구 행당동 245번지 3층)
영일컴퓨터학원(금천구 시흥1동 838-33호)
셀파컴퓨터회계학원(송파구 송파동 97-43 3층)
지현컴퓨터학원(구로구 구로3동 188-5)

[인천광역시]

이컴IT.회계전문학원(남구 도화2동 87-1)
대성정보처리학원(계양구 효성1동 295-1 3층)
상아컴퓨터학원(경명대로 1124 명인프라자1, 501호)
명진컴퓨터학원(계양구 계산동 946-10 덕수빌딩 6층)
한나래컴퓨터디자인학원(계양구 임학동 6-1 4층)
효성한맥컴퓨터학원(계양구 효성1동 77-5 신한뉴프라자 4층)
시대컴퓨터학원(남동구 구월동 1225-36 롯데프라자 301-1)
피엘컴퓨터학원(남동구 구월동 1249)

하이미디어아카데미(부평구 부평동 199-24 2층)
부평IT멀티캠퍼스학원(부평구 부평5동 199-24 4, 5층)
돌고래컴퓨터아트학원(부평구 산곡동 281-53 풍성프라자 402, 502호)
미래컴퓨터학원(부평구 산곡1동 180-390)
가인정보처리학원(부평구 삼산동 391-3)
서부연세컴퓨터학원(서구 가좌1동 140-42 2층)
이컴학원(서구 석남1동 513-3 4층)
연희컴퓨터학원(서구 심곡동 303-1 새터빌딩 4층)
검단컴퓨터회계학원(서구 당하동 5블럭 5롯트 대한빌딩 4층)
진성컴퓨터학원(연수구 선학동 407 대영빌딩 6층)
길정보처리회계학원(중구 인현동 27-7 창대빌딩 4층)
대화컴퓨터학원(남동구 만수5동 925-11)
new중앙컴퓨터학원(계양구 임학동 6-23번지 3층)

[대전광역시]

학사컴퓨터학원(동구 판암동 203번지 리라빌딩 401호)
대승컴퓨터학원(대덕구 법동 287-2)
열린컴퓨터학원(대덕구 오정동 65-10 2층)
국민컴퓨터학원(동구 가양1동 579-11 2층)
용운컴퓨터학원(동구 용운동 304-1번지 3층)
굿아이컴퓨터학원(서구 가수원동 656-47번지 3층)
경성컴퓨터학원(서구 갈마2동 1408번지 2층)
경남컴퓨터학원(서구 도마동 경남(아)상가 301호)
둔산컴퓨터학원(서구 탄방동 734 3층)
로얄컴퓨터학원(유성구 반석동 639-4번지 웰빙타운 602호)
자운컴퓨터학원(유성구 신성동 138-8번지)
오원컴퓨터학원(중구 대흥동 205-2 4층)
계룡컴퓨터학원(중구 문화동 374-5)
제일정보처리학원(중구 은행동 139-5번지 3층)

[광주광역시]

태봉컴퓨터전산학원(북구 운암동 117-13)
광주서강컴퓨터학원(북구 동림동 1310)
다음정보컴퓨터학원(광산구 신창동 1125-3 건도빌딩 4층)
광주중앙컴퓨터학원(북구 문흥동 999-3)
국제정보처리학원(북구 중흥동 279-60)
굿아이컴퓨터학원(북구 용봉동 1425-2)
나라정보처리학원(남구 진월동 438-3 4층)
두암컴퓨터학원(북구 두암동 602-9)
디지털국제컴퓨터학원(동구 서석동 25-7)
매곡컴퓨터학원(북구 매곡동 190-4)
사이버컴퓨터학원(광산구 운남동 387-37)
상일컴퓨터학원(서구 상무1동 147번지 3층)
세종컴퓨터전산학원(남구 봉선동 155-6 5층)
송정중앙컴퓨터학원(광산구 송정2동 793-7 3층)
신한국컴퓨터학원(광산구 월계동 899-10번지)
에디스컴퓨터학원(동구 계림동 85-169)
엔터컴퓨터학원(광산구 신가동1012번지 우미아파트상가 2층 201호)

염주컴퓨터학원(서구 화정동 1035 2층)
영진정보처리학원(서구 화정2동 신동아아파트 상가 3층 302호)
이지컴퓨터학원(서구 금호동 838번지)
일류정보처리학원(서구 금호동 741-1 시영1차아파트 상가 2층)
조이컴정보처리학원(서구 치평동 1184-2번지 골든타운 304호)
중앙컴퓨터학원(서구 화정2동 834-4번지 3층)
풍암넷피아정보처리학원(서구 풍암 1123 풍암빌딩 6층)
하나정보처리학원(북구 일곡동 830-6)
양산컴퓨터학원(북구 양산동 283-48)
한성컴퓨터학원(광산구 월곡1동 56-2)

[부산광역시]

신흥정보처리학원(사하구 당리동 131번지)
경원전산학원(동래구 사직동 45-37)
동명정보처리학원(남구 용호동 408-1)
메인컴퓨터학원(사하구 괴정4동 1119-3 희망빌딩 7층)
미래컴퓨터학원(사상구 삼락동 418-36)
미래i컴퓨터학원(부산진구 가야3동 301-8)
보성정보처리학원(사하구 장림2동 1052번지 삼일빌딩 2층)
영남컴퓨터학원(기장군 기장읍 대라리 97-14)
우성컴퓨터학원(사하구 괴정동 496-5 대원스포츠 2층)
중앙IT컴퓨터학원(북구 만덕2동 282-5번지)
하남컴퓨터학원(사하구 신평동 590-4)
다인컴퓨터학원(사하구 다대1동 933-19)
자유컴퓨터학원(동래구 온천3동 1468-6)
영도컴퓨터전산회계학원(영도구 봉래동3가 24번지 3층)
동아컴퓨터학원(사하구 당리동 303-11 5층)
동원컴퓨터학원(해운대구 재송동)
문현컴퓨터학원(남구 문현동 253-11)
삼성컴퓨터학원(북구 화명동 2316-1)

[대구광역시]

새빛캐드컴퓨터학원(달서구 달구벌대로 1704 삼정빌딩 7층)
해인컴퓨터학원(북구 동천동 878-3 2층)
셈틀컴퓨터학원(북구 동천동 896-3 3층)
대구컴퓨터캐드회계학원(북구 국우동 1099-1 5층)
동화컴퓨터학원(수성구 범물동 1275-1)
동화회계캐드컴퓨터학원(수성구 달구벌대로 3179 3층)
세방컴퓨터학원(수성구 범어동 371번지 7동 301호)
네트컴퓨터학원(북구 태전동 409-21번지 3층)
배움컴퓨터학원(북구 복현2동 340-42번지 2층)
윤성컴퓨터학원(북구 복현2동 200-1번지)
명성탑컴퓨터학원(북구 침산2동 295-18번지)
911컴퓨터학원(달서구 달구벌대로 1657 4층)
메가컴퓨터학원(수성구 신매동 267-13 3층)
테라컴퓨터학원(수성구 달구벌대로 3090)

[울산광역시]

엘리트정보처리세무회계(중구 성남동 청송빌딩 2층~6층)

경남컴퓨터학원(남구 신정 2동 명성음악사3,4층)

다운컴퓨터학원(중구 다운동 776-4번지 2층)

대송컴퓨터학원(동구 대송동 174-11번지 방어진농협 대송지소 2층)

명정컴퓨터학원(중구 태화동 명정초등 BUS 정류장 옆)

크린컴퓨터학원(남구 울산병원근처-신정푸르지오 모델하우스 앞)

한국컴퓨터학원(남구 옥동 260-6번지)

한림컴퓨터학원(북구 봉화로 58 신화프라자 301호)

현대문화컴퓨터학원(북구 양정동 523번지 현대자동차문화회관 3층)

인텔컴퓨터학원(울주군 범서면 굴화리 49-5 1층)

대림컴퓨터학원(남구 신정4동 949-28 2층)

미래정보컴퓨터학원(울산시 남구 울산대학교앞 바보사거리 GS25 5층)

서진컴퓨터학원(울산시 남구 달동 1331-13 2층)

송샘컴퓨터학원(동구 방어동 281-1 우성현대 아파트상가 2, 3층)

에셋컴퓨터학원(북구 천곡동 410-6 아진복합상가 310호)

연세컴퓨터학원(남구 무거동 1536-11번지 4층)

홍천컴퓨터학원(남구 무거동(삼호동)1203-3번지)

IT컴퓨터학원(동구 화정동 855-2번지)

THC정보처리컴퓨터(울산시 남구 무거동 아이컨셉안경원 3, 4층)

TOPCLASS컴퓨터학원(울산시 동구 전하1동 301-17번지 2층)

[경기도]

샘물컴퓨터학원(여주군 여주읍 상리 331-19)

인서울컴퓨터디자인학원(안양시 동안구 관양2동 1488-35 골드빌딩 1201호)

경인디지털컴퓨터학원(부천시 원미구 춘의동 116-8 광덕프라자 3층)

에이팩스컴퓨터학원(부천시 원미구 상동 533-11 부건프라자 602호)

서울컴퓨터학원(부천시 소사구 송내동 523-3)

천재컴퓨터학원(부천시 원미구 심곡동 344-12)

대신IT컴퓨터학원(부천시 소사구 송내2동 433-25)

상아컴퓨터학원(부천시 소사구 괴안동 125-5 인광빌딩 4층)

우리컴퓨터전산회계디자인학원(부천시 원미구 심곡동 87-11)

좋은컴퓨터학원(부천시 소사구 소사본3동 277-38)

대명컴퓨터학원(부천시 원미구 중1동 1170 포도마을 삼보상가 3층)

한국컴퓨터학원(용인시 기흥구 구갈동 383-3)

삼성컴퓨터학원(안양시 만안구 안양1동 674-249 삼양빌딩 4층)

나래컴퓨터학원(안양시 만안구 안양5동 627-35 5층)

고색정보컴퓨터학원(수원시 권선구 고색동 890-169)

셀파컴퓨터회계학원(성남시 중원구 금광2동 4359 3층)

탑에듀컴퓨터학원(수원시 팔달구 팔달로2가 130-3 2층)

새빛컴퓨터학원(부천시 오정구 삼정동 318-10 3층)

부천컴퓨터학원(부천시 원미구 중1동 1141-5 다운타운빌딩 403호)

경원컴퓨터학원(수원시 영통구 매탄4동 성일아파트상가 3층)

하나탑컴퓨터학원(광명시 광명6동 374-10)

정수천컴퓨터학원(가평군 석봉로 139-1)

평택비트컴퓨터학원(평택시 비전동 756-14 2층)

[전라북도]

전주컴퓨터학원(전주시 완산구 삼천동1가 666-6)

세라컴퓨터학원(전주시 덕진구 우아동)

비트컴퓨터학원(전북 남원시 왕정동 45-15)

문화컴퓨터학원(전주시 덕진구 송천동1가 480번지 비사벌빌딩 6층)

등용문컴퓨터학원(전주시 완산구 풍남동1가 15-6번지)

미르컴퓨터학원(전주시 덕진구 인후동1가 857-1 새마을금고 3층)

거성컴퓨터학원(군산시 명산동 14-17 반석신협 3층)

동양컴퓨터학원(군산시 나운동 487-9 SK5층)

문화컴퓨터학원(군산시 문화동 917-9)

하나컴퓨터학원(전주시 완산구 효자동1가 518-59번지 3층)

동양인터넷컴퓨터학원(전주시 완산구 삼천동1가 288-9번 203호)

골든벨컴퓨터학원(전주시 완산구 평화2동 893-1)

명성컴퓨터학원(군산시 나운1동792-4)

다울컴퓨터학원(군산시 나운동 667-7번지)

제일컴퓨터학원(남원시 도통동 583-4번지)

뉴월드컴퓨터학원(익산시 부송동 762-1 번지 1001안경원 3층)

젬컴퓨터학원(군산시 문화동 920-11)

문경컴퓨터학원(정읍시 연지동 32-11)

유일컴퓨터학원(전주시 덕진구 인후동 안골사거리 태평양약국 2층)

빌컴퓨터학원(군산시 나운동 809-1번지 라파빌딩 4층)

김상미컴퓨터학원(군산시 조촌동 903-1 시영아파트상가 2층)

아성컴퓨터학원(익산시 어양동 부영1차아파트 상가동 202호)

민컴퓨터학원(전주시 완산구 서신동 797-2번지 청담빌딩 5층)

제일컴퓨터학원(익산시 어양동 643-4번지 2층)

현대컴퓨터학원(익산시 동산동 1045-3번지 2층)

이지컴퓨터학원(군산시 동흥남동 404-8 1층)

비전컴퓨터학원(익산시 동산동 607-4)

청어람컴퓨터학원(전주시 완산구 평화동2가 890-5 5층)

정컴퓨터학원(전주시 완산구 삼천동1가 592-1)

영재컴퓨터학원(전라북도 완주군 삼례읍 삼례리 923-23)

탑스터디컴퓨터학원(군산시 수송로 119 은하빌딩 3층)

[전라남도]

한성컴퓨터학원(여수시 문수동 82-1번지 3층)

[경상북도]

현대컴퓨터학원(경북 칠곡군 북삼읍 인평리 1078-6번지)

조은컴퓨터학원(경북 구미시 형곡동 197-2번지)

옥동컴퓨터학원(경북 안동시 옥동 765-7)

청어람컴퓨터학원(경북 영주시 영주2동 528-1)

21세기정보처리학원(경북 영주시 휴천2동 463-4 2층)

이지컴퓨터학원(경북 경주시 황성동 472-44)

한국컴퓨터학원(경북 상주시 무양동 246-5)

예일컴퓨터학원(경북 의성군 의성읍 중리리 714-2)

김복남컴퓨터학원(경북 울진군 울진읍 읍내4리 520-4)

유성정보처리학원(경북 예천군 예천읍 노하리 72-6)

제일컴퓨터학원(경북 군위군 군위읍 서부리 32-19)

미림-엠아이티컴퓨터학원(경북 포항시 북구 장성동 1355-4)

가나컴퓨터학원(경북 구미시 옥계동 631-10)

엘리트컴퓨터외국어스쿨학원(경북 경주시 동천동 826-11번지)

송현컴퓨터학원(안동시 송현동 295-1)

[경상남도]

송기웅전산학원(창원시 진해구 석동 654-3번지 세븐코아 6층 602호)

빌게이츠컴퓨터학원(창원시 성산구 안민동 163-5번지 풍전상가 302호)

예일학원(창원시 의창구 봉곡동 144-1 401~2호)

정우컴퓨터전산회계학원(창원시 성산구 중앙동 89-3)

우리컴퓨터학원(창원시 의창구 도계동 353-13 3층)

웰컴퓨터학원(김해시 장유면 대청리 대청프라자 8동 412호)

이지컴스쿨학원(밀양시 내이동 북성로 71 3층)

비사벌컴퓨터학원(창녕군 창녕읍 말흘리 287-1 1층)

늘샘컴퓨터학원(함양군 함양읍 용평리 694-5 신협 3층)

도울컴퓨터학원(김해시 삼계동 1416-4 2층)

[제주도]

하나컴퓨터학원(제주시 이도동)

탐라컴퓨터학원(제주시 연동)

클릭컴퓨터학원(제주시 이도동)

[강원도]

엘리트컴퓨터학원(강릉시 교1동 927-15)

권정미컴퓨터교습소(춘천시 춘천로 316 2층)

형제컴퓨터학원(속초시 조양동 부영아파트 3동 주상가 305-2호)

강릉컴퓨터교육학원(강릉시 임명로 180 3층 301호)

iTQ 마스터종합서
엑셀 2021

2024. 8. 28. 초 판 1쇄 인쇄
2024. 9. 4. 초 판 1쇄 발행

저자와의
협의하에
검인생략

지은이 | 박윤정, IT연구회
펴낸이 | 이종춘
펴낸곳 | **BM** ㈜도서출판 **성안당**
주소 | 04032 서울시 마포구 양화로 127 첨단빌딩 3층(출판기획 R&D 센터)
     | 10881 경기도 파주시 문발로 112 파주 출판 문화도시(제작 및 물류)
전화 | 02) 3142-0036
     | 031) 950-6300
팩스 | 031) 955-0510
등록 | 1973. 2. 1. 제406-2005-000046호
출판사 홈페이지 | **www.cyber.co.kr**
도서 내용 문의 | fivejung05@hanmail.net, thismore@hanmail.net
ISBN | 978-89-315-8667-1 (13000)
정가 | **34,000원**

이 책을 만든 사람들
책임 | 최옥현
진행 | 최창동
본문 디자인 | 인투
표지 디자인 | 박원석
홍보 | 김계향, 임진성, 김주승, 최정민
국제부 | 이선민, 조혜란
마케팅 | 구본철, 차정욱, 오영일, 나진호, 강호묵
마케팅 지원 | 장상범
제작 | 김유석

www.cyber.co.kr
성안당 Web 사이트